CE QUE PRÊCHAIT LE CURÉ D'ARS

Chez le même éditeur :

Montalembert Charles de, *L'Eglise libre dans l'Etat libre*, préface de René Rémond et introduction de Louis Le Guillou, 2006.

Pélissier Jean, *Prêtres et religieux victimes des nazis*, préface du Cardinal Saliège, 2009.

Piguet Mgr Gabriel, *Prison et déportation – Témoignage d'un évêque déporté*, préface de Mgr Hippolyte Simon, archevêque de Clermont-Ferrand, 2009.

Saliège Cardinal, *La croix du Christ contre la croix gammée,* préface de Mgr Robert Le Gall, archevêque de Toulouse, 2009.

29, rue Berbisey - 21000 DIJON
pierresanchez@neuf.fr

ISBN : 9782913224872

Dépôt légal : juin 2009

Diffusion et distribution : SALVATOR
salvator.editions@wanadoo.fr

Mgr René FOURREY
Ancien évêque de Belley-Ars

CE QUE PRÊCHAIT LE CURÉ D'ARS

Présentation du Père Jean-Philippe NAULT
Recteur du Sanctuaire d'Ars

L'Echelle de Jacob
MMIX

PRÉSENTATION

Le texte publié ici a été écrit par Mgr René Fourrey, ancien évêque de Belley[1]. Historien de formation, Mgr Fourrey s'est beaucoup intéressé à la figure extraordinaire de Jean-Marie Vianney, prêtre du diocèse dont il fut le pasteur ; à côté de nombreux articles et ouvrages, il écrira une biographie du Saint Curé qui fait date[2]. Le manuscrit publié ici a été retrouvé dans les Archives du Sanctuaire d'Ars ; il fut écrit lorsque Mgr Fourrey était évêque émérite de Belley. Fruit de nombreuses années de recherche, il est presque achevé mais il ne fut cependant jamais publié.

L'auteur a cherché à rassembler des extraits d'homélies ou de catéchismes de Jean-Marie Vianney, Curé d'Ars, en les classant par thèmes et en introduisant et commentant chacun. Il veut montrer "ce que prêchait le Curé d'Ars" et donc ce qui habitait son cœur de pasteur et la façon dont cela s'exprimait. Il indique l'évolution de la pensée du Curé d'Ars, les influences qu'elle subit, et surtout l'éclosion d'une pensée propre, illustrée par son intimité avec le Seigneur, son expérience de pasteur, sa connaissance des âmes et par l'exemple des saints dont il s'inspire.

Jean-Marie Vianney, humble pasteur, né en 1786, ordonné prêtre en 1815, est arrivé dans le village d'Ars en 1818 où il restera 41 ans. Pasteur infatigable totalement donné, bouleversé par la perspective d'une amitié personnelle avec Dieu, hanté par le salut de chacun, martyr du confessionnal, apôtre de l'Eucharistie et de la Miséricorde... ses qua-

[1] Mgr René FOURREY : né en 1901 dans l'Yonne, ordonné prêtre en 1924, supérieur du grand Séminaire de Sens, vicaire général du diocèse de Sens en 1951, évêque de Belley de 1955 à 1975, il est décédé en 1982.
[2] René FOURREY, *Le Curé d'Ars authentique*, Paris, Fayard, 1964.

lificatifs sont innombrables. Il mourra épuisé en 1859 et sera donné comme modèle aux prêtres de France en 1905, aux curés de l'univers en 1929, et à tous les prêtres du monde en 2009.

Le texte présenté ici est celui de Mgr Fourrey qui a été conservé en totalité (plan, texte et enchaînement des idées). Seules certaines notes ont été ajoutées ou modifiées afin de rendre l'ensemble plus explicite et plus facilement utilisable. Afin de visualiser immédiatement les phrases mêmes du Curé d'Ars, elles ont été placées en léger retrait par rapport à l'ensemble du texte ou par rapport aux citations qui ne sont pas de Jean-Marie Vianney. Concernant les références des ouvrages cités, il a semblé préférable de laisser les éditions utilisées par Mgr Fourrey lui-même ; ces références ont donc été gardées telles quelles. Des repères biographiques sur la vie du Curé d'Ars ont aussi été ajoutés en début d'ouvrage.

Que tous ceux qui ont permis à cet ouvrage de voir le jour soient ici vivement remerciés : déchiffrage difficile du manuscrit écrit à la main, saisie de l'ensemble, reprise des notes et des références, publication... En cette année sacerdotale placée par le Pape Benoît XVI sous l'égide du Saint Curé, cet ouvrage permettra à chacun de mesurer la foi, le courage et la sainteté d'un prédicateur extraordinaire, devenu "patron de tous les prêtres du monde". Il sut toucher les cœurs par la force de son verbe et par la sainteté de sa vie.

Père Jean-Philippe Nault
Recteur du Sanctuaire d'Ars

Sanctuaire d'Ars, juin 2009.

Repères chronologiques

8 mai 1786 : Jean-Marie Vianney naît à Dardilly, au nord de Lyon (France). Il est le quatrième de six enfants, et passera son enfance dans la ferme de son père, durant la période troublée de la Révolution française.

1806 : ayant manifesté le désir de devenir prêtre, Jean-Marie Vianney commence sa formation auprès de l'Abbé Balley, au presbytère d'Écully (près de Dardilly).

23 juin 1815 : après une formation longue et souvent difficile, il est ordonné diacre à Lyon.

13 août 1815 : il est ordonné prêtre à Grenoble par Mgr Simon. Il est alors nommé vicaire de l'Abbé Balley à Écully.

Le 13 février 1818, il arrive à Ars comme desservant.

1821 : Ars retrouve le statut de paroisse et Jean-Marie Vianney en devient le curé.

À partir de 1822, il entreprend de restaurer et d'embellir son église, tâche qu'il poursuivra jusqu'à sa mort.

1822 : le diocèse de Belley, dont dépend la paroisse d'Ars, est rétabli.

1824 : il ouvre la Maison de Providence pour en faire une école gratuite pour les filles ; elle deviendra plus tard un orphelinat.

Vers 1830 : début de l'afflux des pèlerins et des pénitents à Ars. Ils ne cesseront de venir toujours plus nombreux, et ce jusqu'à sa mort. Le Curé d'Ars ne pourra presque plus quitter sa paroisse, il s'occupera exclusivement de ses paroissiens et des pèlerins.

1843 : grave maladie du Saint Curé et première "fuite" d'Ars. Il y aura 3 autres fuites, face à l'ampleur de la charge de curé et la prise de conscience de ses faiblesses.

En 1849, il fonde l'école des garçons qu'il confie aux Frères de la Sainte Famille de Belley.

À partir de 1853, une équipe de missionnaires diocésains vient aider le Saint Curé, "prisonnier" du confessionnal et assailli par les pèlerins.

1858 : 100 000 pèlerins environ cette année-là à Ars. Le Curé d'Ars passe jusqu'à 17 heures par jour au confessionnal.

4 août 1859 : le Curé d'Ars meurt épuisé vers 2 heures du matin, dans son presbytère.

8 janvier 1905 : béatification par le pape Pie X ; déclaré "patron des prêtres de France".

31 mai 1925 : canonisation par le pape Pie XI.

1929 : déclaré "patron de tous les curés de l'univers" par le pape Pie XI.

6 octobre 1986 : le pape Jean-Paul II vient en pèlerinage à Ars.

2009 : Le Curé d'Ars est déclaré par le Pape Benoît XVI "patron des prêtres du monde".

Avant propos

Le Curé d'Ars répétait volontiers qu'il était un ignorant. Il n'oubliait pas les échecs humiliants qu'il avait essuyés lors de son bref séjour au séminaire de Lyon où les examinateurs s'étaient prononcés sur son compte en lui infligeant la pire note qui fût : *debilissimus*. Le registre de la maison porte encore en marge de l'impitoyable appréciation, la mention : « renvoyé chez son curé ».[3]

Ce curé, c'était l'abbé Balley[4], ce maître dont la persévérante sollicitude devait, en dépit de tout, conduire l'élève si mal noté jusqu'au sacerdoce. M. Vianney déclarerait plus tard : « je n'ai point fait d'études ; M. Balley a bien essayé pendant cinq ou six ans de m'apprendre quelque chose ; il y a perdu son latin et n'a jamais pu rien loger dans ma pauvre tête ».[5]

L'homme de Dieu déplorerait jusqu'à la fin une telle déficience. Il se reprocherait, disposant de si faibles moyens, de n'avoir pas refusé d'être élevé au sacerdoce. Il écrirait un jour à son évêque, Mgr Devie[6] : « Pour moi-même, je vous dirai que plusieurs prêtres savants et sages disent que c'est un grand malheur pour plusieurs diocèses que vous me souffriez dans le ministère. D'après cela pensez combien je peux être tranquille ».[7]

[3] FOURREY, *Le Curé d'Ars authentique*, p. 83.

[4] Abbé Charles BALLEY [1751-1817]. Prêtre du diocèse de Lyon qui s'est distingué par son courage et sa foi durant la Révolution française. Devenu curé d'Écully (Lyon) en 1803, c'est lui qui accueillera le jeune Jean-Marie Vianney dans son presbytère pendant 11 ans. Celui-ci l'appellera désormais son maître, tant il reçut de lui. M. Balley lui donnera un cœur de pasteur et fera grandir en lui le désir de la sainteté et du don de soi-même.

[5] Abbé RAYMOND, *Vie manuscrite de M. Vianney*, archives d'Ars, p. 62.

[6] Mgr DEVIE fut l'un des trois évêques du nouveau diocèse de Belley que connut le Curé d'Ars lors de son ministère à Ars. Mgr Devie (1823-1852), Mgr Chalandon (1853-1857) et enfin Mgr de Langalerie (1857-1871).

[7] *Les lettres retrouvées du Curé d'Ars*, 9 septembre 1847, p. 26.

De fait plusieurs théologiens lyonnais exprimèrent les inquiétudes que leur donnait ce prêtre ordonné de justesse et dont le renom grandissant avait de quoi les surprendre. Les foules s'étaient mises à déferler sur la paroisse de l'obscur desservant confesseur, il attirait à lui d'innombrables pénitents ; d'autre part, les pèlerins se pressaient au pied de sa chaire, avides d'entendre sa parole. Son succès de prédicateur populaire s'affermissait de jour en jour.

Ses débuts avaient sans doute été fort modestes. La Châtelaine, Melle d'Ars[8], écrivait, peu après l'arrivée du nouveau pasteur, au jeune Jean-François, fils de la Veuve Renard[9], alors grand séminariste à Lyon. Elle parlait avec admiration du prêtre dont la ferveur l'étonnait. Mais elle ajoutait, le comparant à son prédécesseur : « Ce n'est pas, il est vrai, un orateur comme M. Berger[10] ».

Bientôt le séminariste, promu en fin d'année au diaconat, allait venir passer chez sa mère ses mois de vacances. Profitant de ce séjour, il examinerait de près le comportement de ce nouveau curé.

L'austérité de la vie de M. Vianney et tout autant l'intensité de sa piété l'édifieraient grandement. La curiosité poussait le jeune clerc. Il suivait l'homme de Dieu pas à pas, s'intéressant à tout son emploi du temps. « Après avoir satisfait à sa dévotion, il se livrait à l'étude ; alors il s'enfermait

[8] Mlle Marie-Anne Colombe GARNIER DES GARETS d'Ars, dite Mlle d'Ars [1754-1832]. Châtelaine d'Ars au moment de l'arrivée de l'Abbé Vianney. Femme de caractère, elle avait beaucoup prié et œuvré pour qu'un saint prêtre arrive à Ars... Elle accueillera le jeune prêtre à Ars, et le soutiendra matériellement, humainement et spirituellement jusqu'à sa mort.
[9] Claudine RENARD, habitante d'Ars, dont le fils Jean-François devint prêtre. En 1853, il rassemblera dans un style pompeux, ses souvenirs sur M. Vianney sous le titre : *M. le Curé d'Ars.*
[10] Abbé BERGER, Curé d'Ars [1806-1817]. Son successeur, l'Abbé Deplace ne resta curé que deux mois, jusqu'en janvier 1818 ; il fut remplacé par M. Vianney [1818-1859]. Source : Abbé RENARD, *Mr. le Curé d'Ars*, manuscrit, 2e cahier p. II, archives de l'évêché de Belley.

dans la sacristie pour écrire ses instructions du dimanche et les apprendre par cœur. Il ne les composait pas, il les copiait dans le cours des *Instructions familières*, ayant soin de les adapter aux besoins de ses paroissiens. Là, sans témoins, il s'exerçait au débit et prêchait comme s'il eut été en chaire. On voit par là quel soin il mettait à se former à la prédication qu'il regardait comme un moyen efficace de faire fleurir la piété. »[12] Le cours anonyme des *Instructions familières*, dont l'abbé Renard avait lu le titre sur le meuble de la sacristie qui servait de table de travail à M. Vianney, était l'œuvre du Chanoine d'Autun Bonnardel. On en retrouve encore les sept volumes dans la bibliothèque du vieux presbytère.[13]

Mais si l'attention du fils de la veuve Renard s'était attardée davantage sur la besogne de préparation du prédicateur novice, il aurait constaté que celui-ci consultait d'autres sermonnaires.

Mme Jacqueline Genêt est parvenue à identifier dans son livre *L'énigme des sermons du Curé d'Ars*[14], nombre des sources où l'homme de Dieu puisait abondamment. Sa bibliothèque peut ici nous renseigner[15]. Dès la première année de son ministère à Ars, il y trouvait *Le catéchiste des peuples*, œuvre d'un missionnaire anonyme[16], les *Prônes de Messire Claude Joly*, évêque et comte d'Agen[17], *Les Prônes*

[12] Abbé RENARD, *ibidem*, p. 20.
[13] RUSAND, Lyon, 1818.
[14] Jacqueline GENET, *L'Énigme des sermons du Curé d'Ars*, Ed. de l'Orante, Paris 1961. On consultera avec profit cet ouvrage sur les sources utilisées par le Saint Curé.
[15] Bibliothèque du Curé d'Ars. Sur ce thème, on consultera avec profit l'ouvrage de M. Philippe de PEYRONNET : *Inventaire de la bibliothèque de saint Jean-Marie Vianney, Curé d'Ars*, Ed. Aux amateurs de livres, Paris, 1991.
[16] RUSAND, 1800, t. 1 en deux exemplaires, l'un de 1800, l'autre de 1844.
[17] Avignon, 1741.

réduits en pratique pour les dimanches et fêtes de l'année, de l'Abbé Billot, ancien directeur du séminaire de Besançon[18], sans oublier *Les instructions chrétiennes pour les jeunes gens*[19], *La perfection chrétienne*, de Rodriguez, ni *Les vies des saints* du P. Géry[20], ni le petit *Traité de la confiance en la miséricorde de Dieu*, de l'archevêque de Sens, Languet de Gergy[21], ni *L'explication du catéchisme à l'usage de toutes les églises de l'Empire français*, de l'abbé Larousse.[22]

Tous ces ouvrages, dont certains étaient de publication ancienne, avaient vraisemblablement appartenu à M. Balley. Mais le Curé d'Ars ne se contenta pas des livres hérités de son maître. Il fit personnellement l'acquisition de livres récents. Ainsi se procura-t-il, outre les volumes cités plus haut de Bonnardel, les *Instructions pour la prière du soir pendant le carême* du même auteur, publiées en 1823 par Rusand. De plus, deux volumes, également édités à cette date, chez Aubanel à Avignon, *La Voix du pasteur, Discours familiers d'un curé à ses paroissiens*, par M. Réguis, curé du diocèse de Gap, vinrent enrichir la collection des sermonnaires. Je donne ses titres car ils indiquent les principaux recueils dont le Curé d'Ars s'est servi pour rédiger les sermons de sa première phase de ministère à Ars. La liste s'est d'ailleurs allongée. Mme Genêt a fait sur ce point de multiples découvertes et nous a signalé plusieurs ouvrages dont M. Vianney a évidemment fait usage.

Les recherches faites dans les sermonnaires dont disposait le Curé d'Ars ne sauraient se prétendre exhaustives. Elles

[18] Paris, Belin, 1802.
[19] Ouvrage sans mention d'auteur, Lyon, Antoine MOLIN. D'autres éditions révèleront que ce recueil est l'œuvre de l'Abbé Pierre Hubert HUMBERT.
[20] Toulouse, 1699.
[21] Paris, 1717.
[22] Paris, Lyon, 1810.

prouvent cependant sans conteste que les sermons manuscrits du saint sont le plus souvent, avec quelques ajouts, la marqueterie des textes d'emprunt plus ou moins adaptés.

Le travail de tâcheron du pauvre prédicateur n'en a pas moins eu sur lui une influence profonde. Préparé de façon très sommaire - il a été ordonné prêtre le 13 août 1815, après quelques semaines au grand séminaire de Lyon en 1813 et quelques mois au presbytère d'Ecully, chez M. Balley, ce qui fait tout juste deux années - son bagage théologique était des plus minces. Aussi, est-ce en transcrivant et en arrangeant les pages des sermonnaires qu'il avait sous la main que le nouveau pasteur se trouva tant bien que mal en mesure d'acquérir les connaissances théologiques élémentaires qui lui étaient indispensables.

C'est fort de cet enseignement livresque, dont il essayait courageusement de remplir sa mémoire, qu'il montait en chaire le dimanche. Il lui aurait fallu savoir son texte par cœur, mais ce texte était trop long, trop peu conforme à sa manière habituelle de s'exprimer. Son instituteur, Jean Pertinand, a signalé au procès de canonisation : « En chaire, il se perdait et il était obligé de descendre sans avoir fini ».[23]

Le jour vint où le malheureux prêcheur parvint enfin à se libérer du sermon récité. Lorsque les pèlerins commencèrent à se presser à son confessionnal, le temps dont il disposait se réduisit progressivement. Il ne pouvait plus passer, comme dans les premières années, des heures à travailler dans sa sacristie. Alors, se confiant à l'Esprit-Saint, il osa parler d'abondance. Il devint ainsi lui-même.

[23] *Procès de l'Ordinaire* (désormais noté P.O.), Archives d'Ars, p. 367.

Les catéchismes qu'il faisait aux enfants lui facilitèrent la tâche. On sait le prix qu'il attachait à ce ministère. Chaque matin, à six heures, il catéchisait les enfants de la paroisse à l'église. Mais ce qui devait particulièrement frapper l'attention du public se situait à la Providence : là, à onze heures, avait lieu chaque jour le catéchisme des orphelines. Le cadre n'avait rien de solennel. Un témoin en a donné cette description : « Il y avait dans la salle, des bonnes femmes qui filaient leur quenouille, les directrices, et, si je me rappelle bien, des poules juchées sur une table. M. le Curé entre en surplis, prend son catéchisme, et appuyé au pétrin, dit : "Mes enfants..." ».[24]

Sans grande discrétion, des pèlerins ne tardèrent pas à se glisser dans la pièce. Rares d'abord, puis bientôt nombreux. De ce fait l'auditoire devenait moins familier. Le catéchiste n'en fut pas troublé. En 1845, un auxiliaire, Raymond[25], vint seconder le curé. M. Vianney abandonna au nouveau venu le catéchisme du matin, mais il se réserva celui de onze heures qu'il transféra à l'église, le local de la Providence étant devenu trop étroit pour contenir la masse des assistants. Il parlait dans la stalle que l'on voit encore en face de la chaire. Il ne craignait pas maintenant de gravir les degrés de cette haute tribune. La prédication était devenue comme spontanée. Il avait certes cédé sa place à l'Abbé Raymond pour la prédication de la grand'Messe dominicale. Il continuait toutefois de donner le dimanche l'instruction qui précédait la prière du soir.

[24] Notes de Mgr CONVERT, 1 p. 16. *Archives paroissiales d'Ars.* Cf. *Le Curé d'Ars tel qu'il fut*, p. 415.

[25] L'Abbé Antoine RAYMOND [1806-18]. Originaire de Fareins près d'Ars, il fut vicaire du Saint Curé de 1845 à 1853. Doté d'un fort caractère qui ne facilitait pas ses relations avec le Curé d'Ars, il prit de nombreuse notes sur ce qui se passait à Ars à son époque.

Catéchiste ou prédicateur, le Curé d'Ars dispensait un enseignement dont l'exposé ne pouvait être recueilli tel quel. L'Abbé Raymond considérait l'art oratoire du Saint Curé avec quelque dédain. En arrivant à Ars, il avait non sans candeur, déclaré à celui-ci : « À moi la chaire, à vous le confessionnal ! Dans six mois on viendra à Ars pour m'entendre autant que pour se confesser à vous ».[26]

Il formulait ce jugement : « Souvent son catéchisme n'était que *pathos*, c'est-à-dire un peu de tout... ». Il se hâtait d'ailleurs d'ajouter : « mais ce tout était beau et agréable pour ceux qui savaient en profiter. Tout portait à Dieu et engageait à le servir ».[27] L'esprit critique de l'abbé ressort une fois de plus lorsqu'il note : « Quelques mots pleins de trivialité et parfois trop familiers défiguraient ce qu'il y avait de plus touchant ».[28]

« Nous avons essayé ; dit-il encore, de confier au papier ces catéchismes avec l'aide d'un récent souvenir, de les reproduire, pour ainsi dire textuellement. Mais souvent la plume nous tombait des mains, parce que nous ne pouvions nous-mêmes en supporter la lecture, parce que les vérités et les idées sublimes qui avaient jailli de la bouche du saint prêtre et qui n'étaient pas jointes à l'expression extraordinaire qu'il y donnait, ne pouvaient produire le même office. »[29] L'auxiliaire nous a laissé effectivement quelques-unes des leçons qu'il a tenté de reproduire. D'autres auditeurs se sont de même efforcés de saisir au vol des bribes des catéchismes ou des instructions de M. Vianney. Nous possédons le précieux recueil composé par

[26] Notes de Mgr CONVERT, 1 p. 17.
[27] Abbé RAYMOND, *Vie*, Archives d'Ars, p. 186.
[28] *Ibidem*, p. 187.
[29] *Ibidem*.

l'abbé Monnin : *L'Esprit du Curé d'Ars*. C'est ce volume qui a immortalisé nombre de paroles du saint. Mais ce recueil a lui-même ses sources. L'auteur a fait très particulièrement usage des notes conservées dans un cahier qui nous vient d'un habitué d'Ars, M. Faure de La Bastie.

Ce dernier, grand admirateur du Curé, a vraisemblablement transcrit lui-même ce qu'il entendait. Deux grandes écolières de la Providence, Marie Germain et Mariette Jacquet, ont de leur côté noté ce qu'elles étaient capables de retenir des propos de leur pasteur. L'abbé Monnin[30] n'a pas dédaigné le modeste cahier des jeunes auditrices. On en retrouve maints passages dans son recueil. Le biographe du saint a tiré parti des textes qui tombaient ainsi entre ses mains. Au reste, il les a sans doute complétés par d'autres relations que le temps a fait disparaître et aussi par tout ce qu'il fut à même de recueillir personnellement pendant les années qu'il passa près du Curé. Il avait en effet reçu de son évêque la mission de rassembler, du vivant même de M. Vianney, les éléments de la biographie dont on pressentait que la rédaction s'imposerait un jour. L'abbé aimait les phrases harmonieuses. S'il a le plus souvent reproduit littéralement les textes qu'il publiait, il a donné à quelques uns la marque quelque peu romantique de son style.

Un autre auditeur qu'on ne saurait soupçonner de la moindre recherche littéraire, c'est le paysan jurassien Jean-Claude Viret[31]. Ce bonhomme, étonnamment inculte et

[30] L'Abbé Alfred MONNIN [1823-1886]. Prêtre, missionnaire du diocèse de Belley, il deviendra le premier biographe posthume du Saint Curé en publiant dès 1861 sa célèbre biographie.

[31] Jean-Claude VIRET [1799-1867]. Converti d'Ars, il deviendra un fidèle et un ami du Saint Curé. Originaire de Cousance (Jura) il viendra chaque année servir "son curé" en lui rendant de multiples services. Il prendra de nombreuses notes lors de ses homélies ou ses catéchismes : F. TROCHU, *Jean-Claude Viret, un gardien du Curé d'Ars*, Ed. Apostolat de la Presse, Paris, 1961.

naïf, a malgré sa rusticité réussi à prendre au passage des phrases qui rendent un son d'indéniable authenticité. Plus distingués et très fidèles eux-aussi dans leurs transcriptions, le jeune comte de Saint Bon et sa sœur ont occasionnellement relaté quelques instructions du saint. Si l'on ajoute à ces pièces les citations conservées par Catherine Lassagne[32] dans son *Petit mémoire*, cela constitue l'essentiel de ce qui subsiste des catéchismes et des Instructions du Curé d'Ars – les sermons manuscrits des débuts demeurant à part.[33]

Cet ensemble doit évidemment être reçu avec prudence, à la fois en raison de l'incompétence de certains auditeurs et compte tenu des réminiscences du prédicateur luimême qui plus ou moins inconsciemment, recourt aux sermons manuscrits de jadis. Ceux-ci, mosaïque de textes d'emprunt, restent le fond doctrinal de ce que pendant de longues années prêcha l'homme de Dieu. Et il peut arriver que telle parole qu'on lui attribue soit en réalité une citation de Bonnardel, de Billot ou de Chevassu...

C'est grâce à la réserve autrefois engrangée que M. Vianney pouvait, jour après jour, au sortir du confessionnal, sans préparation immédiate, prendre la parole. Il limitait toutefois la série des thèmes qu'il abordait à ce qui lui semblait le plus indispensable aux pèlerins. D'autre part, il ne craignait pas de revenir périodiquement sur les sujets traités. L'abbé Raymond a noté : « Il nous a dit dans l'intimité qu'il avait préparé un cercle d'idées pour faire ses caté-

[32] Catherine LASSAGNE [1806-1883], jeune fille d'Ars qui devint la première directrice de la *Maison de Providence* (école-orphelinat) de 1824 et ce jusqu'en 1848. À partir de 1836, elle prit des notes sur ce qu'elle voyait à Ars du temps de son Saint Curé, et elle rédigea un *Petit Mémoire* à partir de ses notes après la mort du Curé d'Ars. Elle fut une des plus proches du Saint Curé et reçut de lui de nombreuses confidences.

[33] *Les Sermons manuscrits* se trouvent à Rome chez les chanoines de l'Immaculée Conception, Via Federico Torre, Monteverde. Les archives d'Ars en possèdent la photocopie.

chismes aux pèlerins, qui pouvait aller à trois semaines, et qu'il les répétait ensuite, parce que, disait-il, il n'est guère de pèlerins qui restent plus de trois semaines ».[34] Le même témoin signale encore : « les sujets les plus ordinaires de ses catéchismes était la foi, l'espérance, la charité, la prière, le besoin de la grâce, l'amour du prochain, les dispositions qu'on doit apporter aux sacrements de pénitence et d'Eucharistie, l'amour de Jésus dans le sacrement de l'autel, la visite à Jésus dans l'église, le péché, le malheur des pécheurs, les motifs de conversion, les grandes vérités de la religion : la mort, le jugement, le paradis et l'enfer, la dévotion à la sainte Vierge et à l'ange gardien. Mais tous ces sujets étaient presque remplis de réflexions sur l'amour de Dieu et le bonheur d'aimer le Bon Dieu, le bonheur du Ciel parce qu'on y aime Dieu véritablement ».[35]

Les cahiers de Claude Viret, si peu présentables qu'ils soient, nous informent à chaque page sur l'ordre et le déroulement des leçons du catéchiste. Ils complètent concrètement les dires de l'abbé Raymond.[36] L'ancien auxiliaire avait observé que le Curé d'Ars revenait périodiquement sur les mêmes sujets. Il avait, à l'en croire, des « instructions » qu'il répétait de mois en mois, sans qu'il fatiguât par ses répétitions ses auditeurs habituels.[37]

Les notes prises à des époques diverses par les auditeurs manifestent qu'effectivement telle était bien la façon de

[34] Abbé RAYMOND, *Vie*, 3e cahier, archives d'Ars, p. 186.
[35] *Ibidem*.
[36] « En 1848, Claude Viret se trouve à Ars du 22 juillet au 10 Août. Voici, d'après son manuscrit, les sujets traités : 22 juillet : la prière ; 23 juillet : la bonté de Dieu ; 24 : le Ciel ; 25, 26, 27, 28 : le baptême ; 29 : la pénitence ; 30 : le prêtre ; 31 : l'indulgence de la portioncule ; 1, 4, 5, 6, 7 août : la pénitence ; 8, 9, 10 août : l'Eucharistie. » *Le Curé d'Ars authentique*, p. 327.
[37] Abbé RAYMOND, *Vie*, archives d'Ars, p. 184.

faire de M. Vianney : mêmes thèmes, mêmes exemples et dans une certaine mesure mêmes expressions. On oserait presque dire que les formules qu'on y trouve sont comme stéréotypées.[38]

Les textes que nous publions s'apparentent, nous l'avons dit, aux sermons manuscrits de la première période. Les auteurs que le Curé d'Ars copiait ou démarquait sont évidemment influencés par leur temps qui ne fut pas l'âge d'or pour la théologie. M. Vianney se faisant l'écho de ceux dont il s'inspire, leurs limites sont, bien entendu, les siennes. Au demeurant, il s'adressait surtout à des gens simples qui n'attendaient rien d'autre de lui que des paroles capables de toucher leur cœur et de les aider à se convertir. Les livres de haute science ne lui auraient été d'aucun secours.

Malheureusement les sermonnaires sans reliefs dont la pensée modelait la sienne, accentuaient chez lui une tendance que lui avait communiquée M. Balley. Celui-ci, ancien maître des novices génovéfain, dont la Congrégation fut la dernière à accepter la Constitution *Unigenitus*, se distinguait par un rigorisme moral, séquelle du jansénisme d'autrefois. Les auteurs que son disciple utilisait maintenant, sans être des tenants de la secte, professaient pour la plupart ce même rigorisme.[39] Les sermons manuscrits de M. Vianney en portent inévitablement l'empreinte. Certains d'entre eux ont des passages insoutenables.[40]

[38] « Quel bonheur d'aimer Dieu, répétai-il. Le serviteur de Dieu revenait sans cesse sur ce sujet dans ses catéchismes et ses instructions. Je puis affirmer que je l'ai toujours entendu avec le même plaisir, quand même il répétait le même sujet avec les mêmes idées et les mêmes expressions. » Abbé RAYMOND, P.O, p.296.

[39] Il faut certes exclure ici le *Traité de la miséricorde*, de J.J. Languet de GERGY, le champion de la bulle *Unigenitus*.

[40] L'Abbé RENARD, faisant sans doute état de ces sermons, a noté : « Si quelquefois des âmes avaient été troublées par la sévérité de ses explications, elles étaient bientôt rassurées par sa douceur au tribunal sacré et par la sagesse des conseils qu'il leur donnait ». *M. le Curé d'Ars*, I p. 75.

Grâce à Dieu, par la suite, une évolution profonde s'est opérée dans la pensée du saint. Le vrai Curé d'Ars n'est pas celui des sermons qui terrifient. S'il arrive encore – très rarement – qu'une certaine dureté d'appréciation perce dans son langage, l'enseignement qu'il dispense est de plus en plus celui de la miséricorde et de l'amour : Dieu n'aime pas la crainte. M. Vianney finissait souvent son instruction par ces mots : « Être aimé de Dieu, être uni à Dieu ; vivre en la présence de Dieu, vivre pour Dieu : Ô belle vie et belle mort » ![42]

Le secret de l'extraordinaire impact de l'humble éloquence du Curé d'Ars est, malgré telles réminiscences anciennes, dans ce langage direct, familier, dégagé de toute abstraction, rendu brûlant par l'ardeur de la charité qui l'inspire.

On s'étonne de trouver aujourd'hui encore dans les paroles de l'homme de Dieu l'accent communicatif de la voix que les pèlerins d'Ars, il y a plus d'un siècle, ne se lassaient pas d'entendre. Pareille durée, dont les plus brillants orateurs ne bénéficient pas d'ordinaire, ne peut être que le fruit de la sainteté : Dieu se sert, pour faire éclater sa gloire de ce que les sages dédaignent : *respexit humilitatem.*[43]

[42] *Ibidem*, p. 308.
[43] Les sermons manuscrits du Curé d'Ars ont été publiés à plusieurs reprises : BEAUCHESNE, 1925. *L'Esprit du Curé d'Ars*, Téqui ; *Catéchismes du Saint Curé d'Ars*, par Mgr CONVERT, Emmanuel Vitte. *Jean Marie Vianney, sa pensée, son cœur*, par l'abbé Bernard NODET, Mappus.

1 - AU NOM DU PÈRE ET DU FILS ET DU SAINT ESPRIT

LE MYSTÈRE DE LA TRINITÉ

Catherine Lassagne dans son *Petit Mémoire sur le Curé d'Ars* écrivait :

> « "Ah ! disait-il, qu'on est heureux quand on prie ! Une petite créature comme nous, parler à Dieu qui est si grand, si puissant ! Lorsque nous prions ou que nous venons à l'église pour prier, nous faisons plaisir aux trois personnes de la Sainte Trinité. Si on pensait bien à ce bonheur ! Qu'un chrétien est heureux de pouvoir s'entretenir avec Dieu ! Quelle noble fonction !" Quoiqu'il fût pressé par la foule, ou avant et après ses repas, je le voyais toujours s'arrêter et faire le signe de la croix posément et avec beaucoup de respect. Dans son bréviaire, au commencement de son office, il faisait coller une image de la Sainte Trinité ».[44]

Ces quelques lignes de l'humble confidente du saint nous font découvrir que la vie spirituelle de celui-ci s'enracinait dans le culte de la Très Sainte Trinité. Il trouvait là le Dieu auquel il avait donné sa foi et le mystère des trois personnes divines n'était pas à ses yeux une froide abstraction. Une vie d'amour en jaillissait.

Les sermonnaires qu'il consultait l'avaient habitué à formuler l'essentiel de ce qu'il enseignerait sur le Père, le Fils et l'Esprit-Saint :

[44] *La Confidente du Curé d'Ars, carnets inédits de Catherine LASSAGNE,* P.M. 3, p. 72.

> « Quand nous faisons le signe de la croix, écrivait-il au temps de ses premiers sermons, voyez de quelle dévotion nous serions pénétrés si nous pensions que nous nommons les trois personnes de la très sainte et très adorable Trinité : le Père qui nous a créés et tirés du néant, comme tout ce qui existe ; le Fils, qui a pris un corps et une âme dans le sein de la très sainte Vierge, qui s'est sacrifié pour nous sauver tous de l'enfer et nous mériter un bonheur éternel ; le Saint Esprit qui fait de notre cœur son temple, à qui nous sommes redevables de toutes les bonnes inspirations et de tous les bons désirs que nous avons ».[45]

Ailleurs, se laissant encore conduire par les mêmes guides, le prédicateur novice donnait cet abrégé de notre sainte religion :

> « Le mystère de la Sainte Trinité, qui est un seul Dieu en trois personnes, c'est le Père qui nous a créés, c'est le Fils qui nous a rachetés par sa mort et ses souffrances et c'est le Saint Esprit qui nous a sanctifiés dans le saint baptême ».[46]

À lui seul, le signe de la croix n'est-il pas une sorte de synthèse du *Credo* !

> « Rien n'est plus frappant que ce signe. Il nous représente 1° le mystère de la Sainte Trinité ; 2° par le mouvement que fait la main du front à l'estomac il nous rappelle la descente de Jésus-Christ du sein de son Père dans celui de la Vierge Marie ; 3° le crucifiement de Jésus-Christ, par la croix que

[45] Invention de la Sainte Croix, *Sermons*, t. IV, p. 16-17.
[46] Sur l'absolution, *Sermons*, t. III, p. 77.

nous formons ; 4° le jugement dernier, par le mouvement que fait la main de gauche à droite. »[47]

Avec les maîtres qu'il se donnait, le Curé d'Ars rappelait que l'homme est malheureusement capable de souiller en lui l'image des trois Personnes divines :

> « Si un chrétien pensait véritablement à ce qu'il dit en prononçant les noms des trois personnes de la Sainte Trinité, ne serait-il pas tenté de frayeur. En considérant en lui l'image du Père qu'il a défiguré d'une manière si affreuse, l'image du Fils qui est en son âme, traînée et roulée dans le limon du vice, et l'image du Saint Esprit, dont son cœur est le temple et le tabernacle, et qui la remplit d'ordures et de saletés ! »[48]

Ces textes ne sont que de rapides aperçus, de simples touches. Ils n'ont rien d'un exposé théologique, mais si sommaires qu'ils soient, on découvre en eux les éléments de la doctrine du Curé d'Ars sur le dogme trinitaire et sur les rapports de l'homme avec les trois Personnes divines. On en reconnaît l'écho dans les propositions de l'enseignement ultérieur du saint.

> « Il faut faire le signe de la croix avec un grand respect. On commence par la tête : c'est le chef, la création, le Père ; ensuite, le cœur : l'amour, la vie, la Rédemption, le Fils ; les épaules : la force, le Saint Esprit. »[49]

[47] Invention de la sainte croix, *Sermons*, t. IV, p. 16.
[48] Sur la prière d'un pécheur impénitent, *Sermons*, t. I, p. 197.
[49] MONNIN, *Esprit*, p. 26 – Passage emprunté au cahier de FAURE DE LA BASTIE : « Il faut faire le signe de la croix avec un grand respect ; on commence par la tête : c'est le chef, la création, le Père ; le cœur, la conversion, la rédemption ; les épaules, la force de l'homme, le Saint Esprit. » p. 78.

> « Une âme pure est l'admiration des trois Personnes de la Sainte Trinité. Le Père contemple son ouvrage : "Voilà donc ma créature". Le Fils, le prix de son Sang, on connaît la beauté d'un objet au prix qu'il a coûté. Notre âme est donc bien grande, puisque notre divin Sauveur dit : "N'y aurait-il qu'une âme sur la terre, je n'aurais pas cru trop faire que de mourir pour la sauver". Elle est encore l'admiration de tout le Ciel. »[50]

Plus brève est la note prise dans le cahier de Marie Germain et Mariette Jacquet :

> « Voyez, c'est beau, le Père est le Créateur ; le Saint Esprit, le temple ; le Fils, le rachat ».[51]

Le Curé d'Ars considère l'attitude du pécheur à l'égard de la Trinité, il s'en indigne :

> « Un chrétien créé à l'image de Dieu, racheté par le Sang d'un Dieu, un chrétien, l'enfant d'un Dieu, le frère d'un Dieu, l'héritier d'un Dieu ! Un chrétien, l'objet des complaisances des trois personnes divines ! Un chrétien dont le corps est le temple du Saint Esprit : Voilà ce que le péché déshonore ».[52]

À ces ébauches, le saint ajoute, au passage, des allusions à chacune des Personnes divines. Ainsi, note-t-il :

[50] LA BASTIE, p. 140. MONNIN utilise ce texte en le simplifiant : « L'image de Dieu se réfléchit dans une âme pure comme le soleil dans l'eau. Une âme pure est l'admiration des trois personnes de la Sainte Trinité Le Père contemple son image : "Voilà donc ma création" ; le Fils, le prix de son sang. On connaît la beauté d'un objet au prix qu'il a coûté. Le Saint Esprit y habite comme dans un temple ». *Esprit*, p. 73. Dans le cahier de LA BASTIE, figure encore une autre version : « La Sainte Trinité a les yeux sur nous. Le Père regarde son ouvrage ; on aime toujours ce qu'on a fait ; le Fils, le prix de sa rédemption, toutes les souffrances et le sang que nous lui avons coûté ; le Saint Esprit, sa demeure (p. 103, 104).

[51] Marie GERMAIN et Mariette JACQUET, p. 25.

[52] *Esprit*, p. 164.

> « Il y en a qui donnent au Père Eternel un cœur dur. Oh ! Comme ils se trompent ! Le Père Eternel ! Pour désarmer sa propre justice, a donné à son Fils un cœur exceptionnellement bon. On ne donne pas ce qu'on n'a pas ».[53]

Il parle longuement du Fils, qu'il considère surtout dans le mystère de son Incarnation. Le chapitre suivant insistera là-dessus. Mais il nous faut signaler ici avec quelle ferveur il a tenté de mettre en lumière le Saint Esprit et ses dons.

LE SAINT ESPRIT

Le *Catéchisme sur le Saint Esprit* est célèbre. L'abbé Monnin l'a composé en rassemblant les diverses propositions qui, dans le cahier de La Bastie traitent de la troisième Personne de la Trinité.

> « Nous sommes l'ouvrage d'un Dieu ; on aime toujours son ouvrage, les trois personnes de la Sainte Trinité nous contemplent : elles se sont réunies pour créer l'homme. C'est comme un fusil ; c'est bien, il existe ; à présent il faut de la poudre, puis enfin quelqu'un pour le faire partir. Il a donc fallu que les trois Personnes de la Sainte Trinité travaillent à faire l'homme ce qu'il est. Le Père par la création ; nous sommes l'image d'un Dieu ; le Fils par la rédemption, nous sommes le prix du sang d'un Dieu, il nous nourrit de sa chair, il nous a rachetés de son sang ; en un mot, il s'est donné et se donne tous les jours pour nous. Enfin le Saint Esprit nous

[53] *Ibidem*, p. 25.

> sanctifie nous donne la force, toutes ses bonnes inspirations. »[54]

Le catéchiste tient à ses images. Il ne craint pas de se répéter en y recourant à différentes reprises. L'image du fusil qui ne peut partir si la poudre fait défaut et si quelqu'un n'est pas là pour appuyer sur la gachette, lui paraît expressive pour illustrer l'action de l'Esprit-Saint dans une âme. Celle-ci, déclare-t-il, en ressassant ce qu'il a déjà dit,

> « attire les regards de Dieu le Père, qui contemple son ouvrage comme création. "Voilà, dit-il, mon ouvrage". Le Fils, dit : "Voilà une âme empourprée de mon sang". Et le Saint Esprit : "Voilà mon temple". Comme un fusil est fait, c'est bien, mais il faut la poudre et puis quelqu'un pour le faire partir ».[55]

Autre image :

> « Ceux qui craignent les moindres fautes, le Saint Esprit les éclaire ; ils profitent de toutes les inspirations de la grâce ; comme ceux qui ont des lunettes dont les verres grossissent beaucoup les objets, d'autres où c'est presque imperceptible ».[56]

Comparaison plus inattendue, qui veut faire entendre que le Saint Esprit est toujours prêt à nous secourir, qu'il se met en quelque sorte à notre service :

> « Si on nous demandait quel est notre domestique, nous pourrions dire : "C'est le Saint Esprit" ».[57]

[54] LA BASTIE, p. 76-77.
[55] *Ibidem*, p. 155.
[56] *Ibidem*, p. 126.
[57] *Ibidem*, p. 77.

À la suite de cette présentation de l'Esprit-Saint, le Curé d'Ars formule un certain nombre de remarques :

> « Sans l'assistance du Saint Esprit, nous ne pouvons rien ; ôtez le Saint Esprit d'une âme, elle n'est plus capable de rien. Une âme qui a le Saint Esprit voit quelquefois d'avance les pièges que le démon lui tend, elle prévient et fuit les occasions de péché ; tandis que les mauvais chrétiens, qui n'ont pas le Saint Esprit, vont comme des aveugles et ne voient le danger qu'après qu'il est passé. Il faut souvent demander le Saint Esprit, ses sept dons, qui sont une opposition aux sept péchés capitaux. Le Saint Esprit nous donne la grâce de résister aux tentations qui deviennent alors un sujet de mérite ».[58]

> « Nous devons souvent prier le Saint Esprit, lui demander la foi et l'amour ; la foi pour le connaître et le craindre ; la force pour combattre l'ennemi du salut, pour surmonter les croix et les peines ; l'amour pour l'aimer et le prier. »

> « Il faut de temps en temps faire des communions en l'honneur de l'Esprit-Saint, des neuvaines, des aumônes. La neuvaine avant la Pentecôte obtient de grandes grâces. Le lundi a deux dévotions, celle du Saint Esprit et les âmes du purgatoire. Il faut lui demander qu'il nous conduise dans toutes nos actions, qu'il nous éclaire. Quand on est animé du Saint Esprit, on goûte Dieu, on l'aime, les sacrifices ne coûtent rien. Les âmes qui possèdent le Saint Esprit sont courageuses, rien ne leur coûte. »[59]

[58] *Ibidem*, p. 156.
[59] *Ibidem*, p. 104-105.

« Les sacrements que Notre Seigneur a institués ne nous auraient pas sauvés sans le Saint Esprit. Lors même que Notre Seigneur est mort pour nous sauver, cela ne suffisait pas, si le Saint Esprit n'était venu nous sanctifier et faire fructifier en nous ce torrent de grâce. C'est comme si l'on donnait un trésor, il faudrait bien quelqu'un pour le distribuer.

Le Père nous a donné son Fils, le Fils s'est donné lui-même et a souffert pour nous, le Saint Esprit est venu nous distribuer toutes ces grâces. Sans le Saint Esprit, tout est froid. Aussi lorsque l'on sent que la ferveur se perd, il faut vite faire une neuvaine au Saint Esprit pour demander la foi et l'amour ; si vous priez bien, vous êtes sûr d'obtenir. Voyez, lorsqu'on fait une retraite ou un jubilé, on est plein de bons désirs, on se sent porté à beaucoup prier. Voyez ces mauvais chrétiens, ils trouvent les prières trop longues, la religion ennuyeuse. C'est qu'ils n'ont pas le Saint Esprit. Voyez, vous qui n'êtes pas cependant de grands saints, vous avez bien des moments où vous goûtez bien des douceurs dans la prière, et en la présence de Dieu. Quand on a le Saint Esprit, le cœur se dilate dans l'amour divin, le poisson ne se plaint jamais d'avoir trop d'eau.

Lorsque Saint François de Paule[60] prêchait dans une province où il y avait beaucoup d'hérétiques, ils se bouchaient les oreilles pour ne pas l'entendre. Il emmena le peuple au bord de la mer et appela les poissons pour venir entendre la Parole de Dieu, puisque les hommes se bouchent les oreilles. Ils vinrent sur le bord des eaux, les petits devant et les gros derrière ; il leur fit cette question : "Etes-vous reconnaissants de ce que le Bon Dieu vous a conservés pendant le déluge ?" Ils inclinèrent la tête. Saint François de Paule dit au peuple : "Voyez ces poissons dépourvus de raison, ils sont reconnaissants et vous, ingrats, vous méprisez les bienfaits de Dieu."

Sans le Saint Esprit on ne peut rien, on croit prier, mais on ne prie pas, on parle. Pendez un poisson à un arbre, il sera bien toujours poisson, mais ne pourra vivre sans eau.

Une âme qui a le Saint Esprit ne s'ennuie jamais en la présence de Dieu, son cœur transpire d'amour. Prenez une éponge imbibée d'eau et une pleine main de billes de marbre ; pressez les également, il ne sortira rien du marbre et de l'éponge vous ferez sortir de l'eau abondamment. De nous-mêmes nous ne pouvons rien, nous sommes comme une pierre dans un chantier. Une âme qui possède le Saint Esprit goûte une saveur dans la prière ; le temps est toujours trop court ; elle ne perd jamais la présence de Dieu. Son cœur, devant

[60] Le Curé d'Ars fait une erreur en attribuant à saint François de Paule l'épisode ici relaté. L'abbé MONNIN en a commis une autre en l'attribuant à saint François d'Assise. Il signale bien que la "merveille" est contée dans les *Fioretti* de saint François d'Assise, mais il n'a pas remarqué que le récit met en scène saint Antoine de Padoue. Il n'a pas inséré dans le catéchisme sur le Saint Esprit le passage du cahier de FAURE DE LA BASTIE. Il lui a fait place dans la première partie de son recueil *Le Curé d'Ars dans ses catéchismes*. Voici comment il l'a transposé : « Un jour, saint François d'Assise prêchait dans une province où il y avait beaucoup d'hérétiques. Ces mécréants se bouchaient les oreilles pour ne pas l'entendre. Alors le saint amena le peuple sur le rivage de la mer, et appela les poissons pour venir écouter la Parole de Dieu, puisque les hommes la repoussaient. Les poissons vinrent sur le bord de l'eau, les gros derrière les petits. St François leur fit cette question : "Êtes-vous reconnaissants de ce que le Bon Dieu vous a sauvé du déluge ?" Les poissons inclinèrent la tête. Lors saint François dit au peuple : "Voyez, ces poissons-là sont reconnaissants des bienfaits de Dieu. Et, ingrats, vous les méprisez". » *Esprit*, p. 41-42.

> ce bon sauveur, est comme un raisin sous le pressoir. »[61]

Dans ces fragments disparates on retrouve l'essentiel des sources auxquelles a puisé l'abbé Monnin. Voici le texte de *L'Esprit* :

> « Oh que c'est beau, mes enfants ! Le Père est notre Créateur, le Fils est notre Rédempteur, et le Saint Esprit notre conducteur. L'homme n'est rien par lui-même, mais il est beaucoup avec l'Esprit-Saint. L'homme est tout terrestre et tout animal ; il n'y a que le Saint Esprit qui puisse élever son âme et le porter en haut. Pourquoi les saints étaient-ils si détachés de la terre ? Parce qu'ils se laissaient conduire par le Saint Esprit. Ceux qui sont conduits par le Saint Esprit ont des idées justes. Voilà pourquoi il y a tant d'ignorants qui en savent plus long que les savants. Quand on est conduit par un Dieu de force et de lumière, on ne peut pas se tromper.
>
> L'Esprit-Saint est une lumière et une force. C'est lui qui nous fait distinguer le vrai du faux et le bien du mal. Comme ces lunettes qui grossissent les objets, le Saint Esprit nous fait voir le bien et le mal en grand. Avec le Saint Esprit, on voit tout en grand : on voit la grandeur des moindres actions faites pour Dieu et la grandeur des moindres fautes. Comme un horloger avec ses lunettes distingue les plus petits rouages d'une montre, avec les lunettes du Saint Esprit nous distinguons tous les détails de notre pauvre vie. Alors les moindres imperfections paraissent très grosses ; les moindres péchés font horreur.

[61] LA BASTIE, p. 131-134.

C'est pourquoi la très sainte Vierge n'a jamais péché. L'Esprit-Saint lui faisait comprendre la laideur du mal. Elle frémissait d'épouvante à la moindre faute. Ceux qui ont l'Esprit-Saint ne peuvent pas se sentir tellement ils connaissent leur pauvre misère. Les orgueilleux sont ceux qui n'ont point l'Esprit-Saint.

Les gens du monde n'ont pas l'Esprit-Saint ou s'ils l'ont, ils ne l'ont qu'en passant ; il ne s'arrête pas chez eux. Le bruit du monde le fait partir. Un chrétien qui est conduit par l'Esprit-Saint n'a pas de peine à laisser les biens de ce monde pour courir après les biens du Ciel, il sait faire la différence.

L'œil du monde ne voit pas plus loin que la vie, comme le mien ne voit pas plus loin que ce mur, quand la porte de l'église est fermée. L'œil du chrétien voit jusqu'au fond de l'éternité.

Pour l'homme qui se laisse conduire par l'Esprit-Saint, il semble qu'il n'y a pas de monde ; pour le monde, il n'y a point de Dieu. Il s'agit donc de savoir qui nous conduit. Si ce n'est pas le Saint Esprit, nous avons beau faire, il n'y a point de substance ni de saveur dans tout ce que nous faisons. Si c'est le Saint Esprit il y a une douceur moelleuse... c'est à mourir de plaisir !

Ceux qui se laissent conduire par le Saint Esprit éprouvent toutes sortes de bonheur au-dedans d'eux-mêmes : tandis que les mauvais chrétiens se roulent sur les épines et les cailloux.

Une âme qui a le Saint Esprit ne s'ennuie jamais

en la présence de Dieu : il sort de son cœur une transpiration d'amour. Sans le Saint Esprit nous sommes une pierre du chemin. Prenez dans une main une éponge imbibée d'eau et dans l'autre un petit caillou ; pressez-les également. Il ne sortira rien du caillou et de l'éponge vous ferez sortir de l'eau en abondance. L'éponge, c'est l'âme remplie du Saint Esprit et le caillou, c'est le cœur froid et dur où le Saint Esprit n'habite pas.

Une âme qui possède le Saint Esprit goûte une saveur dans la prière, qui fait qu'elle trouve toujours le temps trop court. Elle ne perd jamais la sainte présence de Dieu. Son cœur, devant notre bon Sauveur, au Saint Sacrement de l'autel est un raisin sous le pressoir.

C'est le Saint Esprit qui forme les pensées dans le cœur des justes et qui engendre les paroles dans leur bouche... Ceux qui ont le Saint Esprit ne produisent rien de mauvais ; tous les fruits du Saint Esprit sont bons. Sans le Saint Esprit tout est froid : aussi lorsqu'on sent que la ferveur se perd, il faut vite faire une neuvaine au Saint Esprit pour demander la foi et l'amour... Voyez ! lorsqu'on a fait une retraite ou un jubilé, on est plein de bons désirs. Ces désirs sont le souffle de l'Esprit-Saint qui a passé sur notre âme et qui a tout renouvelé, comme ce vent chaud qui fond la glace et qui ramène le printemps... Vous qui n'êtes pas cependant de grands saints, vous avez bien des moments où vous goûtez les douceurs de la prière et de la présence de Dieu : ce sont des visites du Saint Esprit. Quand on a le Saint Esprit, le cœur se dilate, il se baigne dans l'amour divin. Le poisson ne se plaint jamais d'avoir trop d'eau ; de même le bon chrétien ne se plaint jamais d'être trop longtemps avec le Bon Dieu. Il y en a qui trouvent la religion ennuyeuse, c'est qu'ils n'ont pas le Saint Esprit.

Si on demandait aux damnés : "Pourquoi êtes-vous en enfer ?" ils répondraient : "Pour avoir résisté au Saint Esprit". Et si l'on disait aux saints : "Pourquoi êtes-vous au Ciel ?", ils répondraient : "Pour avoir écouté le Saint Esprit". Quand il nous vient de bonnes pensées, c'est le Saint Esprit qui nous visite. Le Saint Esprit est une force. C'est l'Esprit-Saint qui soutenait saint Siméon sur sa colonne ; c'est lui qui soutenait les martyrs. Sans le Saint Esprit les martyrs seraient tombés comme la feuille des arbres. Quand on allumait contre eux les bûchers, le Saint Esprit éteignait la chaleur du feu par la chaleur de l'amour divin.

Le Bon Dieu, en nous envoyant le Saint Esprit, a fait à notre égard comme un grand roi qui chargerait son ministre de conduire un de ses sujets, disant : "Vous accompagnerez cet homme partout, et vous me le ramènerez sain et sauf." Que c'est beau, mes enfants, d'être accompagné par le Saint Esprit ! C'est un bon guide celui-là... Et dire qu'il y en a qui ne veulent pas le suivre ! Le Saint Esprit est comme un homme qui aurait une voiture avec un bon cheval et qui voudrait nous mener à Paris. Nous n'aurions qu'à dire oui et à monter dedans... C'est une bien belle affaire que de dire oui ! Eh bien ! Le Saint Esprit veut nous mener au Ciel : nous n'avons qu'à dire oui et à nous laisser conduire.

Le Saint Esprit est comme un jardinier qui travaille notre âme... Le Saint Esprit est notre domestique...

Voilà un fusil : bon ! vous le chargez... Mais il faut quelqu'un pour y mettre le feu et pour le faire partir... De même il y a en nous de quoi faire le bien... C'est le Saint Esprit qui met le feu et les bonnes œuvres partent.

Le Saint Esprit se repose dans les âmes justes, comme la colombe dans son nid. Il couve les bons désirs dans une âme pure, comme la colombe couve ses petits. L'Esprit-Saint nous conduit comme une mère conduit son enfant de deux ans par la main... comme une personne qui y voit conduit un aveugle.

Les sacrements que Notre Seigneur a institués ne nous auraient pas sauvés sans le Saint Esprit. La mort même de Notre Seigneur nous aurait été inutile sans lui. C'est pourquoi Notre Seigneur a dit à ses apôtres : "Il vous est utile que je m'en aille, car si je ne m'en allais pas, le Consolateur ne viendrait pas". Il fallait que la descente du Saint Esprit vînt fructifier cette moisson de grâces. C'est comme un grain de blé, vous le jetez en terre : bon ! Mais il faut le soleil et la pluie pour le faire lever et monter en épi.

Il faudrait dire chaque matin : "Mon Dieu, envoyez-moi votre esprit qui me fasse connaître ce que je suis et ce que vous êtes". »[62]

[62] *Esprit*, p. 77-85.

Monnin dans tous les textes qu'il a recueillis, n'a pas fait d'emprunt à J.-C. Viret, mais on découvre dans les cahiers de l'humble paysan des passages dont l'accent s'apparente à celui de *L'Esprit*.

> « Ô mes enfants, voyez comme on fait les saints ; ils n'avaient rien d'autre en vue que le salut de leur âme, et ne trouvaient point de croix, puisqu'ils les portaient toutes, mais ils avaient le Saint Esprit en eux et la présence de Dieu… Ô mes enfants, que les saints étaient heureux sur la terre ! Ils faisaient tout pour mériter le Ciel ! Ils désiraient les croix. Et quand ils en avaient, ce n'étaient pas des croix, le Saint Esprit les leur adoucissait, elles étaient légères. »[63]
>
> « Ô mes enfants, si vous étiez remplis de l'Esprit saint, vous verriez la grandeur de votre âme… »
>
> « Ô mes enfants l'on est heureux sur la terre, quand on a l'Esprit Saint, il n'y a plus de croix, les croix se fondent. Voyez les saints, pas un ne s'est plaint des croix, au contraire, ils les désiraient. »[64]

[63] 29 août 1851.
[64] 30 août 1851.

2 - PAR JÉSUS-CHRIST NOTRE SEIGNEUR

Le mystère de l'Incarnation

Au procès de canonisation, le laboureur Guillaume Vilier résumait ce qui, dans le comportement du Curé d'Ars, frappait particulièrement les paroissiens : « Il ne pouvait cesser de penser à Jésus-Christ, d'aspirer à Jésus-Christ, de parler de Jésus-Christ : il y avait dans la manière dont il prononçait l'adorable nom de Jésus et dont il disait : "Notre Seigneur", un accent dont il était impossible de n'être pas frappé ».[65]

Un tel témoignage indique clairement la place prépondérante que le saint pasteur réservait au Verbe incarné dans sa vie spirituelle et dans sa pastorale.

On pouvait dès lors s'attendre à voir celui-ci traiter longuement du mystère de l'Incarnation. En fait, si les exclamations et les simples réflexions de l'homme de Dieu manifestant les sentiments de foi et d'amour qui débordent de son cœur, sont nombreuses, c'est en vain que nous cherchons dans les notes de sermons et les bribes de catéchismes dont nous disposons quelque développement théologique sur une vérité aussi fondamentale.

Aucun chapitre ne lui est consacré dans le recueil de l'abbé Monnin. On trouve seulement, dans le cahier de Faure de La Bastie, ces lignes datées de 1855, qui nous donnent le début d'une leçon :

> « Nous en sommes au mystère de l'Incarnation : un Dieu qui a toujours été et qui veut bien prendre un

[65] Abbé MONNIN, *Esprit*, p. 303.

corps, pour naître, cela est incompréhensible. Tout dans notre religion est mystère, et même dans la nature, que de mystères encore. Oh ! Si nous pouvions comprendre l'amour d'un Dieu dans l'Incarnation ! Toutes les grandeurs de Dieu sont cachées dans le corps d'un enfant. Il est dans la crèche à peu près comme dans l'Eucharistie ; il n'a de plus qu'un peu de mouvement ; un Dieu devenu la nourriture de l'homme ; l'homme appelé à ne faire qu'un avec son Dieu, c'est le Ciel sur la terre. Je ne sais si l'on peut désirer quelque chose de plus, même le Ciel. »[66]

Ce n'est qu'un aperçu, un aperçu dont la théologie est hésitante... Le Curé va d'ailleurs, sans attendre, bifurquer sur le mystère eucharistique. Ensuite il parlera de la conversion des pécheurs. Pour trouver dans ses paroles un exposé de quelque importance sur l'Incarnation, il nous faut recourir aux sermons manuscrits. Deux d'entre eux sont consacrés à la fête de Noël. Ceux-ci nous font bien entendre des instructions destinées aux paroissiens d'Ars, comme étant vraiment l'œuvre du Curé.[67] Ils mettent très fortement en relief les abaissements auxquels se soumet le Verbe éternel pour venir au secours de l'homme déchu :

« Touché de notre malheur, il quitte le sein de son Père, il vient au monde dans l'humiliation, dans la pauvreté et dans la souffrance, afin de détruire l'ouvrage du démon et d'appliquer les remèdes efficaces aux cruelles blessures que nous avait faites cet antique serpent. Il vient, ce tendre Sauveur,

[66] LA BASTIE, p. 148-149.
[67] Mais nous ne pouvons les donner comme déjà employés par l'abbé MONNIN, *Esprit*, p. 303.

> pour nous guérir de tous ces maux spirituels, pour nous mériter la grâce de mener une vie humble et pauvre et mortifiée et afin de mieux nous y porter. Il vient lui-même en donner l'exemple. »[68]

Ce style correct mais sans chaleur n'est pas celui du Curé d'Ars. Cependant l'orientation de la pensée va bien dans le sens de sa tendance profonde qui vise avant tout à imiter Jésus-Christ.

L'IMITATION DE JÉSUS-CHRIST

Dans le second sermon pour la fête de Noël le saint a très particulièrement retenu la relation d'une histoire édifiante dans laquelle il voyait réalisée de façon exemplaire cette conformité au divin modèle. Il l'avait emprunté aux *Instructions chrétiennes pour les jeunes gens* de l'abbé Humbert et les notes prises par les auditeurs de ses catéchismes révèlent à quel point il s'en était trouvé imprégné.[69] Le programme de vie de l'héroïne du récit – Dorothée est son nom – est devenu la formulation même du programme de sainteté que le pasteur offrait à ceux qui l'écoutaient.

> « Lorsque je me réveille et que je me lève, je me représente l'enfant Jésus qui, à son réveil, s'offrait à Dieu son père en sacrifice ; pour l'imiter, je m'offre en sacrifice à Dieu en lui consacrant ma journée et mes travaux. »[70]
>
> « Lorsque je prie, je me représente Jésus priant son Père. »[71]

[68] Pour le jour de Noël, *Sermons*, t. I p. 87-88.
[69] Cf. C. GENET, *L'Énigme des sermons du Curé d'Ars*, p. 181-186.
[70] HUMBERT, p. 54, texte identique dans le 2° *Sermon pour le jour de Noël*, *Sermons*, t. I, p 117.
[71] HUMBERT, p. 54, Texte identique chez le Curé d'Ars, *Sermons*, t. I, p. 117.

« Lorsque je travaille, je pense que Jésus-Christ, fatigué travaille pour mon salut ; et loin de me plaindre, j'unis avec amour, avec résignation, mes travaux aux siens. »[72]

« Quand on me commande quelque chose, je me représente que Jésus-Christ était soumis, obéissait à la Sainte Vierge et à saint Joseph, et dans ce moment, j'unis mon obéissance à la sienne. »[73]

« Si l'on parle de moi, si l'on dit des duretés et des injures, je ne réponds rien, je souffre en patience, me souvenant que Jésus-Christ a souffert en silence et sans se plaindre les accusations, les calomnies, les tourments et les opprobres les plus cruels. »[74]

« Lorsque je pense aux péchés sans nombre qu'on commet dans le monde, combien Dieu est outragé sur la terre, j'en gémis en soupirant, je m'unis aux dispositions de Jésus-Christ qui disait à son Père en versant des larmes : "Ah ! Père, le monde ne vous connaît pas". »[75]

« Lorsque je vais me confesser, je me représente Jésus qui pleure mes péchés au Jardin des Oliviers, et sur la croix.»[76]

« Si j'assiste à la Sainte Messe, j'unis aussitôt mon esprit et mon cœur aux saintes intentions de Jésus qui se sacrifie sur l'autel pour la gloire de son Père,

[72] HUMBERT, p. 54, texte emprunté, *ibidem*, p. 118.
[73] HUMBERT, p. 54, texte emprunté, *ibidem*, p. 118.
[74] HUMBERT, p. 55, texte emprunté, *ibidem*, p. 118.
[75] HUMBERT, p. 55, texte emprunté, *ibidem*, p. 119.
[76] HUMBERT, p. 56, texte emprunté, *ibidem*, p. 119.

pour l'expiation des péchés des hommes et pour le salut de tous. » [77]

« Lorsque je suis dans l'aridité, dans la tristesse et le dégoût, je me représente le Sauveur au Jardin des Olives, abattu et affligé jusqu'à la mort ou bien je me le représente délaissé et sans consolation sur la croix et en m'unissant à Lui, je dis aussitôt ces paroles qu'il profère lui-même dans le jardin des olives : "Mon Père, que votre volonté soit faite". »[78]

Jamais, dans les textes que nous avons transmis, les auditeurs des catéchismes et des Instructions du Curé d'Ars, il ne sera fait allusion à la pieuse Dorothée. Néanmoins les propos de celle-ci resteront gravés dans la mémoire du prédicateur de l'ancien sermon de Noël. On en retrouve aisément la trace.

« Il faut n'agir que pour Dieu, mettre nos œuvres dans ses mains... Il faut dire en s'éveillant : "Je veux travailler aujourd'hui pour vous, ô mon Dieu ! Je me soumettrai à tout ce que vous m'enverrez, comme venant de vous. Je m'offre en sacrifice, mais, mon Dieu, je ne puis rien sans vous, aidez-moi". »[79]

« Il nous faut dire tous les matins : "Allons, mon âme, travaillons à acquérir le Ciel. Ce soir, nos combats seront finis", le soir : "Demain, mon âme, toutes les peines de la vie seront passées pour toi". »[80]

[77] HUMBERT, p. 56, texte emprunté, *ibidem*, p. 119.
[78] En empruntant ce passage à HUMBERT, le Curé d'Ars l'a légèrement modifié : « Lorsque je suis dans les tortures de l'Esprit, je me rappelle le Sauveur au Jardin des Olives, abattu, torturé et affligé jusqu'à la mort. » *Sermons*, p. 120.
[79] *Esprit*, p. 59.
[80] *Ibidem*, p. 230.

> « Qu'il est consolant de souffrir sous les yeux de Dieu, et de pouvoir se dire le soir, dans son examen : "Allons, mon âme, tu as eu aujourd'hui deux ou trois heures de ressemblance avec Jésus-Christ ; tu as été flagellée, couronnée d'épines, crucifiée avec Lui". »[81]

On le voit, s'il faut imiter Jésus-Christ, c'est le plus souvent en gardant nos regards fixés sur la croix. Dans le Verbe incarné, nous reconnaissons le Rédempteur.

> « La passion de Notre Seigneur, disait le Curé d'Ars, c'est comme un grand fleuve qui descend d'une montagne et ne s'épuise jamais. »[82]

En termes plus simples, il déclarait :

> « Jetez les yeux sur Notre Seigneur attaché à la croix et dites-vous : "Voilà ce qu'il en a coûté à mon Sauveur pour réparer l'injure que nos péchés ont faits au Bon Dieu !" Un Dieu qui descend sur la terre pour être victime de nos péchés, un Dieu qui souffre, un Dieu qui meurt, un Dieu qui endure tous les tourments parce qu'il a voulu porter le poids de nos crimes.[83] Mystère insondable : comprendre que nous sommes l'ouvrage d'un Dieu, cela est facile ; mais que le crucifiement[84] d'un Dieu soit notre ouvrage ! Cela est incompréhensible. »

Certes, le Curé d'Ars l'avait affirmé dans son sermon manuscrit *Sur l'amour de Dieu*, en transcrivant un passage de Bonnardel.

[81] *Ibidem*, p. 195, Texte puisé presque littéralement dans le cahier de LA BASTIE, p. 86.
[82] *Esprit*, p. 309.
[83] *Ibidem*, p. 149-150.
[84] LA BASTIE, p. 77.

> « Jésus-Christ pouvait satisfaire à la justice de son Père pour nos péchés par une goutte de son sang, par une seule larme, ah ! que dis-je ! par un seul soupir, mais ce qui pouvait satisfaire à la justice de son Père ne pouvait satisfaire la tendresse de son Cœur pour nous. »[85]

Plus tard, il se souviendrait de ce langage en reconnaissant :

> « Notre Seigneur a souffert plus qu'il ne fallait pour nous racheter, mais ce qui aurait satisfait la justice de son Père ne pouvait satisfaire la tendresse de son Cœur pour nous. »[86]

Jean-Claude Viret a recueilli la même réflexion du Saint Curé :

> « Voyez, Caïn pleure, je crois qu'il a dit cinq mille ans, qu'il est dans l'enfer ; rien n'a diminué, tandis que les justes seront dans le Ciel ; là le Bon Dieu ramassera tout pour les récompenser et les réjouir toujours et le reste. » (Cahiers 25 juillet 1849)

Dès lors comment un chrétien peut-il refuser de se conformer à son Maître souffrant ?

> « Un bon religieux se plaignait un jour à Notre Seigneur de ce qu'on le persécutait. Il disait : "Seigneur, qu'ai-je donc fait pour être traité ainsi ?" Notre Seigneur lui répondit : "Et moi, qu'avais-je donc fait quand on m'a conduit au Calvaire ?" Alors

[85] Sur l'amour de Dieu, *Sermons*, t. III, p. 183, BONNARDEL, *Instructions familières*, t. IV, p. 42.
[86] *Esprit*, p. 25. Cf. GENET, p. 199.

le religieux comprit, il pleura, il demanda pardon et n'osa plus se plaindre ».[87]

Des images familières illustraient la leçon :

« Il y a un emblème qui représente l'âme cherchant Jésus dans un bel appartement, dans des fauteuils, dans un bon lit, et on ne le trouve pas ; elle le trouve ensuite sous un lit, couché sur une croix, dans la pauvreté. Ah ! non, Notre Seigneur ne s'est jamais trouvé dans le faste, les plaisirs et les richesses, mais dans l'abjection et l'humiliation. »[88]

« Notre Seigneur est sur la terre comme une mère qui porte son enfant, cet enfant est méchant, il donne des coups de pied à sa mère, il la mord il l'égratigne. Mais la mère n'y fait pas seulement attention, elle sait que si elle le lâche, il tombera, il ne pourra pas marcher seul. Voilà comme est Notre Seigneur. Il endure tous nos mauvais traitements ; il supporte toujours nos arrogances ; il nous pardonne toutes nos sottises ; il a pitié de nous malgré nous. »[89]

Non content de supporter les ingrats que nous sommes, Jésus-Christ veut donner à notre vie une merveilleuse fécondité. Sans lui, nos efforts resteraient vains. Le Curé d'Ars recourt ici à l'épisode de la pêche miraculeuse.

« Ils avaient travaillé toute la nuit et une partie du jour et n'avaient point pris de poissons. Notre Seigneur dit : "Jetez vos filets", et ils remplirent leur

[87] *Ibidem*, p. 191 – Réminiscence d'anciens sermons. « Ecoutez ce que Jésus-Christ dit un jour à Saint Pierre, martyr. Lorsqu'il se plaignait des outrages qu'on lui faisait : "Et moi, Pierre, qu'ai-je fait pour qu'on m'ait crucifié ?" ; *Invention de la sainte Croix*, *Sermons*, t. IV, p. 11 » et *Sermons les afflictions*, II, p. 50-51.
[88] *Esprit*, p 186-187.
[89] LA BASTIE, p. 84.

> barque en un moment. Dans l'instant que Notre Seigneur était là, ils gagnèrent plus que toute la nuit. »
>
> « Combien y a t-il de chrétiens qui travaillent beaucoup, qui font des bonnes œuvres, des prières, et ne gagnent rien ! C'est qu'ils travaillent dans l'obscurité. Ils sont en état de péché et ne ramassent rien. Il y a des chrétiens qui gagnent plus dans quinze jours que d'autres dans vingt ans. C'est que les bons travaillent en plein midi, au soleil, en état de grâce ; ils se privent d'un regard, d'une parole. Oh ! qu'ils gagnent pour le Ciel ! »[90]
>
> « On rencontre aussi des chrétiens qui perdent courage et que guette le désespoir. Jésus pourtant ne demande qu'à leur venir en aide, à les sauver. Il attend d'eux un appel qui soit le témoignage de leur confiance et de leurs bons désirs. »

Jésus s'est engagé à rester avec nous, mais où est-il ? N'oublions pas qu'il a voulu s'identifier aux petits et aux pauvres !

> « Souvent nous croyons soulager un pauvre et il se trouve que c'est Notre Seigneur. Voyez saint Jean de la Croix : il avait l'habitude de laver les pieds des pauvres avant de les faire manger. Un jour, en se penchant sur les pieds d'un pauvre, il vit que ce pauvre avait les pieds percés. Il releva la tête avec émotion, et il s'écria : "C'est donc vous Seigneur !" Notre Seigneur lui dit : "Jean, je prends plaisir à voir comme tu as soin de mes pauvres." Et il disparut. »[91]

[90] LA BASTIE, p. 158, 159.
[91] *Esprit*, p. 321-322.

Au jugement du Curé d'Ars, la vie tout entière des chrétiens ne devrait être qu'une marche persévérante à la suite de Jésus-Christ considéré dans chacun de ses mystères. Un récit l'avait ému. Saint François de Sales le rapporte en son "*Traité de l'amour de Dieu*". Il est peu probable que le Curé soit allé le puiser à cette source. Vraisemblablement il l'avait lu dans quelque sermonnaire. Ce récit pouvait être interprété comme une parole pour le jour de l'Ascension.

> « Un bon chrétien - St François de Sales parle d'un chevalier - était allé visiter les saints lieux ; après avoir parcouru tous les lieux sanctifiés par le souvenir des saints mystères de la naissance et de la mort de Notre Seigneur, il arriva sur la montagne d'où il s'était élevé dans le Ciel. Il place son pied sur la pierre où est resté empreint celui de notre divin Sauveur et il dit : "Mon Dieu, je vous ai suivi partout, est-ce que je pourrai encore vous suivre ?" Et il mourut d'amour. On l'ouvrit pour voir de quoi il était mort : l'on trouva écrit sur son cœur : "Ô Jésus, mon amour !" Il était mort d'amour. »[92]

Commentant en une autre circonstance l'Évangile de la Transfiguration, le Curé d'Ars disait :

> « Comme les disciples sur le Thabor ne virent plus que Jésus seul, les âmes intérieures, sur le Thabor de leur cœur, ne voient non plus que Notre Seigneur. Ce sont deux amis qui ne se lassent pas l'un de l'autre ».[93]

[92] LA BASTIE, p. 96.
[93] *Esprit*, p. 27.

Traitant ailleurs du même mystère, il s'écria en évoquant le bonheur de ceux qui jouiront dans le Ciel de la vision du Seigneur :

> « Nous le verrons ! Y avez-vous jamais pensé ? Nous verrons Dieu ! Nous le verrons tout de bon ! Nous le verrons tel qu'il est, face à face ! Et pendant un quart d'heure il ne cessa de pleurer et de répéter : "Nous le verrons ! Nous le verrons !" »[94]

[94] *Ibidem*, p. 207.

3 - SAUVEZ VOTRE PAUVRE ÂME

Pourquoi sommes-nous au monde ?

Lorsqu'il composait le sermon manuscrit *Sur la pensée de la mort* – nous ne connaissons pas le sermonnaire qu'il utilisait pour cela – il écrivait :

> « Nous lisons dans l'histoire qu'un homme, pendant toute sa vie, n'avait nullement pensé à son salut, mais seulement à se divertir et à amasser du bien. Etant près de mourir, il reconnut bien son aveuglement. Il recommanda que l'on mit sur sa tombe : "Ici repose l'insensé qui est sorti de ce monde sans savoir pourquoi le Bon Dieu l'y avait mis" ».[95]

Le saint avait été sensible à ce trait. De longues années plus tard, il se plaisait à le citer encore. L'abbé Monnin lui fait place dans *"l'Esprit"* :

> « On disait à un mourant : "Que faudra-t-il mettre sur votre tombe ?" – Vous mettrez : "Ci-gît un insensé qui est sorti de ce monde sans savoir comment il y est entré". Il y en a beaucoup qui sortent de ce monde sans savoir ce qu'ils y sont venus faire et sans s'inquiéter davantage. Ne faisons pas de même ».[96]

Dans son sermon *Sur les grandes vérités*, on retrouve la même pensée exprimée avec la plus vive insistance :

> « Quelle est la première demande que l'on vous a faite lorsque vous êtes venus à l'église ? N'est-ce pas celle-ci : Qui vous a créé et conservé jusqu'à présent ?

[95] *Sur la pensée de la mort, Sermons*, t. III, p. 152.
[96] *Esprit*, p. 29.

> N'avez-vous pas répondu tout simplement que c'est Dieu ! Et pourquoi ? Vous a-t-on dit ? – C'est, avez-vous répondu, pour le connaître, l'aimer, le servir, et par ce moyen acquérir la vie éternelle. Voilà toute l'occupation d'un bon chrétien et tout son bonheur ».[97]

Le Curé précisait :

> « N'oublions jamais ces grandes vérités, c'est à savoir : que notre vie n'est qu'un songe ! Que la mort nous poursuit de bien près et que bientôt elle nous atteindra ; que nous serons jugés bien rigoureusement et qu'après ce jugement notre sort sera fixé pour jamais ».[98]

Un peu plus loin on lit encore :

> « Il y a quatre choses qui font le bonheur d'un bon chrétien, ce sont : la brièveté de la vie, la pensée de la mort, le jugement et l'éternité ».[99]

Soucieux avant tout de conduire ses auditeurs à la conversion, le saint ne devait pas cesser de leur rappeler qu'ils avaient une âme à sauver. Dans ses catéchismes et ses instructions il constaterait avec peine :

> « Il y a beaucoup de chrétiens qui ne savent seulement pas pourquoi ils sont au monde. Le Bon Dieu nous a créés et mis au monde pour le servir, l'aimer et travailler à notre salut, rien que cela ; tout ce que nous faisons en dehors de cela, c'est du temps perdu ».[100]

Ce dernier texte se trouve dans le cahier de Faure de La

[97] *Sur les grandes vérités*, *Sermons*, t. I, p. 30.
[98] *Ibidem*, p. 24.
[99] *Ibidem*, p. 25.
[100] LA BASTIE, p. 160.

Bastie. L'abbé Monnin l'a ainsi transposé et complété dans *L'Esprit* :

> « Il y a beaucoup de chrétiens qui ne savent pas seulement pourquoi ils sont au monde. "Pourquoi, ô mon Dieu, m'avez-vous mis au monde ? – Pour te sauver – Et pourquoi voulez-vous me sauver ? – Parce que je t'aime." Le Bon Dieu nous a créés et mis au monde parce qu'il nous aime... Pour se sauver, il faut connaître, aimer et servir Dieu. Ô belle vie ! ... Qu'il est beau, qu'il est grand de connaître, d'aimer et de servir Dieu ! Nous n'avons que cela à faire en ce monde. Tout ce que nous faisons hors de cela, c'est du temps perdu ».[101]

Qui ne veut ni connaître ni aimer, ni servir Dieu, manque irrémédiablement sa destinée. Il est comparable au figuier stérile dont parle l'Évangile. Il aura le même sort.[102]

SUR LA PENSÉE DE LA MORT

Quelle qu'ait été la condition d'un homme sur la terre, il devra passer par la mort, et le contraste est grand entre ce qu'il fut et ce qu'il deviendra. Dans son sermon manuscrit *Sur la pensée de la mort* le Curé d'Ars avait déclaré :

> « Voilà cet orgueilleux, qui faisait tant de cas de son esprit, de sa richesse, de son crédit et de sa charge, le voilà conduit dans le tombeau, mangé de vers et mis en oubli jusqu'à la fin du monde ».[103]

[101] *Esprit*, p. 58.

[102] J.-C. Viret signale que le Curé d'Ars aimait cette image : « À la prière il disait : Nous sommes amis des arbres. Eh bien nous devons porter des fruits. Si nous ne portons pas des bons fruits, nous sommes inutiles et bons à être coupés et jetés au feu. Prenons bien garde ». *Cahier*, 25 juillet 1845.

[103] *Sur la pensée de la mort*, *Sermons*, t. III, p. 143.

L'écho de ce passage devait retentir jusque dans les notes de catéchisme de Marie Germain et Mariette Jacquet, utilisée dans la suite par l'abbé Monnin :

> « Voilà donc où va conduire cet homme qui se tourmente tant, qui semble quelque chose de gros, qui semble dominer sur tout, et commander au soleil et au jour. Il sera réduit tout au plus à une petite poignée de cendre. Voyez, nous avons des frères, des pères, des époux et épouses qui sont morts et réduits en une petite poignée de cendres ».[104]

Dans *L'Esprit*, ce texte se trouve ainsi développé :

> « Voilà donc cet homme qui se tourmente, qui s'agite, qui fait du bruit, qui veut dominer sur tout, qui se croit quelque chose, qui semble vouloir dire au soleil : "Ôte-toi de là, laisse moi éclairer le monde à ta place !" Un jour cet homme orgueilleux sera réduit tout au plus à une petite pincée de cendres qui sera traînée de rivière en rivière, de Saône en Saône jusque dans la mer. Voyez mes enfants, je pense souvent que nous ressemblerons à ces petits tas de sable que le vent ramasse sur le chemin, qui tournent et se défont de suite après. Ô mes enfants, les saints sont dans le Ciel, tandis que ces grands rois et empereurs qui ont été célèbres ne sont plus. Les saints ont bien plus été importants qu'eux. Ce n'était pas tout. Remarquez, qu'est devenu Napoléon ? Il ne lui reste que des cendres et des os. » (J.-C. Viret, 2 nov. 1849)
>
> « Nous avons des frères et des sœurs qui sont morts.

[104] Marie GERMAIN et Mariette JACQUET, p. 24.

Eh bien ! ils sont réduits à cette petite poignée de cendres dont je parle. »[105]

« Nous ne sommes sur la terre que par entrepôt, pour un tout petit moment... Il semble que nous ne bougeons pas, et nous marchons à grands pas vers l'éternité, comme la vapeur. En mourant nous faisons une restitution : nous rendons à la terre ce qu'elle nous a donné. Une petite pincée de poussière grosse comme une noix : voilà ce que nous deviendrons. Il n'y a pas de quoi être fier. »[106]

« Le monde passe ; nous passons avec lui. Les rois et les empereurs, tout s'en va. On s'engouffre dans l'éternité d'où l'on ne revient plus. Il ne s'agit plus que d'une chose : sauver sa pauvre âme. »[107]

Jean-Claude Viret met pour sa part sur les lèvres du Curé d'Ars, le 31 juillet 1848, ces propos :

« Aujourd'hui, lundi, le commencement de la semaine. Nous ne savons pas si nous ne mourrons l'autre semaine. Nous ne sommes sur terre que pour sauver notre âme et pour faire des bonnes œuvres. Tous passent : les riches, les grands, les petits, les bergers, comme passe le vent dans les chemins. Eh bien ! Si vous avez bien fait, à votre mort, vous aurez le Ciel ».

La pensée de la mort remplit d'épouvante les chrétiens qui vivent dans le mal.

« C'est, lisons-nous chez Faure de La Bastie, le

[105] *Esprit*, p. 60.
[106] *Ibidem*, p. 29.
[107] *Ibidem*, p. 254.

péché qui effraye les pécheurs à l'heure de la mort et qui leur met devant les yeux les fautes de leur vie et les leur fait voir inscrites comme sur une pancarte. Les saints n'avaient pas peur de la mort : ils ne craignaient pas le jugement. Les saints mouraient dans la joie et nous mourons dans la tristesse, parce que nous avons aimé le péché. Si nous détestions le péché, si nous aimions bien le Bon Dieu, nous dirions à l'heure de notre mort, comme saint Hilarion qui avait passé sa vie dans le désert : "Sors, ô mon âme, que crains-tu ? Tu as aimé, servi Dieu pendant 70 ans ; pars ne crains rien !" Si nous pouvions nous rendre ce témoignage, mes enfants, ah ! Que nous serions heureux ! Combien il serait doux de mourir ! Mais nous n'aimons pas le Bon Dieu, nous sommes en sa présence comme des hypocrites, nous ne savons pas le prier. Nous allons à l'église, nous prenons de l'eau bénite, nous nous mettons à genoux sans attention, sans respect, nous faisons tout à la bourdifaille. Si le Bon Dieu nous envoie des croix, nous nous plaignons, nous murmurons... On veut vivre à son aise ; on s'endort dans quelques vaines pensées. On se dit à soi-même : "Le Bon Dieu est trop bon, il est juste, il ne nous a pas mis au monde pour nous faire souffrir". En effet, mes enfants, le Bon Dieu ne nous a pas mis sur terre pour nous faire souffrir, mais il nous y a mis pour faire notre salut ; travaillons-y aujourd'hui, demain et après cela une éternité de Bonheur. Oh mes enfants, que nous sommes ingrats ! Le Bon Dieu veut nous rendre heureux et nous ne le voulons pas ; nous nous détournons de lui, nous nous donnons au démon, nous commettons le péché. Nous nous enfonçons dans la boue ; une fois engagés dans ce bourbier, nous ne savons plus en sortir. S'il s'agissait de faire fortune, nous saurions bien nous tirer de ce mauvais pas ; mais pour notre salut, nous ne savons rien faire. »[108]

Il nous faudrait nous préparer à la mort. Nous ne le faisons pas et nous risquons de nous laisser surprendre. Les exemples abondent :

> « Voyez cette femme, pas bien loin d'ici. J'allais voir un malade. Je la trouve écrasée sous un arbre par un coup de foudre. Eh bien ! Mes enfants, elle ne savait pas sa mort si proche. Mes enfants, notre mort est certaine, mais le moment est incertain. C'est pourquoi nous devons toujours nous tenir prêts pour aller rendre compte de notre âme à Dieu ».[109]

Ou bien :

> « Dans le pays où j'ai été vicaire, ce jeune homme qui devait être parrain et qui était allé retenir un violon pour danser à cette occasion. Le lendemain il fut écrasé par une poutre ; il n'eut pas un seul instant pour réfléchir. Le musicien vint bien, mais quand il arriva, les cloches sonnaient pour annoncer les funérailles de ce malheureux ».[110]

En dépit de tels exemples, nombre de chrétiens vivent sans songer que la mort les guette.

[108] LA BASTIE, p. 46-47.
[109] Marie GERMAIN et Mariette JACQUET, p. 29.
[110] LA BASTIE, p. 61-62. Même anecdote chez J.-C. Viret : « Voyez, mes enfants, un jeune homme, le soir d'un baptême, alla chercher un musicien pour sonner le violon. Quand le musicien de violon fut arrivé, on sonnait la cloche à la volée ; le musicien demande pourquoi qu'on sonnait – C'est celui qui a été chercher le musicien de violon, il est mort cette nuit, la maison s'est effondré et l'a écrasé. » *Cahiers*, 8 décembre 1849.

> « Le démon nous amuse jusqu'au dernier moment, comme on amuse un pauvre homme en attendant que les gendarmes viennent le prendre. Quand les gendarmes arrivent, il crie, il se tourmente, mais on ne le lâche pas pour autant. »[111]

La plupart des hommes vivent comme si le corps seul comptait pour eux. Les saints au contraire,

> « savent qu'ils sont créés pour une fin plus noble, qu'ils ne sont sur la terre qu'en passant, que ce corps dont on fait aujourd'hui tant de cas, ce n'est qu'un tas de pourriture. Tenez cela est si vrai que le corps pourrit même avant d'être mort. Voyez cette grave maladie que j'ai fait. Il y avait toujours une grosse mouche qui volait autour de moi – ces grosses mouches qui se reposent sur les chairs pourries. Je pensais en moi-même : est-ce la fin de mes jours ? ».[112]

L'image de la mort est entre toutes capable de bouleverser un auditoire.

> « Voyez, il y avait une femme qui était bien malade et avait joyaux et le reste... Elle mourut. On se dépêcha de la mettre dans la terre. En effet, mes enfants, une personne morte sent bien plus mauvais qu'une bête crevée. Il mourut, il y a quelque temps, un jeune homme près d'ici. On vint vite me dire : Monsieur le Curé, venez donc vite. Il sent trop mauvais. »
>
> « Voyez mes enfants, faites bien peu de cas du cadavre. Donnez-lui tout ce qui lui plaît, et après il sera

[111] *Esprit*, p. 49.
[112] Marie GERMAIN et Mariette JACQUET, p. 9.

pourri et mangé par les bêtes et cette pauvre âme qui ne doit point périr, on n'y fait pas attention. On la laisse dans le péché. »

« Ce n'est point comme faisaient les saints. Au contraire, quand ils voyaient leur corps se détruire, ils se réjouissaient, parce qu'ils pensaient au bonheur qui est préparé à ceux qui souffrent. »

« Voyez ce solitaire qui était dans un bois ; il y a longtemps qu'il était malade. Il chantait toujours. Il passa un chasseur qui l'entendit. Il s'approcha. Il vit son corps en lambeaux. Il dit : "C'est vous qui chantez !" Il lui dit : "C'est ma voix ordinaire". Il lui demanda comment il pouvait chanter. Il lui répond : "je chante parce que mon corps se détruit, qu'il mourra bientôt." »[113]

« Tenez, il y avait une fois un jeune homme qui aimait tellement une fille que rien ne pouvait l'en détourner... cette fille vint à mourir, et saint... je ne me rappelle pas du saint, c'était un évêque, je crois - il lui demande s'il était toujours attaché à cette personne. Il lui répondit : "Ah ! oui, je l'aime tant que je ne peux m'en détourner". Alors le saint, voyant qu'il n'y pouvait rien, lui dit : "Eh bien ! venez donc avec moi, nous irons voir ce que vous chérissez tant". Ils allèrent le soir avec une chandelle. Ils levèrent la planche et lorsqu'il s'approcha pour voir celle qu'il aimait tant, il ne vit qu'un tas de pourriture ; il recule et n'ose regarder. Mais le

[113] *Ibidem* p. 8-9. La leçon se poursuit ainsi : « Ô mes enfants, les saints ne s'occupent pas de leur corps. Ils pensent seulement d'embellir leur âme pour paraître avec confiance devant Dieu. Qui est-ce qui a tant peuplé le Ciel ? C'est ces martyrs de l'ancien temps, qui versaient leur sang avec tant de joie pour Dieu... ».

saint lui dit : "Viens, viens, approche-toi regarde celle qui avait ton cœur". Il voyait les vers qui sortaient de tous côtés. Cela lui fit tellement horreur qu'il se convertit et se fit religieux. »[114]

Sur la pensée de l'enfer

Plus encore que la pensée de la mort, celle de l'enfer devrait porter le pécheur à réfléchir sur son sort. Mais autant qu'il est possible, on cherche à lui dissimuler les réalités de l'au-delà.

« Dans le monde, on cache le Ciel et l'enfer ; le Ciel, parce que si on en connaissait la beauté, on voudrait y aller à tout prix ; on laisserait bien le monde tranquille ! L'enfer, parce que si on en connaissait les tourments, on voudrait les éviter coûte que coûte. »[115]

« Oh ! si l'on pensait à l'éternité : être maudit de Dieu ! Maudit, cela fait trembler. Et pour quoi ? Pour un blasphème, pour une bouteille de vin, pour un morceau de viande : pour deux minutes, perdre

[114] *Ibidem* p. 11, 12. L'exemple maladroitement évoqué se trouve relaté de façon plus complète dans le vieux sermon *Sur la pensée de la mort* : « Saint Grégoire nous rapporte qu'un jeune homme, au salut duquel il s'intéressait beaucoup, avait conçu une telle passion pour une jeune fille que, celle-ci étant morte, il ne pouvait plus s'en consoler. Saint Grégoire alla trouver le jeune homme : "mon ami, lui dit-il, venez avec moi". Le prenant par la main, il le conduit au tombeau de cette jeune fille. Quand il eut fait lever la planche qui couvrait son corps, ce jeune homme voyant un corps si horrible, si puant, si rempli de vers, n'étant plus qu'un amas de corruption, recula d'horreur. – "Non, non, mon ami, lui dit saint Grégoire, avancez et soutenez un instant la vue de ce spectacle que la mort vous présente. Voyez, mon ami, considérez ce qu'est devenue cette beauté périssable à laquelle vous étiez éperdument attaché. Voyez cette tête toute décharnée, ces yeux éteints, ses ossements livides, cet amas de cendres ; de pourriture et de vers ! Voilà, mon ami, l'objet de votre passion, pour lequel vous avez poussé tant de soupirs." Le jeune homme renonça aussitôt à toutes les vanités de la terre, ne pensa plus qu'à se préparer à bien mourir en se retirant du monde. » *Sermons*, t. II, p. 144-145.

[115] *Esprit*, p. 25-26.

Dieu, son âme, le Ciel pour toujours ! Vous verrez monter au Ciel en corps et en âme ce père, cette mère, cette sœur, ce voisin qui étaient là, tout près de vous, avec qui nous avons vécu, mais que nous n'avons pas imités, tandis que nous, nous descendrons en corps et en âme dans l'enfer pour y brûler. Les démons se rouleront sur nous ; tous les démons dont nous aurons suivi les suggestions viendront nous tourmenter. Si l'on voyait un homme préparer un grand foyer, entasser fagots sur fagots et, lui demandant ce qu'il fait, il répondit : "Je prépare ce feu pour me faire brûler", vous lui diriez : "Mais vous êtes insensé". Si vous le voyiez y mettre le feu et se jeter dedans, vous diriez, "Mais il est fou !" En péchant nous agissons ainsi, car ce n'est pas Dieu qui nous précipite en enfer, c'est nous, par nos péchés. Un damné se dira : "J'ai perdu Dieu, mon âme et le Ciel". Il s'élèvera pour y retomber, car il sentira toujours le besoin de s'élever, parce qu'il était créé pour Dieu ; comme un oiseau dans un appartement va jusqu'au plafond, puis retombe, la justice de Dieu sera le plancher. Il n'est pas besoin de prouver l'existence de l'enfer. Notre Seigneur en parle lui-même quand il parle du mauvais riche qui criera : "Lazare ! Lazare !" et du Ciel quand il a dit au bon larron : "Tu seras avec moi aujourd'hui en paradis". »

« On sait bien qu'il y a un enfer, mais on vit comme si on l'ignorait ; on vend son âme pour quelques pièces de monnaie. Saint Augustin dit que l'on vend son âme pour cinq sols. »

« Nous renvoyons notre conversion à la mort, mais

qui nous assure que nous aurons le temps et la force à ce moment redoutable, que tous les saints ont appréhendé, où l'enfer se réunit pour nous livrer assaut, voyant que c'est le moment décisif ; il n'y a qu'un seul exemple d'un pécheur converti à l'heure de la mort et que le Bon Dieu a pardonné, c'est celui du bon larron. »[116]

« Il y en a bien qui perdent la foi et qui ne voient l'enfer qu'en y entrant. On leur administre les sacrements, mais demandez-leur s'ils ont fait tel péché : "Oh ! arrangez cela comme vous voudrez, répondent-ils, faites comme vous pensez !" »

« Les élus sont comme les gerbes de blé qui échappent aux moissonneurs et comme les grains de raisin à la vendange. Les damnés sont comme les voitures de gerbes que l'on amène des champs de blé, comme les raisins que l'on presse dans les bennes ; ils tombent dans l'enfer comme la neige à gros flocons en hiver. »[117]

« Au moment de la mort, on demandait à un saint, qui fixait quelque chose, ce qu'il regardait : "Oh !

[116] La conversion du bon larron est la seule conversion *in extremis* dont la relation figure dans l'Évangile. L'auteur rigoriste qu'avait autrefois copié M. Vianney insistait fortement là-dessus. Le saint en avait été tellement impressionné que de longues années plus tard, il en faisait encore état. On lit dans le texte ancien du sermon *Sur le délai de la conversion* : « Mais, me direz-vous, il y en a bien qui se sont convertis à l'heure de la mort ; le bon larron s'est bien converti en ce moment.- Le bon larron, Mes Frères, d'abord, il n'avait jamais connu le Bon Dieu. Dès qu'il l'a connu, il s'est donné à lui, et encore est-il le seul que l'Ecriture sainte nous fournit, pour ne pas tout à fait nous désespérer dans ce moment ». *Sermons*, t. I, p. 389.

[117] Cette image des flocons de neige pour évoquer le grand nombre de pécheurs qui tombent en enfer est familière au Saint Curé. On la retrouve chez J.-C. Viret : « Voyez, mes enfants, il tombe bien des pécheurs dans l'enfer ; voyez quand il neige, les flocons tombent bien épais. Eh bien ! il tombe tous les jours des pécheurs aussi épais que quand il tombe des flocons de neige. Ô mes enfants ! [...] ça fait trembler, on n'y fait pas attention. » *Cahiers*, sans date.

répondit-il, que les jugements de Dieu sont terribles !" Il y en a qui offensent le Bon Dieu à tout moment, leur cœur est une fourmilière de péchés ; ils ressemblent à un morceau de viande gâtée, rongée des vers. Non vraiment, si les pécheurs songeaient à cette éternité ! Toujours : il y a près de six mille ans que Caïn est dans l'enfer et il ne fait que d'y entrer. »[118]

« Le démon écrit tous nos péchés, l'ange gardien, le bien. Il est certain que toutes les pensées et actions sont écrites ; travaillons pour que le livre de l'ange gardien en soit plein et non celui du démon. »[119]

Autres réflexions sur l'enfer :

« Les damnés seront enveloppés de la colère de Dieu comme le poisson dans l'eau. »

Néanmoins,

« les damnés n'accusent pas Dieu ; ils s'accusent eux-mêmes ; ils disent : "J'ai perdu Dieu, mon âme et le Ciel par ma faute". »

« Jamais personne n'a été damné pour avoir fait trop de mal ; mais beaucoup sont en enfer pour un seul péché mortel dont ils n'ont pas voulu se repentir. »

« Si un damné pouvait dire une seule fois : "Mon Dieu, je vous aime !" il n'y aurait plus d'enfer pour

[118] J.-C. Viret a recueilli la même réflexion du Saint Curé : « Voyez, Caïn pleure, je crois qu'il a dit cinq mille ans, qu'il est dans l'enfer, on n'a rien diminué, tandis que les justes seront dans le Ciel ; là le Bon Dieu ramassera tout pour les récompenser et les réjouir toujours, et le reste. », *Cahiers* 25 juillet 1849.
[119] LA BASTIE, p. 144, 148.

> lui... Mais hélas, cette pauvre âme ! Elle a perdu le pouvoir d'aimer qu'elle avait reçu, et dont elle n'a pas su se servir. Son cœur est comme desséché, comme la grappe quand elle a passé sous le pressoir. Plus de bonheur dans cette âme, plus de paix, parce qu'il n'y a plus d'amour ! »
>
> « L'enfer prend sa source dans la bonté de Dieu. Les damnés diront : "Oh ! si du moins Dieu ne nous avait pas tant aimés, nous souffririons moins, l'enfer serait supportable !... Mais avoir tant été aimé ! Quelle douleur !" »[120]

L'abbé Monnin a transcrit et adapté l'essentiel de ces notes. On lit dans son recueil *L'Esprit* :

> « C'est le péché qui rend la mort affreuse, épouvantable ; c'est le péché qui effraye le méchant à l'heure du terrible passage. Hélas ! Mon Dieu ! Il y a bien de quoi être effrayé... Penser qu'on est maudit ! Maudit de Dieu ! ça fait trembler... Maudit de Dieu et pourquoi ? Pourquoi les hommes s'exposent-ils à être maudits de Dieu ?... Pour un blasphème, pour une mauvaise pensée, pour une bouteille de vin, pour deux minutes de plaisir ! ... Pour deux minutes de plaisir perdre Dieu, son âme, le Ciel, pour toujours ! On verra monter au Ciel, en corps et en âme, ce père, cette mère, cette sœur, ce voisin qui étaient là près de nous, avec qui nous avons vécu, mais que nous n'avons pas imités, tandis que nous descendrons en corps et en âme dans l'enfer pour y brûler. Tous les démons dont nous aurons suivi les conseils viendront nous tourmenter.

[120] *Esprit*, p. 27-28.

Mes enfants, si vous voyiez un homme dresser un grand bûcher, entasser des fagots les uns sur les autres, et que lui demandant ce qu'il fait, il répondît : "Je prépare le feu qui doit me brûler", que penseriez-vous ? Et si vous voyiez ce même homme approcher du bûcher et quand il est allumé, se précipiter dedans... que diriez-vous ? En commettant le péché, c'est ainsi que nous faisons. Ce n'est pas Dieu qui nous jette en enfer, c'est nous qui nous y jetons par nos péchés. Le damné dira : "J'ai perdu Dieu, mon âme et le Ciel : c'est par ma faute, par ma faute, par ma très grande faute". Il s'élèvera du brasier pour y retomber. Il sentira toujours le besoin de s'élever, parce qu'il était créé pour Dieu, le plus grand, le plus haut des êtres, le TRES HAUT. Comme un oiseau dans un appartement vole jusqu'au plafond et retombe... ; la justice de Dieu est le plancher qui arrête les damnés.

Il n'est pas besoin de prouver l'existence de l'enfer. Notre Seigneur en parle lui-même quand il raconte l'histoire du mauvais riche, qui criait : "Lazare, Lazare !" On sait bien qu'il y a un enfer, mais on vit comme s'il n'y en avait point. On vend son âme pour quelques pièces de monnaie. Nous renvoyons notre conversion à la mort ; mais qui nous assure que nous aurons le temps et la force, à ce moment redoutable que tous les saints ont appréhendé, où l'enfer se réunit pour nous livrer un dernier assaut, voyant que c'est l'instant décisif. Il y en a bien qui perdent la foi, qui ne voient l'enfer qu'en y entrant. Non, vraiment, si les pécheurs songeaient à l'éternité, à ce terrible TOUJOURS ! Ils se convertiraient

> sur le champ. Il y a près de six mille ans que Caïn est dans l'enfer et il ne fait que d'y entrer. »[121]

SUR LA PENSÉE DU PURGATOIRE

Ceux qui passent par la mort ne sont pas tous, grâce à Dieu, voués à la perdition, comme ce malheureux qu'un sermon de la phase rigoriste évoquait, en un raccourci saisissant, à l'instant où « de son lit, il était tombé en enfer. »[122]

Une chose n'en est pas moins assurée :

> « Quand on meurt, on est souvent comme une lame rouillée qu'il faut mettre au feu. »[123]

Pour les âmes auxquelles une purification ultime est nécessaire, il y a le purgatoire.

À vrai dire, c'est encore aux austères sermons de jadis qu'il nous faut recourir pour trouver à ce propos un enseignement quelque peu développé :

> « Je ne veux pas m'arrêter à vous prouver l'existence du purgatoire ; ce serait perdre mon temps. Nul d'entre vous n'a le moindre doute là-dessus... Il est certain et très certain qu'il y a un lieu où les âmes des justes achèvent d'expier leurs péchés avant d'être admises à la gloire du paradis qui leur est assurée. »[124]
>
> « Oh ! Combien d'âmes justes la mort surprend dans quelques fautes vénielles ! Où vont-elles, ces

[121] *Esprit*, p. 155-158.
[122] *Pour le Jeudi Saint*, *Sermons* t. I, p. 439 – l'expression est empruntée au *Catéchiste des peuples* : « Combien y en a-t-il qui, la nuit passée, se sont couchés en bonne santé et ce matin se sont trouvés en enfer ! Du lit, en enfer, c'est un terrible saut ». p. 121.
[123] *Esprit*, p. 49.
[124] *Commémoration des morts*, *Sermons*, t. IV.

pauvres âmes, puisqu'elle ne sont pas assez pures pour entrer dans le Ciel ? Seront-elles jetées en enfer ? Si cela était, où seraient donc les élus ? Non, non, ce sont des âmes justes, et les flammes des abîmes ne sont point pour ceux qui brûlent du feu de la charité. C'est donc dans les flammes du purgatoire qu'elles vont achever l'expiation de leurs fautes... »[125]

« Dieu est juste en tout ce qu'il fait ; quand il nous récompense pour la moindre bonne action, il le fait au-delà de tout ce que nous pouvons désirer... Mais aussi, lorsqu'il s'agit de nous punir, c'est avec rigueur, et nous n'aurions qu'une légère faute, nous serions jetés en purgatoire. Cela est vrai, car nous voyons dans la vie des saints, que plusieurs ne sont allés au Ciel qu'après avoir passé par les flammes du purgatoire... »

« Saint Séverin, archevêque de Cologne, apparut à une de ses amis longtemps après sa mort, et lui dit qu'il avait été en purgatoire... »[126]

« Si nous étions bien convaincus de cela, pourrions-nous oublier si facilement nos pauvres parents, qui sont peut-être continuellement autour de nous ? Si le Bon Dieu leur permettait de se montrer, nous les verrions se jeter à nos pieds. "Ah ! mes enfants, diraient ces pauvres âmes, ayez pitié de nous ! " Oui, le soir en nous couchant, nous verrions nos pauvres pères et mères réclamer le secours de nos prières nous les verrions, dans nos maisons,

[125] *Pour les jours des morts*, *Sermons*, t. IV, p. 181.
[126] *Commémoration des morts*, *Sermons*, t. IV p. 167-169.

> dans nos champs. Ces pauvres âmes nous suivent partout ; mais hélas ce sont de pauvres mendiants auprès de mauvais riches. "Mes amis, nous crient-elles, un *Pater* et un *Ave* ! Une Sainte Messe !" Quoi ! Nous serions assez ingrats pour refuser à un père, à une mère une si petite partie des biens qu'ils ont acquis ou conservés avec tant de peines... »
>
> « Si nous voulons nous assurer le Ciel, ayons une grande dévotion à prier pour les âmes du purgatoire. L'on peut même dire que cette dévotion est une marque presque certaine de prédestination. »[127]

Les notes des auditeurs des instructions et des catéchismes sont peu fournies. Mais elles ne sont pas sans quelques réminiscences des sermons d'autrefois.

> « Il faut bien prier pour ces pauvres âmes, car il faut être si pur pour aller au Ciel. Le purgatoire est l'infirmerie ; c'est là que se fait la quarantaine comme on en fait faire à ceux qui viennent d'un pays où règne la peste. On leur fait faire une quarantaine avant de les recevoir dans une autre ville. Saint Sévère y est resté six mois ; après cela il fit des miracles et fut canonisé. Un autre saint y est resté quinze jours. »[128]
>
> « Au milieu de leur souffrance purificatrice les âmes du purgatoire attendent avec une ardeur extrême que le Ciel s'ouvre devant elles. Ne "pouvant rien pour elles-mêmes, elles peuvent beaucoup pour leurs bienfaiteurs."[129] Il convient donc de

[127] *Ibidem*, p. 170-171
[128] LA BASTIE, p. 125. L'abbé MONNIN a retenu l'expression : « le purgatoire c'est l'infirmerie du Bon Dieu ». *Esprit*, p. 28.
[129] Catherine LASSAGNE, P.O., p. 507.

compter sur leur secours autant que de leur venir en aide. »[130]

Sur la pensée du Ciel

Les âmes du purgatoire sont assurées d'aller au Ciel, et c'est le Ciel qui, par-dessus tout doit retenir notre attention. Le Ciel est le but que Dieu nous a fixé dans son amour et qu'il veut nous voir atteindre.

> « Dieu nous a créé et nous conserve, ce qui est si consolant ! Nous sommes les enfants de Dieu, héritiers du Ciel. Que l'homme est quelque chose de grand ! Aussi sa prestance est noble, il regarde le Ciel, sa patrie. L'homme créé par Dieu et à son image, que cette pensée de l'immortalité de l'âme est belle ! Mais voilà on ne réfléchit pas à ces grandes vérités. Je suis créé pour aimer Dieu ; les bêtes sont créées pour l'homme et la durée de leur vie est bornée à sa volonté ; mais l'homme a été créé pour Dieu, son âme ne mourra jamais. On connaît la beauté d'un objet au prix qu'il a coûté ; notre âme a coûté la vie d'un Dieu...
>
> La récompense est bien grande pour un petit combat ; car qu'avons-nous à souffrir ? Quelques humiliations, pertes de biens, paroles piquantes ; mais cela ne tue pas ; les martyrs en ont bien plus souffert... Des tentations, mais avec la confiance en Dieu et la défiance de nous-mêmes, on vient à bout de les combattre. Car l'homme est beaucoup et il

[130] « Oh ! si l'on savait combien nous pouvons obtenir de grâce par le moyen des âmes du purgatoire, elles ne seraient pas tant oubliées ». MONNIN, *Le Curé d'Ars*, t. II, p. 597. Abbé NODET, *Jean Marie Vianney, sa pensée, son cœur*, p. 245.

> n'est rien ; il est beaucoup par sa destinée, parce qu'il a coûté, mais de lui, il n'est rien...
>
> Lorsque nous voyons un crucifix, nous devons nous dire : "Voilà comment Dieu nous a aimés ; voilà ce que vaut mon âme ; mon Dieu a voulu mourir pour la sauver". Mais on ne pense à rien ; on dirait que les intérêts de notre âme ne nous sont rien. »
>
> "Toujours", le mot éternel fera le bonheur des élus, et celui de "Jamais", le malheur des réprouvés. Chaque jour, l'éternité recommence. »[131]
>
> « Nous n'avons pas encore souffert comme les martyrs ; Demandez-leur s'ils sont fâchés maintenant... Il y en a qu'un seul mot renverse. Une petite humiliation fait chavirer la barque. Courage, mes frères, courage ! Quand viendra le dernier jour, vous direz : "Heureux combats qui m'ont valu le Ciel". »[132]

Cette pensée n'est malheureusement pas habituelle à la plupart des baptisés.

> « Les trois quarts de ces pauvres chrétiens ne travaillent qu'à satisfaire le cadavre qui va bientôt pourrir dans la terre, tandis qu'ils ne pensent pas à leur pauvre âme qui doit être éternellement

[131] LA BASTIE, p. 151, 153. On trouve trace de ce passage dans le recueil de MONNIN : « Nous sommes beaucoup, et nous ne sommes rien. Il n'y a rien de plus grand que l'homme et rien de plus petit. Il n'y a rien de plus grand quand on regarde son âme, rien de plus petit quand on regarde son corps. » *Esprit*, p. 24. « Qu'avons-nous donc tant à souffrir ? Quelques humiliations, quelques froissements des paroles piquantes : Cela ne tue pas. » *Ibidem*, p. 23.

[132] *Esprit*, p. 230. Un jour toutefois, le Curé d'Ars mettant en parallèle le bonheur des chrétiens au milieu même de ces combats, s'était pris à dire : « Si nous comprenions bien notre bonheur, nous pourrions presque dire que nous sommes plus heureux que les saints dans le Ciel. Ils vivent de leurs rentes ; ils ne peuvent plus rien gagner ; tandis que nous, nous pouvons à chaque instant augmenter notre trésor ». *Esprit*, p. 30.

> heureuse ou malheureuse ; ils manquent vraiment d'esprit et de bons sens, oh ! ça fait trembler. »[133]

Ce propos fait écho à la sentence :

> « on s'occupe de son corps, comme si on n'avait que cela à soigner ; on n'a, au contraire, que cela à mépriser ».[134]

De telles paroles pourraient laisser supposer que seules les âmes auront accès au salut. On leur trouve ailleurs une parfaite mise au point. Ainsi est-il précisé au sujet de la mort :

> « Dans ce moment, l'âme se débat avec le corps, car ils avaient été créés pour ne jamais se quitter. Par la chute d'Adam, le corps est destiné à aller pourrir pour ressusciter un jour. L'âme lui dit "Adieu, je vais m'unir à mon Dieu ; bientôt je viendrai te chercher". Le corps ressuscitera comme nous l'aurons laissé, c'est-à-dire, pur, s'il a été innocent ou purifié. Il tombera en poussière, se réduira à peu près à la grosseur d'une noisette, et à la fin du monde, cette âme, embaumée des parfums du Ciel viendra chercher ce corps pour jouir de Dieu pendant l'éternité toute entière. »[135]

> « Quel bonheur pour les justes quand, à la fin du monde, l'âme embaumée des parfums du Ciel viendra chercher son corps pour jouir de Dieu pendant l'éternité. Alors nos corps sortiront de la terre comme le linge qui a passé par la lessive. Les corps

[133] LA BASTIE, p. 160.
[134] *Esprit*, p. 24.
[135] LA BASTIE, p. 110-111.

des justes brilleront au Ciel comme de beaux diamants, comme des globes d'amour. »[136]

« Quel cri de joie quand l'âme viendra s'unir à son corps glorifié, à ce corps qui ne sera plus pour elle un instrument de péché ni une cause de souffrance. Elle se roulera dans le baume de l'amour, comme l'abeille se roule dans les fleurs. Voilà l'âme embaumée pour l'éternité ! »[137]

Déjà le Christ ressuscité nous invite à la joie.

« Les gens du monde disent que c'est trop difficile de faire son salut. Il n'y a cependant rien de plus facile : observer les commandements de Dieu et de l'Église, et éviter les sept péchés capitaux ; ou bien, si vous voulez faire le bien et éviter le mal : il n'y a que cela. Les bons chrétiens qui travaillent à sauver leur âme et à faire leur salut sont toujours heureux et contents ; ils jouissent, par avance, du bonheur du Ciel ; ils seront heureux pendant toute l'éternité. Tandis que les mauvais chrétiens qui se damnent sont toujours à plaindre ; ils murmurent, ils sont tristes, ils sont malheureux comme les pierres, et ils le seront pendant l'éternité. Voyez quelle différence ! »

Voici une bonne règle de conduite :

« Ne faire que ce qu'on peut offrir au Bon Dieu. Or on ne peut pas lui offrir des médisances, des calomnies, des injustices, des colères, des blasphèmes,

[136] LA BASTIE, p. 37.
[137] *Ibidem*, p. 38.

des impuretés, des spectacles, des danses. On ne fait pourtant que cela dans le monde ».[138]

« Ah ! Si notre âme était vraiment remplie de la pensée du Ciel ! »

« Le cœur se porte ordinairement vers ce qui aime le plus, l'orgueilleux vers l'honneur, l'avare vers son trésor, le vindicatif à la vengeance, l'impudique à ce vice. Mais le bon chrétien, où se tournera-t-il ? Vers le Ciel où est son Dieu qui est son trésor. L'homme était créé pour le Ciel, le démon a brisé l'échelle qui y conduisait ; Jésus-Christ par sa passion, nous en a formé une autre, il a ouvert la porte. Oh ! Que l'homme a une belle destinée ! Voir Dieu, l'aimer, le bénir, le contempler pendant toute l'éternité !

Il y avait une sainte, dont le frère désirait bien savoir si elle mourrait martyre. Il lui dit : "Ma sœur, puisque tu es si familière avec le Bon Dieu, demande-lui donc si tu seras martyre. – Je te le dirai demain", dit-elle. La nuit suivante, elle dit au Seigneur : "Faites-moi connaître quelle destinée vous me réservez !" Elle vit une grande échelle au bout de laquelle il y avait un gros dragon sur lequel il fallait monter pour atteindre le premier échelon ; au haut de l'échelle était un berger. Cette échelle est celle qui conduit au Ciel ; le dragon est le monde qu'il faut mépriser et passer dessus ; le berger est Jésus, le divin pasteur des âmes. »

[138] LA BASTIE, p. 160,161. L'abbé MONNIN a repris ce texte, à quelques mots près. *Esprit*, p. 61, 62- J.-C. Viret a noté, de son côté : « Un bon chrétien n'a pas tant de peine pour se sauver, que le mauvais pour se damner ; le mauvais est rempli de remords, de troubles et de peines, sans consolation. Eh bien ! Regardez un chrétien qui fait bien son devoir, il est tranquille. » *Cahiers*, archives d'Ars.

« Oh ! quelle belle acquisition que le Ciel ! Elle mérite bien tous les sacrifices ; mais que faut-il pour y arriver ? La pureté du cœur, le mépris du monde, l'amour de Dieu. Disons souvent à notre ange gardien de ne pas nous laisser seuls, de nous attendre. Au Ciel nous comprendrons combien le Bon Dieu nous a aimés, tout ce que nous lui avons coûté... »

« Un saint évêque qui avait constamment les yeux de l'âme et du corps tournés vers le Ciel étant un jour à table, on dit : "Voyons, mangeons ce qu'il a dans son assiette et nous lui remettrons autre chose". On le fit, mais voyant qu'il ne bougeait pas, on lui dit : "Mais mangez donc !" "Oh ! Je croyais, dit-il, que j'avais fini". Quand on pense au Ciel, peut-on considérer la terre ? Oh ! Notre cœur sera abîmé dans le bonheur d'aimer Dieu ; nous ne nous connaîtrons pas. Nous ne nous occuperons ni de nous ni des autres, mais de Dieu seul. Nous serons saisis d'admiration en sa personne. »

« Un aveugle de naissance fut conduit sur le tombeau de saint Martin, il recouvra la vue de suite ; il fut émerveillé des beautés de la nature et ne pouvait se lasser de les contempler. Pour ce qui regarde le Ciel, nous sommes comme cet aveugle. Quand sainte Thérèse se fut promenée dans le Ciel, elle ne pouvait plus voir les choses de la terre ; lorsqu'on lui montait les beautés du monde, elle disait : "Ce n'est rien, ce n'est que de la boue". »

« Détournons nos cœurs de la terre ; un bon chrétien ne peut plus se souffrir en ce monde ; il le regarde avec mépris ; il languit sur la terre et soupire sans cesse après le moment heureux qui doit le réunir à son Dieu pendant l'éternité tout entière. »

« Si un enfant de trois ou quatre ans était là dans l'église et que sa mère fût à la tribune, il lui tendrait les bras et n'aurait de repos que lorsqu'il serait dans les bras de sa tendre mère. »

« Oh mes frères, travaillons sans relâche, voyons le Ciel ouvert. Il n'y a que l'échelle à monter... Nous ne sommes sur terre que pour gagner le Ciel. »

« C'est comme ces bons chartreux qui étaient ici hier, ils ont tout quitté pour chercher le Ciel ; l'un d'eux était un homme de science et grand dans le monde ; qu'il est heureux de l'avoir méprisé ; il ne dort que deux heures par nuit, il va passer le reste devant le Saint Sacrement, verser des larmes d'amour dont son cœur est embrasé ; ce sont cependant des hommes comme nous, mais qui aiment plus le Bon Dieu. »

« On dit que dans le Ciel nous serons sur des trônes. Ces trônes, c'est l'amour de Dieu qui les forme, il n'y a que cela au Ciel. On dit trônes pour montrer que nous serons grands, cet amour de Dieu remplira, inondera notre âme. »

« Lorsqu'on demandait à Sainte Thérèse ce qu'elle avait vu au Ciel, elle s'écriait : "Oh ! j'ai

> vu, j'ai vu ce que je ne pourrai jamais exprimer". »
>
> « Il y avait un religieux qui pensait qu'au Ciel, le temps lui durerait de toujours prier et adorer Dieu ; un jour qu'il était dans les champs, il se mit à poursuivre un oiseau de branche en branche. Pensant qu'il y avait bien une demi-heure qu'il était là, il rentra au monastère ; il fut bien surpris d'y voir un étranger à la porte ; il parcourt la maison et ne reconnaît personne. On cherche dans les archives de la communauté, il se trouva qu'il y avait cent ans qu'il était sorti. »[139]

Ceux-là n'ont pas idée de ce que Dieu réserve à ses élus qui pensent que l'éternité pourrait à la longue devenir monotone et ennuyeuse. Autrefois, composant un sermon sur Noël, en s'inspirant de Bonnardel, le Curé d'Ars avait lancé cette réflexion attristée :

> « N'a-t-on pas bien raison de croire que ces chrétiens n'iront jamais au Ciel où il faudrait rester toute l'éternité ; le temps aurait bien de quoi leur durer ».[140]

Pour lui le Ciel était l'objet de son désir incessant. Un mot résumait l'ardeur de ce désir que comblerait enfin la vision espérée :

[139] LA BASTIE p. 9-14 ; L'abbé MONNIN n'a pas reproduit intégralement cet exposé. Il l'a seulement inséré, avec divers ajouts, quelques fragments dans son chapitre sur *L'Espérance du Curé d'Ars*. « L'homme était créé pour le Ciel ; le démon a brisé l'échelle qui y conduisait. Notre Seigneur, par sa passion, nous en a reformé une autre ; il a ouvert la porte... Que l'homme a une belle destinée. Voir Dieu ! l'aimer, le bénir, le contempler pendant l'éternité » *Esprit*, p. 296.

« Quand on pense au Ciel, peut-on considérer la terre ? Après qu'elle se fût promenée dans le Ciel, sainte Thérèse ne pouvait plus voir les choses d'ici-bas. Quand on lui montrait un bel objet, elle disait : "Ce n'est rien cela, ce n'est que de la boue". » *Ibidem* p. 196.

« Lorsqu'on demandait à sainte Thérèse ce quelle ait vu au Ciel elle s'écriait : "J'ai vu... J'ai

« Alors nous dirons au Bon Dieu : "Mon Dieu, je vous vois, je vous tiens, vous ne m'échapperez plus jamais". »[141]

vu... J'ai vu" et elle en restait là ; la parole et le souffle lui manquaient. Elle ne pouvait rien dire de plus ». *Ibidem*, p. 298.
« Un aveugle de naissance ayant été conduit sur le tombeau de saint Martin, recouvra la vue immédiatement ; il fut si frappé des beautés de la nature qu'il s'évanouit de bonheur. Pour ce qui regarde le Ciel, nous sommes comme cet aveugle. » *Ibidem*, p. 297.
« Un chrétien ne doit pas pouvoir se souffrir en ce monde : il languit sur la terre. Si un petit enfant était dans l'église et que sa mère fût à la tribune, il lui tendrait ses petites mains et s'il ne pouvait monter à l'escalier qui y conduit, il se ferait aider et n'aurait de repos que lorsqu'il serait dans les bras de sa mère. » *Ibidem*, p. 97, 298.
« On dit qu'au Ciel nous serons sur des trônes, pour marquer que nous serons grands. Ces trônes c'est l'amour de Dieu qui les forme : il n'y a que cela au Ciel... l'amour de Dieu remplira, inondera tout. » *Ibidem*, p. 198.
« Au Ciel, notre cœur sera tellement perdu, noyé dans le bonheur d'aimer Dieu, que nous ne nous occuperons ni de nous, ni des autres, mais de Dieu seul... » *Ibidem*, p. 297.
Enfin, du texte très sommaire où le Curé illustre par une comparaison le bonheur, sans cesse renouvelé, du paradis, l'abbé MONNIN a tiré un récit poétique dont le genre littéraire semble peu familier à l'humble M. Vianney : « Il y avait une fois un bon religieux qui croyait qu'en paradis le temps allait lui durer. Le Bon Dieu lui fit bien voir que non. Un jour qu'il était dans les jardins du monastère, il avisa un petit oiseau qui sautait de branche en branche et qui devenait toujours plus beau à mesure qu'il le regardait. À la fin, il était si beau, si beau, que le moine ne pouvait en détacher sa vue. Il se mit à le poursuivre et aurait bien voulu pouvoir le prendre. Cependant il s'arrêta, pensant qu'il y avait bien une demi-heure qu'il était à courir après son oiseau. Il revint au monastère, mais il fut très surpris de trouver à la porte un frère qu'il n'avait jamais vu et le frère ne le connaissait pas davantage. Son étonnement redoubla, lorsqu'en parcourant la maison, il n'aperçut que des visages inconnus et des figures nouvelles. – "Et nos pères, où sont-ils donc ?" demanda-t-il. Les autres le regardaient sans le comprendre. Enfin il dit son nom : on chercha dans les registres et on vit qu'il y avait cent ans qu'il était sorti. Le Bon Dieu lui montra ainsi que le temps ne dure pas en paradis. » *Ibidem* p. 300, 301.
Mêlées à ces fragments dont le recueil de LA BASTIE est la source, figurent quelques notes puisées ailleurs :
« Saint Augustin dit que celui qui craint la mort n'aime pas Dieu. C'est bien vrai. Si vous étiez séparé de votre père depuis bien longtemps, ne seriez-vous pas heureux de le revoir ? » *Ibidem*, p. 299.
« Oh ! la belle acquisition que le Ciel ! Mais que faut-il pour y arriver ? – La pureté du cœur, le mépris du monde et l'amour de Dieu. » *Ibidem*.

[140] *Sermons*, t. I, p. 99. Cf. C. GENET, p. 260 : Aux yeux du Curé d'Ars, les chrétiens qui paraissent plus que d'autres aptes à goûter les joies du Ciel sont ceux dont la vie s'écoule loin du monde, dans les monastères ; et dont il ne peut s'empêcher d'envier le sort. J.-C. Viret a noté, le 24 juin 1859 « Voyez mes enfants, dans le monde il y en aura bien peu qui vont au Ciel tout droit. Ils vont en purgatoire, mais dans les communautés ils vont au Ciel en fourmilière. Ô mes enfants, dans le monde on ne pense qu'à la matière, à voler et à faire des injustices. Ô mes enfants, si vous voulez vous sauver, aller au Ciel, fuyez le monde, aimez la retraite. Voyez, restez dans votre chambre. Là, lisez *La Vie des saints* et *l'Imitation*, et méditez et priez et vous préparez à la Sainte communion. Et après, remerciez autant de temps que vous avez préparé. » *Cahiers*, dernier catéchisme recueilli par J.-C. Viret.

[141] Abbé MONNIN, P.O., 1105.

4 - LE PRÊTRE

Le prêtre ministre des sacrements

Pour être en mesure de parler des sacrements et surtout de l'Eucharistie, le Curé d'Ars devait d'abord parler du sacrement qui fait le prêtre : le sacrement de l'Ordre. Il s'exprime, selon son habitude, de façon concrète, sans entrer dans des considérations théologiques. Il s'en tient à l'exposé sommaire, mais parlant, qu'il trouve dans le catéchisme de ses enfants et, pour ouvrir la leçon il déclare :

> « Mes enfants, nous en sommes au sacrement de l'ordre. C'est un sacrement qui semble ne regarder personne parmi vous et qui regarde tout le monde ».[142]

C'est en effet par le sacrement de l'Ordre que sont donnés aux hommes ces médiateurs auxquels il leur faut recourir pour se sanctifier : les prêtres.

Le texte de *L'Esprit du Curé d'Ars* où figure cette entrée en matière est pour l'essentiel emprunté au recueil de Faure de La Bastie qui, ici, précise plus explicitement :

> « Le sacrement de l'Ordre est nécessaire et très nécessaire, car sans les prêtres, qui nous administrerait les sacrements ? »[143]

Le Curé d'Ars continue :

> « Ce sacrement élève l'homme jusqu'à Dieu. Qu'est-ce que le prêtre ? Un homme qui tient la place de Dieu, un homme qui est revêtu de tous les pouvoirs

[142] *L'Esprit du Curé d'Ars*, p. III.

[143] On lit dans le cahier de FAURE DE LA BASTIE : « Nous sommes au sacrement de l'Ordre ; c'est un sacrement qui est pour tout le monde. » p. 107.

> de Dieu. "Allez, dit Notre Seigneur au prêtre, comme mon Père m'a envoyé, je vous envoie. Toute puissance m'a été donnée au Ciel et sur la terre. Allez donc, instruisez toutes les nations. Celui qui vous écoute m'écoute ; celui qui vous méprise me méprise." »[144]

Que le prêtre soit le continuateur du Christ, le Curé d'Ars ne cesse de le redire, illustrant son propos par des images familières :

> « Si l'on avait la foi, on verrait Dieu caché dans le prêtre comme une lumière derrière un verre, comme du vin mêlé avec de l'eau. »[145]

Le prêtre a mission de prêcher, de répandre la Parole de Dieu, et c'est par sa bouche que le monde est évangélisé. Mais il y a plus : le Christ fait de cet intermédiaire un autre lui-même, par lequel il agit, pardonne, consacre :

> « Lorsque le prêtre remet les péchés, il ne dit pas : "Dieu vous pardonne." Il dit : "je vous absous". À la consécration, il ne dit pas : "Ceci est le corps de Notre Seigneur", il dit : "Ceci est mon corps" ».[146]

Dans le texte de La Bastie, le Curé d'Ars poursuit :

> « Si nous avions la foi, lorsque nous voyons le prêtre à l'autel, nous croirions voir Notre Seigneur montant au Calvaire, ou plutôt Notre Seigneur à la Cène bénissant le pain et le vin, de même le prêtre

[144] *Esprit*, p. 111.

[145] *Ibidem*, p. 119 : « Dieu est caché dans le prêtre comme une tache d'huile dans une pièce de drap, comme du vin mêlé avec de l'eau."» FAURE DE LA BASTIE, p. 113.

[146] Plus loin le même texte reprend : « Si on avait la foi, on verrait Dieu caché dans le prêtre. Il ne dit pas : "Voici le corps de Dieu", mais prenant la place de Dieu même, il dit : "Ceci est mon corps, ceci est mon sang" ; non pas "Dieu vous absout" mais "je vous absous". » p. 113.

> bénit l'hostie et le vin avant la consécration. Comme tous les biens de l'âme viennent du Ciel, avant de consacrer, il élève les yeux au Ciel pour le faire descendre ; puis prononçant ces belles paroles, d'un morceau de pain il en fait le corps d'un Dieu ».[147]

Dans le texte de *L'Esprit*, on lit encore :

> « Voyez la puissance du prêtre ! La langue du prêtre, d'un morceau de pain fait un Dieu, c'est plus que de créer le monde ».[148]

Le Curé d'Ars développe alors la proposition fondamentale qu'il a posée : le prêtre représente, continue Jésus-Christ. Sans lui, les grâces qui nous sont dispensées par les sacrements ne seraient pas à notre disposition :

> « Si nous n'avions pas le sacrement de l'ordre, nous n'aurions pas Notre Seigneur. Qui est-ce qui l'a mis là, dans ce tabernacle ? C'est le prêtre. Qui est-ce qui a reçu votre âme à son entrée dans la vie ? Le prêtre. Qui la nourrit pour lui donner la force de faire son pèlerinage ? Le prêtre. Qui la préparera à paraître devant Dieu, en lavant cette âme pour la dernière fois dans le Sang de Jésus-Christ ? Le prêtre, toujours le prêtre. Et si cette âme vient à mourir, qui la ressuscitera ? Qui lui rendra le calme et la paix ? Encore le prêtre. Vous ne pouvez pas vous rappeler un seul bienfait de Dieu sans rencontrer à côté de ce souvenir, l'image du prêtre. »[149]

[147] La BASTIE, p. 107.
[148] *Esprit*, p. 116. « Oh ! que la langue du prêtre est précieuse. » LA BASTIE, p. 134.
[149] *Esprit*, p. 113. « Qui soutiendra vos âmes dans les angoisses de la vie ? Qui la nourrira pour lui donner la force de faire son pèlerinage ? Le prêtre. Qui la préparera à paraître devant le Bon Dieu ? Le prêtre en lavant pour la dernière fois cette âme dans le sang pré-

Le prêtre et le salut

« Lorsque vous voyez un prêtre, vous devez dire : voilà celui qui m'a rendu enfant de Dieu et m'a ouvert le Ciel par le saint baptême, celui qui m'a purifié après mon péché, qui donne la nourriture à mon âme. »[150]

« Les autres bienfaits de Dieu ne nous serviraient de rien sans le prêtre. À quoi servirait une maison remplie d'or, si vous n'aviez personne pour vous ouvrir la porte ? Le prêtre a la clef des trésors célestes ; c'est lui qui ouvre la porte ; il est l'économe du Bon Dieu, l'administrateur de ses biens. »[151]

« Saint Bernard nous dit que tout est venu par Marie, on peut dire aussi que tout nous est venu par le prêtre : oui, tous les bonheurs, tous les dons

cieux de Jésus-Christ, en lui donnant l'indulgence plénière qui lui remettra, si elle est bien disposée, les peines du péché et la conduira jusque dans le sein de Dieu. Qui purifiera encore ce corps des souillures qu'il a contractées ? Encore le prêtre. Par les onctions saintes de l'extrême onction, il purifiera ces yeux qui commettent tant de mauvais regards, qui sont destinés à voir Dieu mais qui ne peuvent le voir qu'après avoir été purifiés ; cette bouche, destinée à louer Dieu pendant toute l'éternité ; ces oreilles qui ont peut-être entendu de mauvais discours et qui ne doivent entendre désormais que le concert des anges ; ces pieds, ces mains qui ne nous ont été données que pour glorifier Dieu ; puis sur la poitrine, qui correspond au cœur ». LA BASTIE, p. 108, 109. Le Curé d'Ars ne craignait pas de se répéter. Dans un autre chapitre, on lit encore : « qui vous assistera à votre lit de mort ? Ce sera encore le prêtre. Après avoir purifié votre âme, il purifiera votre corps par les onctions saintes ; il vous portera la nourriture pour votre âme, pour vous faire achever votre course ; et pour vous ouvrir plus tôt l'entrée du Ciel, il vous appliquera les dernières indulgences. » LA BASTIE, p. 122, 123. On trouve d'autre part dans le même recueil ces réflexions : les prêtres « donnent la vie à notre âme à son entrée dans la vie. Plus tard, si cette pauvre âme vient à mourir spirituellement, où retrouverait-elle la vie, le calme dans les angoisses qui la déchirent ? Lorsque le prêtre lavera cette pauvre âme dans le sang précieux d'un Dieu, qui lui aura dit comme à la femme adultère et à Madeleine : "Allez, vos péchés sont pardonnés." N'est-il pas vrai qu'après une bonne confession on se sent tout autre ; on sent un calme, un bonheur, parce que l'âme a été purifiée par le prêtre. » LA BASTIE, p. 107, 108.

[150] *Esprit*, p. 116. « Lorsque vous voyez un prêtre ; vous devez dire : "Voilà celui qui m'a rendu enfant de Dieu, qui m'a ouvert le Ciel par le saint baptême, qui m'a béni" ». LA BASTIE, p. 121.

[151] *Esprit*, p. 113-114.

célestes. Sur certains points, il faut même affirmer que le prêtre a reçu des pouvoirs qui n'ont pas été donnés à la Sainte Vierge, et pas davantage aux saints anges. Allez vous confesser à la sainte Vierge ou à un ange : vous absoudront-ils ? Non, la Sainte Vierge ne peut pas faire descendre son divin Fils dans l'hostie. Vous auriez deux cents anges, là, qu'ils ne pourraient vous absoudre. Un prêtre, tout simple soit-il, le peut ; il peut vous dire : "Allez en paix, je vous pardonne". »[152]

« Oh, que le prêtre est quelque chose de grand ! Le prêtre ne se comprendra bien que dans le Ciel. Si on le comprenait sur la terre, on mourrait non de frayeur mais d'amour. »[153]

Le prêtre et l'Eucharistie

Parmi les bienfaits dont le prêtre est le dispensateur, le Curé d'Ars avait particulièrement en vue celui dont il vient de parler et sur lequel il devait toujours revenir : l'Eucharistie.

« Lorsque la cloche vous appelle à l'église, si on vous demandait : "Où allez-vous ?" vous pourriez

[152] *Ibidem*, p. 112. « Saint Bernard nous dit : "toutes les grâces nous viennent par Marie" ; on peut aussi bien dire : "tout vient par le prêtre". » LA BASTIE, p 108.

[153] *Esprit*, 113. « Allez vous confesser à la sainte Vierge, à un ange ; vous absoudront-ils ? Non. Vous donneront-ils la sainte communion ? Non. La sainte Vierge ne peut pas faire descendre le Bon Dieu dans l'hostie. Oh ! qu'un prêtre est quelque chose de grand ! il ne se comprendra bien que dans le Ciel, ni nous ne le comprendrons bien que là. Lorsque je réfléchis là dessus, je me dis : "si nous nous comprenions nous vivrions comme des anges" ». LA BASTIE, p. 108.

« Le prêtre est plus grand que la sainte Vierge et les anges. Si vous avez péché, mettez-vous à côté de la Sainte Vierge, elle ne vous donnera pas l'absolution. Vous auriez deux cents anges là, qu'ils ne pourraient pas vous absoudre ; et un prêtre, tant simple soit-il, peut vous dire : "Je vous pardonne, allez en paix". » *Ibidem* p. 112.

répondre : "Je vais nourrir mon âme". Si l'on vous demandait en vous montrant le tabernacle : "Qu'est-ce que cette porte dorée ?" – "C'est l'office, c'est le garde manger de mon âme". "Quel est celui qui en a la clef, qui fait les provisions, qui apprête le festin, qui sert à table ?" – "C'est le prêtre". – "Et la nourriture ?" – "C'est le précieux corps de Notre Seigneur". Oh mon Dieu ! Que vous nous avez aimés ! »[154]

« Le prêtre est pour vous comme une mère, comme une nourrice pour un enfant de quelques mois ; elle lui donne sa nourriture ; il n'a qu'à ouvrir la bouche. La Mère dit à son enfant : "Tiens, mon petit, mange." Le prêtre vous dit : "Prenez et mangez, voici le corps de Jésus-Christ. Qu'il vous garde et vous conduise à la vie éternelle !" Ô belles paroles. Un enfant, quand il voit sa mère, s'élance vers elle ; il se débat contre ceux qui le retiennent ; il ouvre sa petite bouche et tend ses petites mains pour l'embrasser. Votre âme, en présence du prêtre, s'élance naturellement vers lui ; elle court à sa rencontre ; mais elle est retenue par les liens du corps chez les

[154] *Esprit*, p. 115. Si le festin eucharistique est source de joie pour les fidèles, le prêtre y trouve plus encore une cause d'allégresse. « Quelle joie avaient les apôtres après la résurrection de Notre Seigneur, de voir le Maître qu'ils avaient tant aimé ! Le prêtre doit avoir la même joie, en voyant Notre Seigneur qu'il tient dans ses mains… On attribue un grand prix aux objets qui ont été déposés dans l'écuelle de la Sainte Vierge et de l'Enfant Jésus, à Lorette. Mais les doigts du prêtre qui ont touché la chair adorable de Jésus-Christ, qui se sont plongés dans le calice où a été son sang, dans le ciboire où a été son corps, ne sont-ils pas plus précieux ? Le sacerdoce, c'est l'amour du cœur de Jésus. Quand vous voyez le prêtre, pensez à Notre Seigneur Jésus-Christ ». *Esprit*, p. 117.
« On regarde comme précieux les chapelets qui ont été dans l'écuelle de la Ste Vierge et de l'Enfant Jésus ; mais les doigts du prêtre qui ont touché le corps de Notre Seigneur Jésus-Christ, mais le calice dans lequel a été son sang, mais le saint ciboire dans lequel il repose, ne sont-ils pas plus précieux ? » LA BASTIE, p. 111.

> hommes qui donnent tout au sens, qui ne vivent que pour le cadavre. Notre âme est emmaillotée dans notre corps comme un enfant dans ses langes. On ne lui voit que la figure. »[155]

Le prêtre, ministre de l'Eucharistie est vraiment irremplaçable.

> « Sans le prêtre, la mort et la passion de Notre Seigneur ne serviraient de rien. »[156]

S'il a été ordonné, c'est pour que les mérites de la mort et de la passion du Christ soient répandus sur la terre entière. Ce n'est pas pour son avantage personnel.

> « Le prêtre n'est pas prêtre pour lui : il ne se donne pas l'absolution, il ne s'administre pas les sacrements. Il n'est pas pour lui, il est pour vous. »[157]

Il importe que les fidèles prennent bien conscience de la grâce que leur apporte sa présence au milieu d'eux.

[155] « Lorsque vous allez à l'église, où allez-vous ? – Vous allez nourrir votre âme – De quoi ? – Du corps et du sang de Dieu même. Qui vous prépare cette nourriture ? – Le prêtre. Il est pour vous comme une mère, une bonne, pour un enfant de cinq à six mois ; elle lui donne sa nourriture. Il n'a qu'à ouvrir la bouche. Votre âme est emmaillotée dans votre corps comme un enfant dans ses langes. Elle n'a que la figure. Un enfant, quand il voit sa mère, s'élance vers elle. Il se débat pour l'embrasser ; ne pouvant pas, il lui ouvre la bouche contre. Votre âme en présence du Bon Dieu, s'élance vers lui, court à sa rencontre ; la mère dit à son enfant : "Tiens, mon petit, mange". Le prêtre vous dit "Voici le corps de Jésus. Qu'il vous garde et vous conduise à la vie éternelle !" Belles paroles ! Oh si nous avions la foi ! » FAURE DE LA BASTIE, p. 110-111.

[156] *Esprit*, p. 114. La doctrine du Curé d'Ars reflète ici la conception étroite des manuels théologiques du temps. Il la développe : « Voyez les peuples sauvages : à quoi leur a-t-il servi que Notre Seigneur fût mort ? Hélas, ils ne pourront pas avoir part au bienfait de la rédemption, tant qu'ils n'auront pas des prêtres pour leur faire l'application de son sang. » *Esprit, ibidem.*

[157] *Esprit, ibidem.* « Le prêtre n'est pas pour lui, il est pour nous, car il ne peut se confesser, il ne peut se communier ; comme le père de famille, il se sert d'abord puis distribue la nourriture à tous ses enfants. Le prêtre est le père spirituel. Nos pères pourvoient à nos besoins temporels, le prêtre aux besoins spirituels. Il nous pardonne, lorsque nous avons péché ; il nous nourrit du corps et du sang de Dieu même et de sa divine parole, il nous bénit. Le prêtre c'est tout le bonheur du chrétien. » LA BASTIE, p 115.

> « Après Dieu, le prêtre c'est tout. »[158] « Laissez une paroisse vingt ans sans prêtre, on y adorera les bêtes. »[159]
>
> « Si M. le missionnaire et moi nous nous en allions, vous diriez : "Que faire dans cette église ? Il n'y a plus de Messe. Notre Seigneur n'y est plus, autant vaut prier chez soi." »[160]

Les fidèles et le prêtre

Le Curé d'Ars se souvenait de la période qu'il avait connue, où les prêtres étaient pourchassés et où les églises étaient vides. C'est ce qui lui inspirait cette remarque :

> « Lorsqu'on veut détruire la religion, on commence par attaquer les croix et les prêtres, parce que là où il n'y a plus de prêtre, il n'y a plus de sacrifice, plus de religion... Qu'était devenu l'homme pendant la Révolution ? Livré à lui-même, il s'est laissé aller à tous les égarements de sa raison. Mais voyez revenir les prêtres ; avec eux la religion et le bonheur. »[161]

[158] Dans le cahier de FAURE DE LA BASTIE, le Curé d'Ars déclare : « le prêtre c'est tout » p. 112. L'abbé MONNIN a nuancé l'expression. Il a écrit : « après Dieu ».

[159] L'Abbé MONNIN s'est inspiré de FAURE DE LA BASTIE « Voyez les pays étrangers où il n'y a pas de prêtres ; on adore les animaux, les plantes, » p. 108 « Regardez les pays où il n'y a plus de prêtres, ils adorent le soleil et la lune » p. 112.

[160] Ce passage date de l'époque où l'abbé TOCCANIER, missionnaire diocésain était l'auxiliaire du Curé d'Ars. On lit dans le cahier de FAURE DE LA BASTIE : "Si le missionnaire et moi, nous partions, vous diriez : "Que faire dans cette église ? Il n'y a plus de Messe, de réserve, autant prier à la maison". Pendant la Révolution, quand on savait que l'on devait célébrer les saints mystère, tout le monde se disait : "Il y a une Messe là. Allons-y" ». LA BASTIE, p. 115, 116.

[161] LA BASTIE, p. 122. Réminiscence de sermon sur *L'Invention de la Sainte Croix* : « Le signe salutaire nous distingue des idolâtres... Aussi voyons-nous que dès que l'on veut détruire la religion, on commence par renverser ses monuments qui le représentent. » *Sermons*, t. IV, p. 9-10.

Les devoirs des fidèles envers les prêtres

Exaltant ainsi la mission et le ministère des prêtres, le saint ne peut manquer de rappeler à ses auditeurs les obligations auxquelles ils sont tenus à leur égard. Lui-même manifeste le plus grand respect vis à vis de ses confrères. Il dit :

> « Si je rencontrais un prêtre et un ange, je saluerais le prêtre avant de saluer l'ange. Celui-ci est l'ami de Dieu, mais le prêtre tient sa place. »[162]

Il n'ignore point pour autant les mauvaises dispositions de nombre de gens à l'endroit des ministres du Seigneur.

> « Il y en a qui ont l'habitude de toujours mal parler des prêtres, qui en ont du mépris. Faites attention, mes enfants, comme ils sont les représentants de Dieu, tout ce que vous dites retombe sur Dieu même ; vous feriez bien mieux de prier pour eux. Il y en a qui ne prient jamais pour leur pasteur ; c'est être bien ingrat. Le prêtre, au contraire, prie constamment pour vous le Bon Dieu qui obéit à sa voix lorsqu'il offre le divin sacrifice, qu'il tient Notre Seigneur entre ses mains, qu'il lui demande la conversion ou la persévérance d'une âme ; il faut qu'elle soit bien dure si elle n'obtient pas son changement. Aussi, voyez comme vous êtes intéressés à prier le Bon Dieu pour eux ; plus ils sont saints et plus ils vous obtiendront de grâces, surtout aux Quatre temps qu'on fait les ordinations.
>
> Il faut bien prier pour que le Bon Dieu vous donne

[162] *Esprit*, p. 116. « Si je rencontrais un prêtre et un ange, je saluerais le prêtre plutôt que l'ange.» LA BASTIE, p. 121.

de bons prêtres ; quand ils sont saints, que de bien ils peuvent faire ! Mais comme qu'ils soient, n'en dites jamais de mal. Celui que vous méprisez sera peut-être celui qui vous absoudra à la mort, ou quelquefois vous pourriez mériter d'être privés de leur ministère à l'heure de la mort. »

« Vous dites : "Mais c'est un homme comme un autre". Certainement, il est composé d'un corps et d'une âme comme un autre mais c'est son ministère qu'il faut regarder. Il est investi des pouvoirs de Dieu même. "Je vous envoie comme mon Père m'a envoyé". »

« Le Bon Dieu a placé dans ses mains tous les mérites de sa mort et passion pour nous les distribuer comme un empereur qui remettra à son ambassadeur un trésor à distribuer comme bon lui semblerait. Le curé est comme un général à la tête de sa troupe, tous doivent le suivre. Voyez, ce matin, je disais la Sainte Messe, vous étiez tous derrière moi, nous étions tous unis de prière. Je priais pour vous, je vous ai donné la bénédiction du Bon Dieu ; je vous ai nourris par la communion, vous l'avez emporté dans votre cœur… Tous les bienfaits nous viennent par le ministère du prêtre ; le prêtre est tout dévoué pour sa paroisse, le jour, la nuit, il ne travaille que pour nous. »[163]

« Par malheur, si le pasteur compte des ouailles fidèles dans le troupeau qui lui est confié, il déplore trop souvent l'infidélité de nombre d'entre elles.

[163] LA BASTIE, p. 119-121.

Quel désespoir les torturera à la pensée du salut que le prêtre mettait - vainement - à leur portée ! »

(On devine la désolation du Curé d'Ars à cette pensée.)

Le cahier de Marie Germain et de Mariette Jacquet contient ce fragment d'un catéchisme du Curé d'Ars :

« Les pauvres damnés maudiront le prêtre. Ils diront : "Maudit prêtre ! Au moins si je ne t'avais pas connu, je ne serais pas si coupable que je suis".»[164]

À cette malédiction lancée au prêtre par les damnés, s'oppose de façon inattendue celle que le prêtre, au dire du Curé d'Ars, se verra obligé de lancer à ceux qui n'auront pas profité de son ministère.

« Mes frères, disait-il, quand la fin du monde viendra, chaque paroissien se réunira à son pasteur ; et Notre Seigneur Jésus-Christ dira : "Pasteur, maudis-les !" "Eh quoi, Seigneur, moi maudire les enfants que je vous ai baptisés ?" "Je te dis, pasteur, maudis-les !" "Moi Seigneur, maudire les enfants que je vous ai instruits ; à qui j'ai donné votre Saint Corps, distribué le pain de votre Parole ?" Le pasteur dira ce qu'il a fait pour eux. Notre Seigneur Jésus-Christ répondra : "Pasteur, ils ne t'ont pas écouté ; maudis-les. Je te le commande, maudis-les !" »

« Ah ! mes frères, qu'il sera douloureux pour un pasteur de maudire ses enfants. Vous ne me croyez

[164] Cahier de Marie GERMAIN et de Mariette JACQUET, p. 30. L'abbé MONNIN a repris ce passage : « Nous avons le temps et les moyens que ces pauvres damnés n'ont pas. Aussi, je suis bien sûr que ces malheureux disent en enfer : "Maudit prêtre, si je ne t'avais pas connu, je ne serais pas si coupable..." » *Esprit*, p. 174.

> pas, mes frères, eh bien ! Cela sera ! Oui, cela sera ! Et le démon ne pourra pas s'emparer de la victime avant que le pasteur l'ait maudite ! »[165]

Les responsabilités du prêtre

Ce propos du Curé d'Ars, pour étonnant qu'il soit, n'est certes pas le signe du droit que le pasteur s'arroge de juger et de condamner des ouailles infidèles. Il a trop conscience d'être indigne du sacerdoce qu'il a reçu.

> « Oh ! gémissait-il, quand on pense que notre grand Dieu a daigné confier cela à des misérables comme nous. »[166]

Certaines de ses paroles ont même un accent si douloureux qu'on hésite presque à citer, par crainte qu'elles ne fassent reculer quelque candidat à l'ordination.

> « Ah que c'est effrayant d'être prêtre ! La confession ! Les sacrements ! Quelles charges : Oh ! Si on savait ce que c'est d'être prêtre, on s'enfuirait comme les saints dans le désert pour ne pas l'être ! »[167]

La lourde expérience de confesseur du Curé d'Ars lui permettait en outre de faire cette constatation désolante :

> « Non ! il n'y a rien au monde de si malheureux qu'un prêtre ! À quoi passe-t-il sa vie ? À voir le Bon Dieu offensé. Toujours son saint nom blasphémé ! Toujours ses commandements violés ! Toujours son cœur outragé ! Le prêtre ne voit que cela ; il n'en-

[165] *Esprit*, p. 208.
[166] MONNIN, *Vie du Curé d'Ars*, t. II, p. 272.
[167] *Ibidem*, t II, p. 274.

> tend que cela... Il est continuellement comme saint Pierre au prétoire de Pilate, ayant sous les yeux Notre Seigneur insulté, méprisé, raillé, couvert d'opprobres... Les uns lui crachent au visage, les autres lui donnent des soufflets ; d'autres lui mettent une couronne d'épines ; d'autres frappent sur lui à grands coups. On le pousse, on le jette à terre ; on le foule aux pieds ; on le crucifie ; on lui perce le cœur. Ah ! si j'avais su ce que c'était qu'un prêtre, au lieu d'aller au séminaire, je me serais bien vite sauvé à la Trappe.»[168]
>
> « Que je suis à plaindre ! Je ne connais personne de plus malheureux que moi. »[169]

Le Curé d'Ars, il est vrai, atténuait ce qu'avait d'abrupt le jugement ainsi porté sur son rôle pastoral, en laissant entrevoir la source de joie que malgré tout il y trouvait :

> « Le sacerdoce est une charge si lourde que si le prêtre n'avait pas la consolation et le bonheur de célébrer la Sainte Messe, il ne pourrait pas la supporter ».[170]

De plus, il ne pouvait oublier la promesse que le Seigneur avait faite à ses Apôtres de leur envoyer cet autre Consolateur qu'est le Saint Esprit et il déclarait :

> « Le prêtre doit être constamment enveloppé du Saint Esprit comme il l'est de sa soutane».[171]

Finalement la parole où s'exprime le mieux sa ferveur sacerdotale est celle qu'a notée Catherine Lassagne :

[168] *Esprit*, p. 318-319.
[169] *Ibidem*, p. 317.
[170] Mme de BELVEY, P.O., p. 205.
[171] J.-M. CHANAY, P.O. p. 694.

« Si un prêtre venait à mourir à force de travaux et de peines endurées pour la gloire de Dieu et le salut des âmes cela ne serait pas mal ».[172]

[172] *La Confidente,* P.M. 3, p. 138.

5 - LE BAPTÊME ET LA PÉNITENCE

LE BAPTÊME

Jamais, dans les sermons manuscrits qui sont parvenus jusqu'à nous, le Curé d'Ars ne traite *ex professo* du sacrement de l'initiation chrétienne. Les recueils de La Bastie et de l'abbé Monnin n'en font pas davantage état. Le saint pasteur ne pouvait cependant manquer d'en parler. Les cahiers de Jean-Claude Viret l'attestent. Malheureusement le paysan quasi illettré de Cousance ne nous a laissé sur ce chapitre que des notes informes – un fouillis dont il n'est guère possible de tirer parti. Le cahier des orphelines de la Providence, Marie Germain et Mariette Jacquet, ne nous offre pour sa part que des pages à peine présentables.

> « Nous disons, y lit-on, que sans le baptême personne ne peut être sauvé. C'est Notre Seigneur qui institua le baptême, comme tous les autres sacrements.
>
> Il l'institua lorsque saint Jean Baptiste le baptisa : il mit le pied dans l'eau et toutes les eaux de la terre furent sanctifiées. Saint Jean se trouvait indigne de baptiser Notre Seigneur. Il lui dit : "Ce serait bien plutôt à moi à être baptisé par vous". Jésus lui dit : "Ne savez vous pas qu'il faut que la promesse de mon Père s'accomplisse", et dans ce moment, saint Jean, humilié, baptisa Notre Seigneur, et le Saint Esprit éclaira saint Jean. Notre Seigneur permit qu'une tombée de peuple s'assemblât pour faire connaître celui qui mourrait un jour pour effacer les péchés du genre humain.

C'est depuis le baptême de Notre Seigneur qu'on a connu très particulièrement les trois personnes de la Sainte Trinité... Mes enfants, vous savez qu'il y a trois sortes de baptême : le baptême d'eau, le baptême du sang, le baptême de désir.

Le baptême d'eau est le baptême d'à présent, le baptême de désir est comme une personne qui désirerait bien être baptisé, il n'y a personne pour la baptiser. Elle désire bien de l'être. Elle fait un acte d'amour de Dieu de tout son cœur. Cela suffit. Le baptême de sang, c'est le martyre qui verse son sang pour Jésus-Christ.

Mes enfants, toute personne peut donner le baptême, mais il faut qu'il y ait une grande nécessité, que l'on voit l'enfant en danger de mort. Alors les premières personnes qui se trouvent peuvent baptiser. Les protestants, les jansénistes peuvent le faire, pourvu qu'ils aient l'intention de faire ce que l'Église commande.[173] Un père, une mère peuvent

[173] La leçon insiste beaucoup sur ce qui est requis pour qu'un baptême soit valide : « Il faut faire attention à une chose en baptisant un enfant. Il y a des fois de ces femmes qui n'ont point fait d'apprentissage, qui se mêlent d'aller accoucher les femmes malades. Elles se dépêchent à baptiser ses enfants dès qu'elles les voient un peu en danger. Elles ne savent même pas ce qu'elles font. Elles ne faisaient que dire : "Enfant je te baptise !" Eh bien ! tout cela ne fait que profaner le sacrement. Il faut dire : "Enfant, je te baptise," prononcer les trois Personnes de la Sainte Trinité et il faut que l'eau tombe en prononçant les paroles et dire : "Enfant, je te baptise au nom du Père, du Fils et du Saint Esprit" et il faut faire trois signes de Croix.
Il y en a aussi qui croient qu'il faut être deux pour baptiser, un pour prononcer les paroles et l'autre pour verser l'eau. Non, mes enfants, il faut que ce soit la même personne qui fasse tout ; mais toutes les fois qu'il vous est arrivé de verser de l'eau sur l'enfant, il faut le dire au prêtre. Un jour on m'apporta un enfant à baptiser et on ne me dit rien. Je le rebaptisais comme si rien n'était. La personne me dit après : "Je lui avais versé de l'eau." – "Pourquoi ne l'avez-vous pas dit ?" – "Je n'y ai pas pensé." – Il faut bien se donner garde, parce que le prêtre étant averti, ne fait que baptiser l'enfant sous condition qu'il n'y ait pas été. De cette manière le sacrement ne sera pas profané. Le prêtre dit : "Enfant, je te baptise, si tu n'y as pas été." S'il y a été, il n'y a que l'eau de versée. » Marie GERMAIN et Henriette JACQUET, p. 16-17.

baptiser, mais il faut tout de suite en avertir le prêtre. »[174]

La pénitence remet les péchés commis après le baptême

Le Curé d'Ars est par excellence le saint du confessionnal. Selon l'expression de Barbey d'Aurevilly :

« Il avait donné le goût et presque la faim de la confession, ce grand confesseur : il avait fait trouver doux enfin ce pain si amer à la bouche de l'homme ».

Le ministre de la pénitence ne pouvait évidemment omettre de parler à ses paroissiens et aux pèlerins du sacrement auquel les baptisés doivent recourir pour purifier leur conscience

> « Mes enfants, disait-il, dès qu'on a une petite tache sur son âme, il faut faire comme une personne qui a un beau globe de cristal qu'elle garde bien soigneusement. Si ce globe prend un peu de poussière, quand elle s'en aperçoit, elle y passe une éponge. Voilà ce globe clair et brillant. De même, dès que vous apercevez une petite tache sur votre âme, prenez de l'eau bénite avec respect, faites une de ces bonnes œuvres auxquelles la rémission des péchés est attachée : une aumône, une génuflexion au Saint Sacrement, l'assistance à la Sainte Messe… »

[174] *Ibidem*, p. 15, 16. Le Curé d'Ars aurait encore donné ces précisions dont l'Évangile ne garantit pas tout le contenu : « St Jean Baptiste baptisa le Fils ; le Fils de Dieu, la Sainte Vierge ; Notre Seigneur, saint Pierre ; les apôtres. Voyez, mes enfants, Notre Seigneur n'avait pas besoin d'être baptisé ; ni la Sainte Vierge, puisqu'elle n'était pas coupable de la moindre tache du péché originel, mais c'était pour la faire entrer en participation de tout le mérite de la mort et passion de son divin Fils. » p. 15.

Des pauvres notes de Jean-Claude Viret, on peut au moins tirer l'assurance que la leçon du Curé était bien conforme au texte du cahier des écolières.

> « Là, il disait : je crois que c'est Notre Seigneur qui a baptisé saint Pierre et saint Pierre a baptisé les autres apôtres ; et il a dit qu'il avait baptisé la Sainte Vierge. Je ne sais s'il avait pas dit : lui ou saint Jean. »[175]

Nous retenons encore ces quelques remarques :

> « Il fit là comprendre la grandeur d'une âme qui avait reçu le baptême et ce qu'elle devait faire pour conserver la grâce de son baptême. Qu'il fallait porter sa croix ou renoncer à son baptême, que c'était là l'avis de tous les saints qui avaient été sur la terre et qu'il ne pouvait pas faire autrement pour être sauvé. »[176]

> « Là, il a continué de parler sur le baptême, en disant que ceux qui avaient été baptisés avaient renoncé aux pompes de Satan et à ceux de ce monde. Il a rappelé que celui qui est baptisé doit s'attendre à avoir des croix et à être persécuté. "Autrement, renoncez au baptême. Il faut être à Dieu ou au monde. Il faut choisir : pour être à Dieu il faut porter sa croix et être crucifié et s'attendre d'être tenté de toutes sortes de maux. Voilà le partage de tous les saints qui ont été sur la terre et l'exemple de notre divin Maître... Voilà sans doute, la vie du chrétien. Si vous voulez avoir en ce monde les plaisirs, vous êtes libres, prenez-les et jouissez pendant que vous êtes sur la terre, mais ne

[175] Cahier de Jean-Claude VIRET, 25 juillet 1848.
[176] *Ibidem*, 27 juillet 1848.

vous attendez-vous pas à être malheureux pendant l'éternité ?" »[177]

« Mes enfants, c'est comme une personne qui a une petite maladie ; elle n'a pas besoin d'aller trouver le médecin ; elle peut se guérir toute seule. Elle a mal à la tête, elle n'a qu'à aller se coucher ; elle a faim, elle n'a qu'à manger. Mais si s'est une maladie grave, si c'est une plaie dangereuse, il faut le médecin : après le médecin, les remèdes. Quand on est tombé dans quelques gros péchés, il faut avoir recours au médecin qui est le prêtre, et au remède qui est la confession.[178] Mes enfants, il y a bien peu de personnes qui sont sauvées sans le sacrement de pénitence. »

« Il faut bien savoir lorsqu'il a été institué. Si on vous le demandait, vous diriez qu'il a été institué lorsque Notre Seigneur souffle sur les apôtres et leur dit : "Recevez le Saint Esprit, les péchés seront remis à ceux à qui vous les remettrez et seront retenus à ceux à qui vous les retiendrez". »[179]

[177] *Ibidem*, 28 juillet 1948.
[178] *Esprit*, p. 168.
[179] Cahier de Marie GERMAIN et Mariette JACQUET, p. 24.
Le Curé donne ici un développement qui peut être retenu à titre de curiosité : « Il faut bien savoir que c'est Notre Seigneur. Il y en a qui croient que c'est la sainte Vierge. D'autres croient que c'est les Apôtres. Ces personnes ne savent même pas quand elles reçoivent l'absolution, ni ce qu'elles reçoivent en la recevant. Il y en a qui croient qu'ils reçoivent le sacrement de pénitence toutes les fois qu'ils se confessent. D'autres, croient qu'ils reçoivent la sainte Vierge. D'autres, leurs bons anges gardiens. Mes enfants, il faut bien savoir que l'on ne reçoit le sacrement de pénitence que lorsque l'on reçoit l'absolution et savoir que l'on ne reçoit ni la Sainte Vierge, ni son bon ange Gardien. Seulement l'application du sang précieux du Bon Dieu.»
Notons ici que l'on trouve des remarques semblables dans *Les Sermons* : Dans la sainte Eucharistie, nous recevons non la Sainte Vierge, ni les anges, ni les saints mais le corps adorable et le sang précieux de Jésus-Christ. Comme Dieu, nous y recevons les trois personnes de la Sainte Trinité, c'est-à-dire, le Père, le Fils et le Saint Esprit. Et comme homme nous ne recevons que le Christ, c'est-à-dire son corps et son âme unis à sa divinité. Sur l'absolution, *Sermons*, t. III, p. 81. Plus loin on lit : « Il faut savoir que lorsque Jésus-Christ a souffert sur la croix, le Père et ni le Saint Esprit n'ont point souffert, ni ne sont morts ; mais c'est seulement le Fils qui a souffert et qui est mort comme homme et non comme Dieu. » *Ibidem*, p. 82.

Si nombreux soient ces péchés, si graves soient-ils, le sacrement de pénitence les efface.

Le Curé d'Ars avait lu autrefois dans l'un de ses sermonnaires, ce passage qu'on retrouve transcrit dans son "*sermon sur l'espérance*" :

> « Le Bon Dieu nous dit par son prophète Michée, que quand nos péchés seraient aussi nombreux que les étoiles du firmament et que les gouttes d'eau dans la mer, que les feuilles des forêts et que les grains de sable qui bordent l'océan, si nous nous convertissons sincèrement, il nous promet de les oublier tous ; et il nous dit que, quand ils auraient rendu notre âme aussi noire que le charbon, aussi rouge que l 'écarlate, il nous la rendra aussi blanche que la neige. »[180]

Ces images avaient impressionné le Curé. À maintes reprises il les reprendrait. Les notes de divers auditeurs les mentionnent.

> « Voyez mes enfants cette jolie comparaison que Notre Seigneur nous fait[181] : "Vous auriez tant de péchés qu'il y a de grains de sable sur le bord de la mer, autant qu'il tombe de flocons de neige en hiver". Il va plus loin : "Votre âme serait noire comme la cheminée ; rouge comme l'écarlate, si vous avez la contrition et les accusez, ils ne reparaîtront jamais plus." »[182]

[180] *Sur l'Espérance, Sermons*, t. II, p. 201.
[181] L'attribution de la citation à Notre Seigneur est vraisemblablement le fait de l'écolière dont nous avons la relation.
[182] Marie GERMAIN et Mariette JACQUET, p. 26.

> « Auriez-vous commis autant de péchés mortels qu'il y a de feuilles sur tous les arbres et dans toutes les forêts, et autant qu'il y a de grains de sable et autant qu'il y a de gouttes d'eaux dans toutes les mers ; ou autrement, vous seriez aussi rouges que l'écarlate, si vous avez au moment de la confession, le repentir et le ferme propos au moment que vous recevez l'absolution, tous vos péchés vous sont pardonnés et vous êtes comme si vous n'avez point commis de péchés. Le Bon Dieu les a oubliés.[183] »

Aussi quelle est la joie d'un grand pécheur lorsque par la grâce et rempli de repentir, il a libéré sa conscience pour une bonne confession.

> « Un jour, un grand pécheur qui avait quatre-vingt années, et le pécheur s'est converti. Oh ! mes enfants voyez, quand ce pécheur de quatre vingts ans eut fait sa confession, il me dit : "Voyez je me suis livré à toutes mes passions. Plus je les suivais, plus j'étais malheureux, je n'avais point de paix, j'étais dans toutes sortes d'ennuis. Mais aujourd'hui je peux vous dire que depuis le jour de ma première communion, j'ai passé tout ce temps sans avoir passé un bon jour, mais aujourd'hui, mon père, je suis content, je suis plus content que si j'avais gagné vingt-cinq mille francs". »[184]

> « Mes enfants, on ne peut pas comprendre la bonté que Dieu a eue pour nous d'instituer ce grand sacrement de pénitence, nous n'aurions jamais

[183] Cahiers de Jean-Claude VIRET, 28 août 1851.
[184] *Ibid.*, 16 novembre 1856.

> pensé à lui demander celle-là. Mais il a prévu notre fragilité et notre inconstance dans le bien, et son amour l'a porté à faire ce que nous n'aurions pas osé lui demander. »[185]

La contrition nécessaire

Le Curé d'Ars, on l'a vu, a bien soin, en promettant aux pénitents le pardon du Seigneur, de préciser que ce pardon suppose d'indispensables conditions.[186]

Malheureusement

> « nous venons nous confesser sans y avoir presque pensé ; nous entrons au confessionnal tout préoccupés de la honte que nous allons éprouver. Nous nous accusons à la bourdifaille et puis voilà tout.

[185] *Esprit*, p. 169-170. « Ah ! quel bonheur, lit-on dans les cahiers de Jean-Claude VIRET, sans cela que deviendrions-nous ? Le pécheur qui vécut vingt ans dans le crime, Eh bien ! après s'être confessé, rentre dans l'amitié de Dieu et jamais les péchés ne reparaîtront, ils sont oubliés, fondus comme chaume que vous avez vu brûler ce matin. Eh ! bien nos péchés sont de même perdus, ils ne reparaîtront jamais. » 1er août 1848.

[186] Le Curé d'Ars donne ces quelques avis pratiques sur la manière de se confesser. D'abord se bien préparer faisant son examen de conscience et en s'excitant à la contrition. « Après, vous vous mettez au tribunal de la pénitence. Vous faites le signe de la croix. Voyez, c'est beau, vous commencez votre accusation au nom des trois personnes de la Sainte Trinité, au nom du Père et du Fils et du Saint Esprit. Vous dites : "Bénissez-moi, mon père, parce que j'ai péché." Voyez, l'on bénit une chose qui a été profanée. Eh bien ! le prêtre vous bénit pour chasser le démon et faire habiter l'Esprit Saint dans votre cœur. Vous dites votre "confesse à Dieu," vous confessez devant tout le Ciel et la terre que vous vous avouez coupable, et c'est par ma faute que j'ai fait le mal. Après votre accusation, vous dites : "Mon Père, je m'accuse de tous ces péchés et de tous ceux de ma vie passée." Cela veut dire que nous nous accusons de tous les péchés que nous connaissons et tous ceux que nous ne connaissons pas... Voyez, lorsque le prêtre donne l'absolution, faire un acte de contrition de tout son cœur – ne pas faire comme il y en a qui font : ils se dépêchent vite de faire et disent au prêtre : "Je vais faire la sainte communion". Mes enfants, il ne faut pas faire ça. Si vous avez fini votre acte de contrition avant le prêtre, il faut faire un acte d'amour de Dieu. Produite dans le cœur, la contrition marque le regret que nous avons d'avoir offensé Dieu, l'acte d'amour de Dieu marque l'amour que nous avons pour lui. Après votre accusation, vous vous retirez dans un coin. Vous faites un autre examen. Vous voyez si vous n'avez rien oublié et vous remerciez le Bon Dieu et la Sainte Vierge de la grâce qu'elle vous a faite de bien avoir accusé vos péchés et puis, mes enfants, si une fois vous avez conçu la laideur du péché, combien il fait d'outrage à Dieu, vous ne pourrez plus les re- commettre et puis nous serons bien fâchés à l'heure de la mort, ce ne sera plus temps. Allons ! » LA BASTIE, p. 31.

Ce n'est pas comme cela qu'il faut faire, mes enfants, il faut s'examiner sérieusement ; il s'agit de l'affaire la plus importante de notre vie. Il faut faire connaître à son confesseur toutes les circonstances qui peuvent aggraver ou atténuer le péché. Ainsi l'on s'accuse d'avoir volé, il faut dire si c'est dans une église ou à un simple particulier ; si on s'est mis en colère il faut dire si c'est contre son père ou sa mère ou ses frères ou ses sœurs. On dit qu'il y en a beaucoup qui se confessent et peu qui se convertissent ; je le crois bien, mes enfants, c'est qu'il y en a peu qui se confessent avec les larmes d'un vrai repentir. »[187]

« Il y a ceux qui n'ont même pas la contrition de leurs péchés ou bien s'ils sont fâchés ce n'est pas parce qu'ils ont offensé le Bon Dieu ; ce n'est que la honte parce qu'il faut dire ces péchés au prêtre. »[188]

« Quand on va se confesser, il faut comprendre ce qu'on va faire. On peut dire qu'on va déclouer Notre Seigneur. »[189]

« Mes enfants, lorsque nous nous approchons du tribunal de la pénitence, demandons bien au Bon Dieu la contrition de nos péchés. Voyez, il faut mettre plus de temps pour demander la contrition que pour faire son examen. On s'examinera bien encore, mais pour cette contrition, on ne la

[187] LA BASTIE ; p. 4. Texte repris dans *Esprit* : « Nous venons nous confesser tout préoccupés de la honte que nous nous allons éprouver. Nous nous accusons à la vapeur. On dit qu'il y en a beaucoup qui se confessent et peu qui se convertissent je le crois bien, mes enfants, c'est qu'il y en a peu qui se confessent avec les larmes du repentir. » *Esprit*, p. 166-167.

[188] Marie GERMAIN et Mariette JACQUET, p. 25.

[189] *Esprit*, p. 31.

demande guère souvent. Mes enfants, si on ne la demande pas, on ne l'a pas. »[190]

« Voyez mes enfants, pour recevoir le sacrement de pénitence, il faut trois choses. Il faut la foi qui nous découvre Dieu présent, l'espérance qui nous fait croire que Dieu nous donnera sa grâce, la charité qui nous porte à aimer Dieu et le prochain pour l'amour de Dieu. Voyez, pour recevoir ce sacrement comme il faut, il faut être converti, avoir la contrition de tous ses péchés – pas seulement de quelques-uns, mais de tous... La contrition les efface, mais il faut des larmes pour laver et purifier notre âme... Voyez, dans une maison où il y aura eu toutes sortes de bêtes, de saletés, de bêtes crevées, l'on balaiera la maison, mais il sentira toujours mauvais. Il en est de même de notre âme après l'examen, il faut des larmes ; je ne veux pas dire que la douleur nous fasse perdre la vie. Mais il faut ce regret dans notre cœur d'avoir offensé Dieu parce qu'il est bon.» [191]

« On distingue divers degrés dans la contrition. Il y a la contrition imparfaite. Avec elle, en confession, si vous dites bien tous vos péchés comme vous vous connaissez, vous êtes sûrs d'être pardonnés quand vous recevez l'absolution. Mais ce qui est encore bien mieux, si vous avez cette contrition parfaite, et venez à mourir, vous iriez droit au Ciel comme un enfant après son baptême. Il y a encore

[190] Marie GERMAIN et Mariette JACQUET, p. 26.

[191] *Ibidem*, p. 30, 31. MONNIN a utilisé les dernières paroles de ce passage : « Voyez : une maison où il y aura eu longtemps toutes sortes de malpropreté et d'ordures, on aura beau la balayer, il y sentira toujours mauvais. Il en est de même de notre âme après la confession : pour la purifier, il faut des larmes. » *Esprit*, p. 173-174.

de ces personnes qui ont cette contrition. Tenez, j'en ai vu qui étaient si fâchées d'avoir offensé Dieu qu'il fallait que le prêtre se retire lorsqu'il les confessait pour les bien laisser pleurer. Tenez, un jour il vint un gendarme, ce qui n'arrive pas souvent. Il avait écrit toute sa confession, il se jeta au milieu de la sacristie, qui pleurait à chaudes larmes. Eh bien ! C'est celui-là qui avait la contrition de ses péchés. Ils étaient bien effacés avant de se confesser. Parce que sa contrition était parfaite. Voyez cet autre homme qui alla se confesser. Il avait une douleur si grande qu'il ne faisait que pleurer. Il alla se cacher derrière un pilier à l'église pour donner un libre cours à ses larmes. Il était à sangloter, se tourmenter. Le prêtre alla pour le faire sortir et le trouva mort. Ce n'était que la douleur de ses péchés qui l'avait fait mourir. »[192]

La sincérité dans l'aveu des péchés

« Pour obtenir la remise des péchés par l'absolution, le pénitent doit en faire loyalement l'aveu. Or, certaines personnes, poussées par la honte, examinent la manière qu'elles pourront les dire pour que le prêtre les comprenne moins. D'autres les cachent. Oh ! mes enfants, à qui les cachez-vous ? Vous les cachez au prêtre. Ce n'est pas le prêtre qui vous jugera. Peut-être mourra-t-il trente ans avant vous. Mais le Bon Dieu qui du haut du Ciel voit tous ces péchés cachés et déguisés, qui, au jour du jugement, les montrera à la face du ciel et de la terre, il y aura bien

[192] *Ibidem*, p. 30.

plus de quoi être couvert de confusion. Voyez mes frères, si on vous disait : demain il faut monter au chœur et faire votre confession devant tout le monde ou bien dire vos péchés à un prêtre, choisissez ! Lequel vous aimerez le mieux faire. Ah ! certes, on se dépêcherait bien vite : les dire au prêtre. Et puis quoi, mes enfants, pour un petit moment qu'il faut s'humilier ! Encore je ne trouve pas que ce soit humiliant de dire ses péchés, parce qu'un prêtre sait bien à peu près ce que peut faire une personne. D'ailleurs, voulez-vous les cacher, accusez les bien comme il faut ; alors le Bon Dieu les jette par derrière ses épaules, c'est-à-dire les anéantit, les oublie. Ils ne reparaîtront jamais plus. »[193]

« C'est beaucoup, mes enfants, de penser que nous avons un sacrement qui guérit les plaies de notre âme ! Mais il faut le recevoir avec de bonnes dispositions. Autrement ce sont de nouvelles plaies sur les anciennes. Que diriez-vous d'un homme qui est couvert de blessures ? On lui conseille d'aller à l'hôpital faire voir son mal au médecin. Le médecin le guérit en lui donnant des remèdes. Mais voilà cet homme qui prend son couteau, qui s'en donne de

[193] *Ibidem*, p. 25, 26.

[194] *Esprit*, p. 171. MONNIN a fait ici un emprunt au cahier des écolières de la Providence : « C'est beau, mes enfants, de dire que le sacrement guérit les plaies de notre âme si nous le recevons avec de bonnes dispositions. Au contraire, si nous le recevons mal, il fait des plaies à notre âme. Tenez, que diriez-vous d'un homme qui est rempli de plaies. On lui dit d'aller à l'hôpital faire voir son mal au médecin. Le médecin fait guérir ses plaies en lui donnant des remèdes. Voilà cet homme qui est presque guéri. Il sort de l'hôpital, prend son couteau, redonne un coup au mal qu'il avait. Il se fait plus de mal qu'il n'avait. Vous diriez : "Cet homme est un insensé, un imbécile. Il était guéri, il a renouvelé sa plaie avec son couteau". Il en est de même du sacrement de pénitence. Nous avons offensé le Bon Dieu. C'est bien dommage, mais nous pouvons le réparer par une bonne confession. Eh bien ! nous faisons une seconde plaie en commettant un sacrilège. » Marie GERMAIN et Mariette JACQUET, p. 26, 27.

grands coups et se fait plus de mal qu'il n'en avait auparavant.[194] Ainsi, le pécheur qui fait une mauvaise confession. »

« Et puis, mes enfants, après l'on ose plus se confesser. On pense : "Que donc le prêtre dira de moi ?" Eh ! Que voulez-vous que le prêtre pense ! Il pensera aux personnes qui s'adressent à lui. Priez le Bon Dieu ! Il ne faut pas penser au prêtre en se confessant. Il faut penser qu'il tient la place de Dieu... Oh ! mes enfants, si les pauvres damnés qui sont dans l'enfer, il y a si longtemps, si on leur disait : "Nous allons mettre un prêtre à la porte de l'enfer. Ceux qui voudront se confesser sortiront, mais je ne leur donne que huit jours." Ah ! mes enfants, il n'en demeurerait pas un. Ils ne craindraient pas de dire leurs péchés et même de les dire devant tout le monde. Ah ! Comme l'enfer serait vite désert et le Ciel peuplé ! Et bien ! Nous avons le temps que les damnés n'ont pas. Et peut-être il y en a combien qui sont en enfer qui n'ont peut-être pas fait tant de mal que nous. Ils n'ont pas eu le temps de se repentir. Eh bien ! Qui empêcherait au Bon Dieu de nous jeter en enfer ! Mes enfants, ce qui le retient, c'est sa grande bonté pour nous, pas autre chose ! Et nous, nous sommes si méchants, si orgueilleux que de ne pas accuser nos péchés. Oh ! Mes enfants, nous serons bien fâchés à l'heure de la mort ! »[195]

[195] Marie GERMAIN et Mariette JACQUET, p. 26-28. « Si l'on disait à ces pauvres damnés qui sont en enfer depuis si longtemps : «Nous allons mettre un prêtre à la porte de l'enfer. Tous ceux qui voudront se confesser n'ont qu'à sortir », mes enfants, croyez-vous qu'il en restât un seul ? Oh ! comme l'enfer serait vite désert et comme le Ciel se peuplerait.» *Esprit*, p. 170.

> « Quand vous avez fait une bonne confession, vous avez enchaîné le démon. Les péchés que vous cachez reparaîtront tous. Pour bien cacher ses péchés, il faut bien les confesser. »[196]

Trop nombreux pourtant sont ceux qui profanent le sacrement, en dissimulant ou en déguisant leurs péchés. Ceux-ci

> « auront caché des péchés mortels, il y a dix ans, vingt ans. Toujours ils ont la pensée de le dire et toujours ils renvoient. C'est un enfer. Quand ces personnes voient cela, elles demandent à faire une confession générale et elles diront leurs péchés, comme si elles venaient de les commettre ; elles n'avoueront pas qu'elles les ont cachés pendant dix ans, vingt ans. Voilà une mauvaise confession ! Il faut dire encore que depuis ce temps, on a laissé ses pratiques de religion, qu'on n'a plus senti ce plaisir que l'on avait autrefois à servir le Bon Dieu.
>
> Mes enfants, on s'expose encore à profaner le sacrement, quand on saisit le moment où l'on fait du bruit au confessionnal pour vite avouer les péchés qui font le plus de peine. On se tranquillise en disant : "Je les ai bien accusés ; tant pis si le confesseur n'a pas entendu." Tant pis plutôt pour vous qui avez agi avec ruse ! D'autres fois on parle vite, en profitant du moment où le prêtre n'est pas bien attentif pour se dépêcher de faire passer les gros péchés. »[197]

[196] *Esprit*, p. 31. Le Curé d'Ars s'était exprimé à peu près de la même manière dans l'un de ses anciens sermons : « Vous avez caché votre péché, mon ami, mais il faudra qu'il soit connu un jour, et même aux yeux de tout l'univers ; tandis que d'une parole, vous l'auriez caché pour jamais. » *Sur les Péchés cachés en confession*, *Sermons*, t. II, p. 451. Cf. C. GENET, p. 202.
[197] *Esprit*, p. 172-173.

Un sacrement qu'il faut recevoir à temps

> « Le sacrement du pardon est offert à tous les pécheurs. À tous il est possible de rentrer en grâce avec Dieu s'ils reçoivent le sacrement avec de bonnes dispositions. Par malheur, trop souvent ils renvoient de jour en jour le recours à la pénitence. Ils risquent ainsi de mourir sans confession. C'est folie que de compter sur une absolution de dernière heure. Il faudrait alors une vraie conversion. Mais qui nous assure que nous aurons le temps et la force, à ce moment redoutable que tous les saints ont appréhendé, où l'enfer se réunit pour nous livrer un dernier assaut, voyant que c'est l'instant décisif. »[198]

Les exemples de mort subite abondent. On l'a vu dans le chapitre sur le salut. Ceux-là même qui ont décidé de recourir au sacrement de pénitence peuvent être frappés avant d'avoir été en mesure de réaliser leur dessein.

Dans ses sermons manuscrits influencés par la pensée janséniste des auteurs qu'il utilisait, le Curé d'Ars racontait une anecdote significative.

> « Nous lisons dans l'histoire qu'un homme avait vécu longtemps dans le désordre. S'étant converti, il retomba au bout de quelque temps dans ses anciens péchés. Ses amis qui en étaient bien chagrinés, firent tout ce qu'ils purent pour le ramener au Bon Dieu ; il leur promettait toujours et n'en faisait rien. Ils lui dirent qu'il y avait une retraite dans la paroisse voisine, qu'ils l'y conduiraient avec eux

[198] *Esprit*, p. 157-158.

> et qu'il devait s'y préparer. L'autre qui depuis longtemps se moquait de Dieu et de tous leurs conseils, leur répondit en riant, que oui... Les autres ne manquèrent pas d'aller le trouver, dans l'espérance de le ramener au Bon Dieu ; mais en entrant, ils le virent étendu au milieu de sa maison : il était mort la nuit, de mort subite sans avoir eu le temps ni de se confesser, ni de donner le moindre signe de repentir. »[199]

Ce récit avait une valeur d'exemple. Le Curé d'Ars devait le relater souvent. Il l'avait utilisé dans le *Sermon sur la pensée de la mort*, il en fait également état dans le *Sermon sur le délai de la conversion.*[200] Plus tard il en tirait parti. Si La Bastie et l'abbé Monnin ne le rapportent pas, on trouve la réminiscence dans le cahier des écolières de la Providence.

> « Mes enfants, restez dans le péché ? Vous pouvez mourir à tout moment. Voyez cet homme qu'il y avait si longtemps qu'il ne s'était pas confessé ; il se fit une mission pas bien loin de chez eux. Un de ses camarades lui dit : "Tu vas faire ta mission ?" "Oh ! oui," lui dit cet homme, "vous viendrez m'appeler demain matin." "Oui" lui disent ses amis. Le

[199] *Sur la Pensée de la mort*, *Sermons*, t. III, p. 155.

[200] La relation de l'épisode comporte quelques variantes : « il est rapporté dans l'histoire d'un homme du monde, qui avait longtemps vécu dans le plus grand désordre, s'étant converti, il persévéra pendant quelque temps ; mais retomba et ne pensait plus à revenir au Bon Dieu. Ses amis ne cessaient de prier pour lui ; mais il méprisait tout ce qu'on lui disait. Pendant ce temps-là, on annonça une retraite qui devait se donner bientôt. L'on crut la circonstance favorable pour engager ce pécheur à profiter de l'occasion que le Bon Dieu lui donnait pour entrer dans le chemin du salut. Après bien des prières et insistances de la part de ses amis, et bien des résistances et de refus de la sienne, il consentit, et donna sa parole qu'il se rendrait à la retraite avec les autres mais hélas qu'arriva-t-il. ? Oh ! jugements de Dieu, que vous êtes impénétrables, redoutables ! Le matin même où on l'attendait, où l'on devait commencer la retraite, il fut trouvé mort, dans sa maison, sans connaissance, sans secours, et sans sacrement. » *Sermons*, t. I, p. 383.

> matin, ils vont appeler cet homme et le trouvent mort dans son lit. Mes enfants, il n'eut pas le temps de se confesser. S'il eût prévu sa mort, il se serait bien confessé. »[201]

Dans l'ancien *Sermon sur le délai de la conversion*, le Curé d'Ars laisse entrevoir le caractère tendancieux du livre où il a puisé son récit. Il continue en s'adressant à un pécheur qui remet toujours à plus tard sa conversion :

> « "N'est-ce pas que vous pensez qu'un jour vous vous confesserez, que vous quitterez le péché et que vous ferez pénitence ?" "C'est bien mon intention." "Mon ami, et moi je vais vous dire ce que vous ferez et ce que vous serez. Vous êtes maintenant dans le péché, vous ne direz pas non ; eh bien ! après votre mort, vous serez un damné. Eh ! qu'en savez-vous ? pensez-vous en vous-même. Si je ne le savais pas, je ne le vous dirais pas." »[202]

Ces propos sont tranchants. Leur rigorisme nous gêne. Le Curé d'Ars, dans la dernière phase de sa vie, ne les emploierait plus. Mais sa parole n'arriverait pas à dissimuler qu'il éprouvait encore crainte et tremblement quand il pensait aux pécheurs qui refusent de se présenter au tribunal de la pénitence.

[201] Cahier de Marie GERMAIN et Mariette JACQUET, p. 28.
[202] *Sur le Délai de la conversion, Sermons*, t. I, p. 383-384.

6 - LE SACRIFICE DE LA MESSE

LA VALEUR INFINIE DE LA MESSE

Dans *L'Esprit du Curé d'Ars*, le *Catéchisme sur le Saint Sacrifice de la Messe* commence ainsi :

> « Toutes les bonnes œuvres réunies n'équivalent pas le Saint Sacrifice de la Messe, parce qu'elles sont les œuvres des hommes, et la Messe est l'œuvre de Dieu. Le martyre n'est rien en comparaison : c'est le sacrifice que l'homme a fait à Dieu de sa vie ; la Messe est le sacrifice que Dieu fait à l'homme de son corps et de son sang. »[203]

L'abbé Monnin s'était inspiré ici du cahier de Faure de La Bastie,[204] mais M. Vianney avait eu, de plus, à l'esprit une évidente réminiscence de l'un de ses sermons manuscrits. On lit, en effet, dans le *Sermon sur la Sainte Messe* :

> « Il me suffit de vous dire avec St Jean Chrysostome que la Sainte Messe rend plus de gloire à Dieu que toutes les souffrances de tous les martyres, que les pénitences de tous les solitaires. Si vous m'en demandez la raison, elle est toute claire, parce que toutes ces actions sont faites par des pécheurs plus ou moins coupables, tandis que le Saint Sacrifice de la Messe, c'est un homme Dieu égal à son Père qui lui offre le mérite de sa mort et passion. Vous voyez d'après cela que la Sainte Messe est d'un prix infini. »[205]

[203] *Esprit*, p. 118.

[204] « Rien n'est plus grand que le Sacrifice de la Messe. Toutes les bonnes œuvres réunies n'équivalent pas au Sacrifice de la Messe, à la communion, parce qu'elles sont les œuvres des hommes, et la Sainte Messe est le Sacrifice de Dieu lui-même. La souffrance du martyre, quoi que bien méritoire, n'est rien en comparaison ». LA BASTIE, p. 112-113.

[205] *Sermons sur la Sainte Messe*, numéro 82, p. 3.

Dans ce sermon, le Curé d'Ars, démarquant à sa façon le texte du *Missionnaire paroissial* de Chevassu et des *Prônes réduits en pratique* de Billot, essaie de résumer l'enseignement de l'Eglise :

> « Avant de vous montrer la manière d'entendre la Sainte Messe il faut vous dire un mot de ce que l'on entend par le mot du sacrifice de la Sainte Messe. Vous savez que le Saint Sacrifice de la Messe est le même que celui de la croix qui a été offerte une fois sur le calvaire le vendredi saint. Toute la différence qu'il y a, est que quand Jésus-Christ s'est offert sur le calvaire il était visible, c'est-à-dire qu'on le voyait des yeux du corps, et qu'il a été offert à Dieu son Père par les mains de ses bourreaux, et qu'il y a répandu son sang. C'est ce qu'on appelle sacrifice sanglant, cela veut dire que son sang sortit de ses veines et qu'on le vit couler jusqu'à terre. Mais à la Sainte Messe il s'offre à son Père d'une manière invisible, c'est-à-dire que nous ne le voyons que des yeux de l'âme est non de ceux du corps. Voilà mes frères, en abrégé, ce que c'est que le Saint Sacrifice de la Messe. »[206]

Les notes prises par les auditeurs des catéchismes et des sermons du Curé d'Ars en sa maturité sont, il faut l'avouer, fort sommaires. Elles mettent surtout en relief, comme nous l'avons vu au chapitre précédent, les grandeurs du prêtre :

> « Dieu lui obéit. Il dit deux mots et Notre Seigneur descend du Ciel à sa voix et se renferme dans une petite hostie. Dieu arrête ses regards sur l'autel.

[206] *Ibidem*, p. 2-3.

C'est là, dit-il, mon Fils bien-aimé en qui j'ai mis toutes mes complaisances. Au mérite de l'offrande de cette victime, il ne peut rien refuser. »[207]

Le Saint s'exclame :

« Que c'est beau ! Après la consécration, le Bon Dieu est là comme dans le Ciel ! Si l'homme connaissait bien ce mystère, il mourrait d'amour. Dieu nous ménage à cause de notre faiblesse. »[208]

La Messe et le Sacrifice de la Croix

Le Curé d'Ars vient de faire allusion à un état glorifié dans lequel se trouve le Christ eucharistique. Mais il n'est plus spontanément porté à l'évoquer dans son état de victime.

Il est en cela fidèle au sermonnaire de jadis suivi de si près. Au début du *Sermon sur la Sainte Messe*, il avait dit :

« Cette sainte victime est Jésus-Christ lui-même qui est Dieu comme son Père et homme comme nous. Il s'offre tous les jours sur nos autels comme autrefois sur le calvaire, et par cette relation pure et sans tache, il rend à Dieu tous les honneurs qui lui sont dus, et s'acquitte pour l'homme de tout ce que l'homme doit à son Créateur. Il s'immole chaque jour afin de reconnaître le souverain domaine que Dieu a sur ses créatures, et l'outrage que le péché a fait à Dieu est pleinement réparé. Jésus-Christ s'étant fait le médiateur entre Dieu et les hommes, il nous obtient par ce sacrifice toutes les grâces qui

[207] *Esprit*, p. 118, 119.
[208] *Ibidem*, p. 120 : tous ces passages reproduisent presque littéralement le texte de FAURE DE LA BASTIE, p. 113.

> nous sont nécessaires ; s'étant fait pareillement une victime d'action de grâces, il rend pour les hommes toute la reconnaissance qu'ils doivent à Dieu. »[209]

Bien entendu, ce paragraphe est composé de fragments empruntés :[210]

« Le Christ est "Médiateur entre Dieu et les hommes" ; il s'offre sur l'autel comme le vendredi saint sur le calvaire ; il est la victime de réparation et d'action de grâces. Son sacrifice sanglant offert une fois pour toutes nous a valu notre rédemption et si le drame du calvaire ne peut plus recommencer, l'immolation de la sainte Victime demeure présente en sa chair glorifiée. Par le Sacrifice de la Messe, elle est offerte au Père des cieux, en même temps qu'elle est symboliquement figurée. L'oblation d'amour du Christ Rédempteur y rend mystérieusement actuelle le sacrifice unique du calvaire. »

Le Curé d'Ars, utilisant le langage des sermonnaires, parle constamment du renouvellement du sacrifice de la croix. Mais nous saisissons le sens du terme qu'il emploie.

Toujours ami des images et des exemples, il illustre sa leçon en relatant une histoire qui l'avait frappé et qui figure en divers endroits dans ses sermons manuscrits. Elle a sa place dans le texte de *L'Esprit* :

> « Un prêtre, après la consécration, doutait un peu que ces quelques paroles eussent pu faire descendre Notre Seigneur sur l'autel ; au même instant, il

[209] *Sermon sur la Sainte Messe*, p. 1.
[210] BONNARDEL et BILLOT ont fourni à M. Vianney l'essentiel de cet exposé. Cf. C. GENET : *L'Énigme des sermons du Curé d'Ars*, p. 333.

> vit l'hostie toute rouge et le corporal teint de sang. »[211]

C'est par inadvertance ce que le Curé d'Ars déclare dans le passage du sermon cité plus haut que « Jésus-Christ a été offert à Dieu son père par les mains de ses bourreaux. » Ces derniers ne remplissaient pas un tel rôle. Ils n'étaient que les tortionnaires chargés d'exécuter le condamné qui leur avait été livré. Jésus s'offrait lui-même librement. Il était le vrai prêtre, comme il était la vraie victime. Sur l'autel, il en est de même. Jésus s'offre lui-même, mais alors il le fait par le ministère du prêtre.

Les vêtements liturgiques du célébrant sont eux-mêmes évocateurs du drame de la passion. Le Curé d'Ars, dans le *Sermon sur la Sainte Messe* emprunte sur ce point à Rodriguez l'explication du symbolisme de chacun des ornements. Le prêtre qui les revêt tient la place du Christ.

> « Quand le prêtre prend l'amict qui est un linge blanc qu'il se met sur les épaules, c'est pour nous représenter le moment où les juifs lui bandèrent les yeux, lui donnant des coups de poing en lui disant : devine qui t'a frappé ! L'aube marque la

[211] *Esprit*, p. 120. Dans le sermon manuscrit sur le jeudi saint, n°. 19, p. 3, on trouve ce passage : « Nous lisons dans l'histoire d'un prêtre qui disait la Sainte Messe dans une église de la ville de Barcelone, doutant après avoir prononcé les paroles de la consécration de la réalité du corps de Jésus-Christ dans la sainte hostie, c'est-à-dire si les paroles de la consécration avaient vraiment changé le pain au Corps de Jésus-Christ et le vin en son sang, à l'instant même la sainte hostie fut toute couverte de sang ».
Texte à peu près identique dans le *Sermon sur la communion indigne*, n 62, p. 2 : « il est rapporté dans l'histoire d'un prêtre qui disait la Sainte Messe, après avoir prononcé les paroles de la consécration, douta que Jésus-Christ fut réellement en corps et en âme dans la sainte hostie ; à l'instant même la sainte hostie fut toute teinte de sang. »
Jean-Claude Viret a retenu cette même allusion dans ses cahiers : « Une fois, un prêtre disait la Sainte Messe et à la consécration ce prêtre faisait des réflexions en disant : comment deux paroles que je vais dire vont changer ce pain en Notre seigneur Jésus-Christ ! Là, il manquait un peu de foi. Eh bien ! Au même moment qu'il prononçait ces deux paroles, la patène fut toute remplie de sang, et l'hostie toute rouge. Notre seigneur fit cela pour lui faire voir là [...] clairement. » 29 juillet 1848.

> robe blanche dont Hérode le fit revêtir par moquerie quand il le renvoya à Pilate. La ceinture représente les cordes dont il fut lié quand on le prit au jardin des olives, les fouets dont il fut déchiré. Le manipule qui se met au bras gauche nous représente les cordes dont il fut attaché à la colonne pour être flagellé, il se met au bras gauche parce qu'il est plus près du cœur, ce qui montre que c'est l'excès de son amour qui lui a fait souffrir cette cruelle flagellation pour nos péchés. Pour l'étole elle nous rappelle la corde qui lui fut jetée au cou lorsqu'il portait sa croix. La chasuble nous rappelle sa robe de pourpre et sa robe sans couture que l'on tira au sort. »[212]

La participation des fidèles au Sacrifice

Le prêtre ainsi paré monte à l'autel comme le Christ montait au calvaire. Il est l'homme par qui le Rédempteur va s'offrir en sacrifice. Mais s'inspirant de Chevassu, il précise que les fidèles eux-mêmes ont un rôle à jouer en union avec le célébrant et déclare :

> « La Sainte Messe consiste dans les paroles de la consécration et vous savez que les ministres de la Sainte Messe sont les prêtres et les peuples qui ont le bonheur d'y assister, qui s'unissent à lui ».[213]

À vrai dire, "les prêtres et les peuples" ont l'air d'être placés sur le même plan, ce qui surprend de la part du Curé d'Ars toujours si soucieux d'exalter les pouvoirs conférés aux

[212] *Sermon sur la Sainte Messe*, p. 2. Rodriguez, *Pratique de la perfection chrétienne*, le coffre, 1845, p. 263.
[213] *Sermon sur la Sainte Messe*, p. 5.

prêtres par l'ordination. Chevassu avait écrit : « les ministres du sacrifice sont les prêtres : le peuple chrétien qui assiste a aussi le bonheur de l'offrir conjointement avec le prêtre ».[214] La doctrine du sacerdoce commun des chrétiens, aujourd'hui, bien mise en lumière depuis Vatican II, trouvait là une expression nuancée. Le Curé d'Ars, en l'utilisant, n'a pas remarqué la déformation qu'il lui faisait subir.[215]

L'important pour lui était d'exhorter ses ouailles à participer avec les meilleures dispositions au Saint Sacrifice.

> « Si l'on vous disait : "À telle heure, on doit ressusciter un mort," nous courrions bien vite pour le voir. Mais la consécration qui change le pain et le vin au Corps et au Sang d'un Dieu, n'est-ce pas un bien plus grand miracle que de ressusciter un mort ? Il faudrait toujours employer au moins un quart d'heure pour se préparer à bien entendre la Messe. Il faudrait s'anéantir devant le Bon Dieu, à l'exemple de son profond anéantissement dans le sacrement de l'Eucharistie, faire son examen de conscience : car, pour bien assister à la Messe, il faut être en état de grâce. »[216]

Le Curé d'Ars est malheureusement obligé de constater que, venant assister à la Messe dominicale, nombre de ses paroissiens se soucient fort peu d'y apporter les dispositions qui leur permettraient d'en tirer vraiment avantage.

[214] Cf. GENET, p. 338.
[215] P. DELAROCHE, en publiant les *Sermons du Curé d'Ars*, a ajouté une note au bas de la page où figure le texte sur le ministère des fidèles. « Les fidèles ne sont pas vraiment, strictement, les ministres du Sacrifice. Si quelquefois ils sont appelés ministres offrant le Saint Sacrifice, c'est dans un sens large, ils ne l'offrent pas par eux-mêmes, mais par le ministère du prêtre ». *Sermons du Curé d'Ars*, Beauchesne, p. 143.
[216] Texte transcrit de FAURE DE LA BASTIE, p. 114.

Il a beau insister pour obtenir qu'ils se préparent. Ils n'en font rien[217] et leur dimanche n'est pas sanctifié.

> « Ces pauvres chrétiens... ne sanctifient pas le jour du Seigneur. À peine assistent-t-ils à la Messe et il n'y sont pas qu'ils voudraient en partir. Ils y vont parce que c'est dimanche, parce que les autres y vont. Mais s'il n'y avait pas de dimanche vous ne les verriez pas à l'église. Ce n'est pas l'amour qui les porte, non, ce n'est que la routine, mes enfants. »[218]

[217] On lit dans le cahier de Marie GERMAIN et de Mariette JACQUET : « Les personnes, si elles désirent aller chez un grand du monde, elles pensent, elles étudient ce qu'elles veulent dire. Elles ont toujours peur de se tromper. Oh ! mes enfants, quand il s'agit de faire quelque chose pour le Bon Dieu, on ne prend pas tant de précaution. Vous voyez ces personnes à l'église en parlant, en se tirepillant, comme si elles allaient dans un cabaret ou bien dans une danse. À peine se mettent-elles à genoux. Ah ! Mes enfants, ces personnes n'ont pas formé leurs demandes le matin en se levant. Si elles avaient bien donné leur cœur à Dieu en s'éveillant, ah ! Mes enfants, toute la journée du dimanche serait sanctifiée. Que ceux qui aiment le Bon Dieu sont heureux ! Ils commencent à goûter d'avance le bonheur de ceux qui habitent dans le Ciel. Tâchons, mes enfants, d'avoir part à ce bonheur ! Allons ! » 16 août 1845, p. 2.

Il est curieux de noter des réminiscences de l'ancien *Sermon sur la Sainte Messe*. Par exemple : « Pensez-vous mes frères ?" Hélas non, c'est que la foi manque. Dites-moi, quand vous allez chez quelque personne qui est au-dessus de vous pour lui demander quelque grâce ; vous vous en êtes occupés tout le chemin ; vous entrez avec modestie, vous faites un profond salut, vous vous tenez découverts, vous ne pensez pas même à vous asseoir, vous avez les yeux baissés, vous ne pensez qu'à la manière de bien vous exprimer par les termes les plus hauts. Si vous leur manquez, vous excusez vite votre peu d'éducation. Si ces personnes vous reçoivent avec bonté, vous sentez la joie naître dans votre cœur.

Eh bien ! Mes frères dites-moi, cela ne doit-il pas vous confondre, voyant que vous prenez tant de précautions pour quelques biens temporels ; tandis que, venant à l'église, c'est avec une espèce de dédain, de mépris devant un Dieu qui est mort pour vous sauver. » *Sermon sur la Sainte Messe*, p. 16.

On trouve des ressemblances aussi frappantes dans le *Sermon du respect dans les églises* : « Quand il s'agit d'affaires temporelles ou même de plaisir, l'on en sera tout préoccupé, l'on y pensera d'avance, l'on y réfléchira. Mais hélas ! quand il s'agit du service de notre Dieu et du salut de notre âme, ce n'est que par une espèce de routine et une indifférence inconcevable. Veut-on parler à un grand du monde, lui demander quelque grâce ? L'on s'en occupe longtemps d'avance, l'on consulte les personnes que l'on croit plus instruites, pour savoir la manière dont il faut se présenter ; l'on paraît devant lui avec cet air de modestie et de respect qu'inspire ordinairement la présence d'un tel personnage. Mais quand on vient dans la maison du Bon Dieu ah ! ce n'est plus cela. Personne ne pense à ce qu'il va faire, à ce qu'il va demander à Dieu. » *Du Respect dans les églises*, *Sermons*, t. 4, p. 213.

[218] Cahier de Marie GERMAIN et Mariette JACQUET, p. 1.

Les fruits du Sacrifice de la Messe

Le Curé d'Ars savait même que les soucis d'ordre temporel risquaient de retenir à leur travail quelques-uns d'entre eux, quand la cloche les convoquait à la Messe paroissiale. Aussi bien, les pressait-t-il de venir à l'église en leur donnant l'assurance que Dieu bénirait leur fidélité :

> « Mes frères ne craignons jamais que la Sainte Messe nous retarde dans nos affaires temporelles, c'est bien tout le contraire, nous sommes sûrs que tout ira mieux et que même nos affaires nous réussiront mieux que si nous avons le malheur de n'y pas assister. »[219]

La promesse de ces avantages temporels n'était qu'une concession faite à des ouailles peu ferventes. Le Curé d'Ars avait autre chose en vue lorsqu'il répétait :

> « Si l'on connaissait le prix du Saint Sacrifice de la Messe ou plutôt si l'on avait la foi, on aurait bien plus de zèle pour y assister. »

[219] *Sermon sur la Sainte Messe*, p. 11.
Au texte démarqué de CHEVASSU, le Curé d'Ars ajoute un trait d'histoire qu'il emprunte à Rodriguez. « Deux artisans voisins sont mis en scène. L'un a de lourdes charges familiales et néanmoins réussit dans tout ce qu'il entreprend. L'autre, bien que libres des obligations qui pèsent sur son collègue, échoue dans toutes ces entreprises. Il voudrait connaître le secret d'un succès qu'il envie. Le voisin qu'il interroge lui apprend alors qu'il assiste dévotement chaque jour à la Messe et que sa réussite vient de là : "N'avez-vous pas vu ce que Jésus-Christ nous dit dans l'Évangile de chercher le royaume des cieux et que tout le reste nous sera donné de surplus !" La leçon porte, l'exemple donné est suivi et l'artisan jusqu'alors défavorisé commence à vivre dans une honnête aisance. Hélas, mes frères continue le Curé, si nous avions mis toute notre confiance en Dieu et ne rien compter sur notre travail, que nous serions plus heureux que nous ne sommes ! ».

7 - LA SAINTE COMMUNION

Le don suprême de Jésus-Christ

Catherine Lassagne avait retenu les termes mêmes qu'employait le Curé d'Ars pour introduire de façon imagée son enseignement sur la communion :

> « Lorsque Dieu voulut donner une nourriture à notre âme, il promena ses regards sur la création et ne trouva rien qui pût rassasier cette âme. Alors il se replia sur lui-même et résolut de se donner lui-même en nourriture à cette âme. La nourriture de l'âme c'est le corps, le sang, l'âme, la divinité de Notre Seigneur Jésus-Christ. »[220]

Faure de La Bastie donne à peu près la même formule :

> « Lorsque Dieu voulut donner une nourriture à notre âme pour la soutenir dans le pèlerinage de la vie, il se renferma en Lui-même, promenant ses regards sur la terre, mais ne trouva rien de digne d'elle, alors il résolut de se donner lui-même. Ô mon âme, que tu es belle, que tu es grande, puisqu'il n'y a rien qu'un Dieu qui puisse devenir ta nourriture ».[221]

Jean-Claude Viret, dans ses pauvres cahiers, établit une fois de plus que le saint ne craignait pas de se répéter :

> « Oh ! mes enfants, le Bon Dieu est venu sur la terre. Eh bien ! Quand il a voulu monter au Ciel, il

[220] *La Confidente du Curé d'Ars*, P.M. 3, p. 76.
[221] Cahiers de FAURE DE LA BASTIE.

> a regardé de tous côtés à chercher ce qu'il voulait pour nourrir notre âme, il n'a rien pu trouver sur cette terre, aucune nourriture pour notre âme. Qu'a-t-il fait ? Il s'est imaginé de se donner lui-même en nourriture pour notre âme ».[222]

Dans *L'Esprit du Curé d'Ars*, l'abbé Monnin a repris ce passage en lui donnant un certain développement :[223]

> « Mes enfants, tous les êtres de la création ont besoin de se nourrir pour vivre ; c'est pour cela que le Bon Dieu a fait croître les arbres et les plantes ; c'est une table bien servie où tous les animaux viennent prendre chacun la nourriture qui lui convient. Mais il faut aussi que l'âme se nourrisse. Où est donc sa nourriture ? La nourriture de l'âme c'est le corps et le sang d'un Dieu ! Il n'y a que Dieu qui lui suffise ! Il n'y a que Dieu qui puisse rassasier sa faim ! Il lui faut absolument son Dieu ! »[224]

[222] Jean-Claude VIRET, *Cahiers manuscrits*, 27 août 1851. Il y a semble-t-il, dans ce fragment, une réminiscence du lointain "*Sermon sur les larmes de Jésus-Christ*" où l'on peut lire : « Notre âme est si précieuse aux yeux de Dieu même, que dans toute se sagesse, il n'y a point trouvé de nourriture qui fût digne d'elle que son corps adorable, dont il veut qu'elle en fasse son pain de chaque jour ; et pour sa boisson, il n'y avait que son sang qui fût digne de lui servir de boisson » *Sermon* n° 35.

[223] *Esprit*, p. 137.

[224] *Ibidem*. Pour sa part, Catherine LASSAGNE a retenu ces quelques paroles sur la communion : « Ô mon âme, que tu es grande, puisque Dieu seul peut te contenter ! Les trois Personnes divines habitent dans cette âme. C'est un petit Ciel, lorsque Notre Seigneur vient habiter une âme pure, il est content et remplit l'âme de joie et de bonheur et lui communique cet amour généreux de tout faire et souffrir pour lui plaire. C'est bien humiliant pour le Bon Dieu de venir dans une poitrine remplie de glaire et de sang, mais c'est pour y trouver cette âme qu'il aime, qu'il a rachetée au prix de son sang. Si cette âme est pure, il est content, un bien extraordinaire se répand en nous ». C'est ce qui lui faisait dire : « Il n'y a pas sujet de doute que Notre-Seigneur est dans la sainte Eucharistie, on sait bien qu'il y est, on le sent bien ». Parce que sa foi était si vive sur la parole du divin Maître, qu'il semble que Dieu se plaisait à lui en donner le sentiment. « Ah, disait-il encore, nous n'avons pas assez de foi, nous ne comprenons pas notre dignité ! Qu'heureuses sont les âmes pures qui ont le bonheur de s'unir à Notre-Seigneur, par la sainte communion ! Dans le Ciel, Dieu se verra en elles, et nous verrons briller le corps de Notre-Seigneur à travers les corps grossiers de ceux qui l'auront reçu dignement sur la terre » *La Confidente*, P.M. 3, p. 76.

L'Abbé Raymond, dans les notes qu'il a prises, nous donne sa version du même catéchisme :

> « Quand vous voyez un beau champ de blé, vous admirez la bonté de Dieu, de ce bon père qui multiplie le grain pour la nourriture du corps. Quand vous voyez vos gerbiers près de vos maisons, vos greniers pleins de blé, vos caves pleines de vin pour la subsistance de toute la famille, vous dites que le Bon Dieu est bon. Et quand vous passez devant une église, pensez-vous que là est la nourriture de votre âme et que cette nourriture c'est Dieu lui-même ? Quand vous jetez les yeux sur nos tabernacles, qu'est-ce que votre foi y découvre ? N'est-ce pas là qu'est enfermée la nourriture de votre âme, Dieu lui même ? C'est Dieu, mes enfants, qui a tout créé dans l'univers et ce qu'il a fait pour l'homme. C'est Dieu qui a créé la nourriture de l'homme et celle des animaux. Il donne le blé, le vin et le reste pour nourrir le cadavre de l'homme. Il a créé les animaux et ce qui sert à les nourrir ; il leur a même donné un instinct pour choisir ce qui leur est bon et rejeter ce qui leur serait nuisible. Mais, mes enfants, les animaux n'ont pas d'âme, ils ont seulement besoin d'une nourriture matérielle, comme en a besoin ce cadavre de l'homme. Mais Dieu qui en créant l'homme lui a donné une âme faite à son image et à sa ressemblance, une âme destinée à vivre toujours, quelle nourriture lui donne-t-il ? Il chercha dans tout l'univers. Parmi toutes les créatures, il ne trouva rien qui puisse être la nourriture de cette âme aussi belle, si grande. Ah ! dit-il en lui-même, c'est moi-même qui veux être sa nourriture.

> Voyez, mes enfants, votre âme ne peut avoir d'autre nourriture que Dieu lui-même, parce qu'elle doit vivre de son esprit, de Dieu même. C'est pour l'âme qu'il a établi le sacrement de l'Eucharistie. Voilà sa nourriture : un Dieu... Oh ! Que l'homme est grand ! Oh ! Que l'homme est heureux ».[225]

L'Abbé Monnin développe encore toutes ces considérations :

> « Nous avons deux parties, l'âme et le corps. Nous demandons au Bon Dieu de nourrir notre pauvre cadavre et il nous répond en faisant produire à la terre tout ce qui est nécessaire à notre subsistance. Mais nous lui demandons de nourrir notre âme qui est la plus belle partie de nous-mêmes, et la terre est trop petite pour fournir à notre âme de quoi la rassasier : elle a faim de Dieu, il n'y a que Dieu qui puisse la remplir. Aussi le Bon Dieu n'a pas cru trop faire en demeurant sur la terre et en prenant un corps, afin que ce corps devînt l'aliment de nos âmes. "Ma chair, a dit Notre Seigneur, est vraiment une nourriture. Le pain que je vais vous donner, c'est ma chair pour la vie du monde". »

> « Le pain des âmes est dans le tabernacle. Le tabernacle est le garde-manger des chrétiens. Oh ! Que c'est beau mes enfants ! Lorsque le prêtre présente l'hostie et vous la montre, votre âme peut dire : voilà ma nourriture ! Oh mes enfants ! Nous avons

[225] Abbé RAYMOND, *Vie*, p. 190-192.

trop de bonheur ! Nous ne le comprendrons qu'au Ciel. Que c'est dommage ! »[226]

« Il y a dans toutes les maisons un endroit où l'on conserve les provisions de la famille : c'est l'office. L'église est la maison des âmes : c'est notre maison à nous, qui sommes chrétiens. Eh bien ! Dans cette maison il y a un office. Voyez-vous le tabernacle ? Si l'on demandait aux âmes des chrétiens : qu'est-ce que cela ? Vos âmes répondraient : c'est l'office... »[227]

Pour ce qui est de l'approvisionnement de cet office, seule la libéralité divine pouvait s'en charger.

« Notre Seigneur a dit : "Tout ce que vous demanderez à mon Père en mon nom, il vous l'accordera". Jamais nous n'aurions pensé à demander à Dieu son propre Fils. Mais ce que l'homme ne peut pas dire ni concevoir, et qu'il n'eût jamais osé désirer, Dieu, dans son amour, l'a conçu et l'a exécuté. Eussions-nous jamais osé dire à Dieu de faire mourir

[226] *Esprit*, p. 110. LA BASTIE, p. 97-98. Dans le cahier de FAURE DE LA BASTIE figure un texte plus important : « Il y a deux nourritures, celle de l'âme et celle du corps, que produit le terre. Notre corps qui n'est que pourriture vit de la terre. Tenez, cela est si vrai : rien n'est si sale que le corps. Mettez une bête crevée depuis trois jours et un corps mort depuis le même temps ; ah ! nous sentirons joliment plus mauvais que l'animal ! Mais la nourriture de l'âme, c'est le corps et le sang d'un Dieu. Oh ! belle nourriture ! Il y a de quoi, si l'on y pensait, se perdre dans l'éternité. Mon Père, c'est Dieu ; mon bien, c'est le Ciel ; ma nourriture est le corps et le sang de Dieu même. Ô homme, que tu es heureux ! Tu es fait pour adorer, recevoir, aimer Dieu. Qu'heureuses sont ces âmes pures qui ont le bonheur de s'unir à Dieu par la communion ! Dans le Ciel, elles brilleront comme de beaux diamants, parce que Dieu se verra en elles. Que le pauvre pêcheur est malheureux de ne pas aimer un Dieu qui nous aime tant ! S'il était possible d'avoir des peines dans le Ciel, ce serait d'avoir le regret d'être resté loin de Dieu. Oh ! heureuse vie que celle d'une âme qui vit pour aimer, recevoir et servir Dieu ! Ô mon âme, que tu es heureuse ! Tu as le corps d'un Dieu pour nourriture et son sang, pour breuvage. Si l'on y réfléchissait, on se perdrait dans cet abîme d'amour ».

[227] *Esprit*, p. 137-138. L'Abbé MONNIN a fait ici un emprunt à Catherine LASSAGNE : *La Confidente*, 3, p. 77.

son Fils, de nous donner sa chair à manger et son sang à boire ? Si tout cela n'était pas vrai, l'homme aurait donc pu imaginer des choses que Dieu ne peut pas faire, il serait allé plus loin que Dieu dans les inventions de l'amour ? Ce n'est pas possible ? »[228]

« Mes enfants, continue le Curé dans le catéchisme recueilli par J.-C. Viret, que le Bon Dieu est bon ! Qu'il nous aime en nous donnant son propre corps pour servir notre âme : comme il nous aime ! Il n'a pas craint de venir dans notre corps qui est tout de pourriture. Quel est le prince qui voudrait aller chez vous, dans votre maison, si votre maison était remplie de saletés et que pour entrer dans votre maison, il faudrait être dans cette saleté jusqu'à la moitié des jambes. Eh bien ! Mes enfants, le Bon Dieu vient loger dans votre cœur et se placer sur votre langue qui a vomi de mauvaises paroles et après il descend dans votre corps dégoûtant. Voyez ce que c'est que votre corps – un cochon – voyez comme sont les entrailles. Eh bien ! le Bon Dieu y va, lui. Oh ! mes enfants, que le Bon Dieu nous aime et nous péchons encore. »[229]

Le bonheur qu'apporte la communion

À vrai dire, notre stupéfaction devant la manière de faire du Seigneur pourrait se trouver atténuée par une constatation d'évidence : l'homme est aux prises avec un tour-

[228] *Esprit*, p. 131-132. Cf. Cahiers de FAURE DE LA BASTIE, p. 97 ; *Ibidem*, p. 98 ; *Sermons pour la fête de Dieu*, n° 26, p. 5.
[229] 1er août 1848.

ment singulier ; il a faim et soif de bonheur que rien de terrestre ne parvient à apaiser.

> « Le Bon Dieu, voulant se donner à nous dans le sacrement de son amour, nous a donné un désir vaste et grand que lui seul peut satisfaire. À côté de ce beau sacrement nous sommes comme une personne qui meurt de soif à côté d'une rivière ; elle n'aurait qu'à courber la tête ! Comme une personne qui reste pauvre à côté d'un trésor ; elle n'aurait qu'à tendre la main. »[230]

Les hommes, hélas ! sont pécheurs et en dépit du besoin d'infini que Dieu a mis dans leur cœur, ils s'appliquent trop souvent à contredire leur Créateur. L'Eucharistie répond à la soif et à la faim qui les brûlent. Nombre d'entre eux dédaignent l'aliment sacré qu'elle leur offre.

> « Le grand malheur est qu'on néglige de recourir à cette divine nourriture, pour traverser le désert de cette vie. Comme une personne qui meurt de faim à côté d'une table bien servie, il y en a qui restent cinquante, soixante ans sans nourrir leur âme ! »

> « Oh ! Si les chrétiens pouvaient comprendre le langage de Notre Seigneur qui leur a dit : "Malgré ta misère, je veux voir près de moi cette belle âme que j'ai créée pour moi. Je l'ai faite si grande qu'il n'y a que moi qui puisse la remplir. Je l'ai faite si pure qu'il n'y a que mon corps qui puisse la nourrir". »[231]

[230] *Esprit*, p. 132.
[231] *Ibidem*, p. 74, 75 ; LA BASTIE p. 34.

Le Curé d'Ars ne se lassait pas de célébrer le don que le Christ nous a fait de lui-même dans l'Eucharistie.

> « La communion ! Oh ! Quel bonheur Dieu fait pour sa créature ! Il se repose sur sa langue, passe par son palais, comme par un petit chemin et s'arrête en son cœur comme sur un trône. Oh ! Dieu, Mon Dieu ! »[232]

Il faut dire encore : celui qui communie n'est pas seulement favorisé de l'honneur de la visite du Seigneur. C'est d'une merveilleuse transformation qu'il devient bénéficiaire.

Deux images illustrent pareille réalité : celle de la goutte d'eau jetée dans la mer :

> « Celui qui communie se perd en Dieu comme une goutte d'eau dans l'océan. On ne peut plus les séparer. Il y a de quoi, si l'on y pense, se perdre dans cet abîme d'amour. »[233]

Celle de deux morceaux de cire fondus en un. Cette seconde image était familière au Curé d'Ars depuis de longues années. On la trouve dans les sermons manuscrits.

[232] *Ibidem*, p. 345. FAURE DE LA BASTIE p. 148 ; *Sermon sur la sainte Communion*, p. 4 ; *Sermon pour le Jeudi Saint*, n° 32, p. 1. Dans le cahier de FAURE DE LA BASTIE, p. 148, on peut lire : « Un Dieu devenu la nourriture de l'homme, l'homme appelé à ne plus faire qu'un avec son Dieu, c'est le Ciel sur la terre. Je ne sais si l'on peut désirer quelque chose de plus, même dans le Ciel. Car il est plus avantageux de travailler pour Dieu que de régner avec Dieu ».
Déjà au temps des sermons manuscrits, le Curé d'Ars, au milieu des textes qu'il démarquait, avait laissé percer son extrême ferveur avec un accent bien personnel en des passages comme celui-ci : « Un homme mortel, une créature, se nourrir et se rassasier de son Dieu, en faire son pain quotidien, ô miracle des miracles, ô amour des amours, ô bonheur des bonheurs, qui n'est pas même connu des anges, ô mon Dieu, quelle joie pour un chrétien qui a la foi, qui en se levant de la table sainte, s'en va avec tout le Ciel dans son cœur ».
[233] *Esprit*, p. 132, 133.

Dans le sermon sur la communion, le prédicateur fait même curieusement, à ce propos, intervenir saint Paul.

> « Ecoutez saint Paul qui nous dit que celui qui reçoit Jésus-Christ dans la sainte communion est tellement uni à Lui, qu'ils sont semblables à deux morceaux de cire que l'on fit fondre et qui finissent par n'en faire qu'un et qui sont tellement mêlés et confondus qu'on ne peut plus les démêler. »

Au début du sermon, le Curé d'Ars avait déjà, à propos de saint Paul, commis une semblable erreur d'attribution. Il écrivait : « Saint Paul nous dit que le Sauveur en revêtant notre chair a caché sa divinité et qu'il a porté son humiliation jusqu'à l'anéantissement... »

Dans le texte imprimé du sermon, l'erreur d'attribution a été rectifiée.[234] Mais dans la suite, sans indiquer sa source, le Curé d'Ars devait reprendre la comparaison. On lit dans *Les catéchismes* recueillis par Mgr Convert :

> « Si les âmes aimaient bien le Bon Dieu, la sainte communion s'insinuerait en elle, comme ces deux cires, une fois fondues par l'ardeur du feu, se confondent ensemble. »[235]

La communion n'apporte pas nécessairement avec elle – et le Curé d'Ars le reconnaissait – une joie sensible.[236] Mais

[234] *Sermon sur la communion*, dans la publication de 1883 (Vitte, Perrussel, Lyon) – Mais dans la publication de Beauchesne, MCMXXV, t. II, p. 250, on lit : « Écoutez Saint Cyril d'Alexandrie qui nous dit... ».

[235] Mgr CONVERT, *Catéchisme du Saint Curé d'Ars*, E. Vitte 1927, p. 61.

[236] « Aimer le Bon Dieu disait le Curé d'Ars, ce n'est pas ressentir de temps en temps quelques mouvements de tendresse pour Dieu ; cette sensibilité n'est pas toujours en notre pouvoir. » *Ars ou le jeune philosophe redevenu chrétien*, p. 194. Cf. Abbé NODET, *Jean-Marie Vianney, sa pensée, son cœur*, p. 77.

son expérience l'incitait à faire état de ce qu'il ressentait lui-même le plus souvent.

> « Quand vous avez reçu Note Seigneur, vous sentez votre âme purifiée, qui se baigne dans la mort de Dieu. Quand on fait la sainte communion on sent quelque chose d'extraordinaire, un bien-être qui parcourt tout le corps et se répand jusqu'aux extrémités. Qu'est-ce que ce bien-être ? C'est Notre Seigneur qui se communique à toutes les parties de notre corps et les fait tressaillir. Nous sommes obligés de dire comme saint Jean : "c'est le Seigneur". Ceux qui ne sentent tout à fait rien sont bien à plaindre. »[237]

Nous lisons dans les cahiers de J.-C. Viret :

> « Quand saint Joseph était sur la terre, il était heureux de porter l'enfant Jésus sur ses bras. Il reposait sur son cœur. Oh ! Mes enfants, nous avons bien plus de bonheur : nous pouvons, si nous le voulons, le recevoir tous les jours dans la sainte communion, non pas comme saint Joseph sur les bras mais dans notre cœur. Oh ! quel bonheur. »[238]

La communion à la lumière de l'Évangile

> « Lorsque vous avez le bonheur d'avoir reçu le Bon Dieu : pendant quelque temps une jouissance, un amour dans votre cœur ! Les âmes pures sont tou-

[237] *Esprit*, p. 135 – L'Abbé MONNIN a transcrit, à quelques mots près, le texte de LA BASTIE : p. 164.
[238] 13 mars 1850.

> jours comme cela : aussi cette union fait leur force et leur bonheur. »[239]

Quand le Curé d'Ars parlait ainsi de communion, les épisodes évangéliques venaient spontanément à son esprit et tour à tour défilaient devant lui, outre la Sainte Vierge Marie et saint Joseph, les mages venus à Bethléem, le vieillard Siméon dans le temple de Jérusalem, Lazare et Madeleine à Béthanie, les disciples d'Emmaüs cheminant avec le Christ ressuscité.

> « L'un des saints disait que nous étions des porte-Dieu. Mais nous n'avons pas assez de foi. Nous ne comprenons pas notre dignité. En sortant de la table sainte, nous sommes aussi heureux que les mages, s'ils avaient pu remporter l'enfant Jésus. »[240]

L'épisode de la présentation au temple retenait plus longuement l'attention du Curé.

> « Avez-vous médité sur l'amour dont était dévoré le cœur du vieillard Siméon pendant son extase ? Car, bien sûr qu'il était en extase quand il avait l'enfant Jésus dans ses bras ! Il avait demandé au Bon Dieu de voir le Sauveur d'Israël, le Bon Dieu le lui promit. Il passa 50 ans dans cette attente, appelant ce moment de tous ses vœux, se consumant de désir. Lorsque Marie et Joseph entrèrent dans le temple, Dieu lui dit : "Le voici... !" Prenant alors dans ses bras, et pressant sur son cœur inondé d'amour l'enfant Jésus qui brûlait ce cœur et l'enflammait, le

[239] *Esprit*, p. 143,144. *Cahier*, 10 août 1848.
[240] *Ibidem*, p. 133.

bon vieillard s'écria : "Maintenant, Seigneur, laissez-moi mourir !" Puis il rendit Jésus à sa mère ; il ne peut le garder qu'un instant ; mais nous, mes frères, ne sommes-nous pas bien plus heureux que Siméon ? Nous pouvons le garder toujours, si nous voulons... Il ne vient pas seulement dans nos bras, mais dans notre cœur... »

« Oh ! Homme que tu es heureux, mais tu ne comprends pas ton bonheur ! Si tu le comprenais, tu ne pourrais pas vivre... Oh ! non, bien sûr tu ne pourrais pas vivre ! Tu mourrais d'amour... Ce Dieu se donne à toi... Tu peux l'emporter, si tu veux ; il ne fait qu'un avec toi. »[241]

D'autres épisodes méritaient également d'être rappelés ou au moins évoqués en passant. Ainsi les séjours de Jésus chez Lazare :

« Oh ! Heureuse vie, prier, adorer un Dieu, se nourrir d'un Dieu. On parle bien de Madeleine, de Lazare, qui avaient le bonheur de recevoir le divin Sauveur dans leur maison. Mais ils ne l'avaient qu'à côté d'eux, tandis que nous l'emportons dans notre cœur toutes les fois que nous voulons. Après la sainte communion, nous gardons les saintes espèces pendant un quart d'heure. Oh ! Délicieux moment.

[241] *Ibidem*, p. 204, 206. LA BASTIE, p. 23, 25 et 114-115. Le souvenir des disciples d'Emmaüs se trouve déjà évoqué dans le sermon manuscrit sur la Fête-Dieu : « Nous lisons dans l'Évangile que les deux disciples d'Emmaüs marchaient avec le Sauveur sans le connaître ; lorsqu'ils le reconnurent, il disparut. Tout ravis de leur bonheur, ils se disaient l'un à l'autre : comment est-ce que nous ne l'avons pas connu ! N'est-il pas vrai que nos cœurs se sentaient tout enflammés d'amour lorsqu'il nous parlait en nous expliquant les Saintes Ecritures ! - Mille fois plus heureux, Mes Frères que ces disciples marchant avec Jésus-Christ, sans le connaître. Pour nous, nous savons que c'est notre Dieu et notre Sauveur qui marche devant nous, qui va parler au fond de notre cœur ».

Ce n'est plus nous, c'est Jésus qui vient prier et agir en nous. Les anges envient notre bonheur. »[242]

Le Curé d'Ars devait enfin faire allusion aux disciples d'Emmaüs. :

« Quand nous avons le Bon Dieu dans notre cœur, il doit être bien brûlant. Le cœur des disciples d'Emmaüs brûlait rien qu'à l'entendre. »[243]

La communion prélude aux félicitées célestes

Ces images sont éclairantes. Elles font entrevoir les effets que l'Eucharistie peut produire dans l'âme du communiant. Il arrive qu'elle change complètement un cœur.

« Une communion bien faite suffit pour embraser une âme de l'amour de Dieu et lui faire négliger la terre. Oh ! Une communion sainte, une seule, c'est assez pour dégoûter l'homme de la terre et lui donner un avant-goût des délices célestes. »[244]

« Mes enfants, on sait quand une âme a reçu dignement le sacrement de l'Eucharistie. Elle est tellement noyée dans l'amour, pénétrée et changée, qu'on ne la reconnaît plus dans ses actions, dans ses paroles. Elle est humble, elle est douce, elle est mortifiée, charitable, modeste, elle s'accorde avec tout le monde. C'est une âme capable des plus grands sacrifices ; enfin elle n'est plus reconnaissable. »[245]

[242] LA BASTIE 93, 94.
[243] *Sur la Fête Dieu*, n° 26 p. 9 ; *Sermons* t. II, p. 131.
[244] *Esprit*, p. 346. *Sermon sur la communion*, p. 9. GENET, p. 346-347. *Esprit*, p. 346-347.
[245] *Ibidem*, p. 140.

Est-il besoin de dire que le communiant doit avoir un comportement qui le prédispose à une telle transformation ? Le Curé d 'Ars donne ici des conseils pratiques :

> « Quand vous faites la sainte communion, il faut toujours avoir une intention et dire, sur le point de recevoir le corps de Notre Seigneur : "Oh ! Mon Père qui est aux cieux, je vous offre en ce moment votre cher Fils, tel qu'on l'a pris, qu'on l'a descendu de la croix, qu'on l'a déposé entre les bras de la Sainte Vierge, et qu'elle vous l'a offert en sacrifice pour nous. Je vous offre son très Saint Corps, et par la bouche de sa sainte mère, je vous demande la rémission de mes péchés, afin de faire une bonne communion, pour obtenir telle ou telle grâce : la foi, la charité, l'humilité..." »[246]

Autre avis pratique :

> « Je n'aime pas, quand on vient de la sainte table, qu'on se mette tout de suite à lire. Oh non ! À quoi bon la parole des hommes, quand c'est Dieu qui parle. Il faut faire comme quelqu'un qui est bien curieux et qui écoute aux portes. Il faut écouter tout ce que le Bon Dieu dit à la porte de notre cœur. »[247]

Et encore :

> « Prenez un vase plein de liqueur et bouchez-le bien. Vous conserverez la liqueur tant que vous

[246] *Ibidem*, p. 127-128.
[247] *Ibidem*, p. 134.

voudrez. De même si vous gardiez bien Notre Seigneur dans le recueillement, après la communion, vous sentiriez longtemps ce feu dévorant qui inspirerait à votre cœur un penchant pour le bien et une répugnance pour le mal. »[248]

Tout cela explique l'invraisemblable hypothèse qu'il arrivait au Curé d'Ars de formuler :

> « Quand je suis dans mes heures de découragement, ne me voyant digne que de l'enfer, je me dis : "Ah ! Si du moins je pouvais l'emmener avec moi ! L'enfer serait doux près de lui, il ne m'en coûterait pas d'y rester toute l'éternité à souffrir, si nous étions ensemble." Mais alors il n'y aurait plus d'enfer. Les flammes de l'amour éteindraient celle de la justice. »[249]

Au demeurant, la communion est le gage le plus sûr pour une âme sur le point d'entrer dans l'éternité.

> « Mes enfants, les personnes qui reçoivent la sainte communion au moment de la mort sont bienheureuses. Au jugement particulier, qui se fait tout de suite après la mort, Dieu le Père voit son Fils en elles ; il ne peut pas les condamner à l'enfer. Oh non... ! »[250]

> « Oh mes enfants ! Une âme qui aura reçu souvent et dignement le Bon Dieu sera belle dans l'éternité ! Le corps de Notre Seigneur brillera à travers notre

[248] *Ibidem*, p. 133-134.
[249] *Ibidem*, p. 119.
[250] *Ibidem*, p. 144.

corps, son sang adorable à travers notre sang ; notre âme sera unie à l'âme de Notre Seigneur pendant toute l'éternité... c'est là qu'elle jouira d'un bonheur pur et parfait ! ... Mes enfants quand l'âme d'un chrétien qui a reçu Notre Seigneur entre en paradis, elle augmente la joie du Ciel. Les anges et la reine des anges viennent au-devant d'elle, parce qu'ils reconnaissent le Fils de Dieu dans cette âme. C'est alors que cette âme se dédommage des peines et des sacrifices qu'elle aura endurés pendant sa vie. »[251]

« Qu'heureuses sont les âmes pures qui ont le bonheur de s'unir à Notre Seigneur par la communion. Dans le Ciel, elles brilleront comme de beaux diamants parce que Dieu se verra en elles. »[252]

« Au jour du jugement, on verra briller la chair de Notre Seigneur à travers le corps glorifié de ceux qui l'auront reçu dignement sur la terre, comme on voit briller l'or dans du cuivre ou de l'argent dans du plomb. »[253]

Le sacrilège

On l'a remarqué, le Curé d'Ars a soin de signaler que, seuls, sont ainsi glorifiés ceux qui on reçu "dignement" le Corps et le Sang du Christ. Les âmes dont il parle sont des âmes pures. La communion requiert en effet de quiconque la reçoit d'indispensables dispositions.[254] « Toutes les

[251] *Ibidem*, p. 139-140.
[252] *Ibidem*, p. 137.
[253] *Ibidem*, p. 133.
[254] *Catéchisme des peuples*, t. III, p. 248, 249. *Sur la Communion, Sermons*, t. II, p. 255-256. Cf. GENET p. 147.

prières de la Messe sont une préparation à la communion : et toute la vie d'un chrétien doit être une préparation à cette grande action. »[255]

Au reste, les séquelles du jansénisme imprégnaient encore les mentalités. Cela se manifestait sur ce point par une exigence telle, que rares étaient à l'époque les habitués de la communion fréquente. M. Vianney lui-même, pendant la première partie de son ministère à Ars, se montra particulièrement rigoriste. Il suffit pour s'en convaincre de lire son sermon manuscrit sur la communion indigne. Dès la première page il déclare :

> « Si le Bon Dieu dans ce moment montrait la conscience de ceux qui sont ici à découvert, hélas ! Combien qui paraîtraient avec leur sentence de réprobation, écrite avec le sang d'un Dieu fait homme dans leur conscience criminelle. »[256]

Plus loin, après avoir dépeint le sort tragique de ceux qui, ayant profané le corps du Christ « brûlent maintenant dans les enfers »,[257] il renouvelle sa dure insinuation : « Hélas ! Combien parmi ceux qui m'écoutent qui sont de ce nombre et qui auront le même sort. »[258]

La constatation qu'il croyait faire d'un tel désordre parmi ses ouailles le remplissait d'épouvante et cherchant un mot capable d'exprimer son effroi, il n'en trouvait pas.

[255] *Ibidem*, p. 141. LA BASTIE p. 136.
[256] *Sermon manuscrit sur la communion indigne*, n° 62, p. 1-2.
[257] *Ibidem*, p. 16.
[258] *Ibidem*, p. 17.

Alors il dénonçait ce qu'il appelait "l'horribilité" du sacrilège.[259]

Dans le déroulement de son discours, il s'inspirait particulièrement de l'une des *Instructions familières* du chanoine Bonnardel. Ceux qui communiaient indignement sont, selon l'expression de ce dernier, « des monstres d'ingratitudes, dignes de l'exécration et des tourments de l'enfer. »[260]

Le ton est donné. Le Curé d'Ars parlera sur le même mode. Il reproduit le texte qu'il a en main de façon à peu près littérale lorsqu'il dit :

> « Judas se servit d'un baiser de paix pour trahir son maître et le livrer à ses ennemis. L'indigne communiant va plus loin encore : après avoir menti au Saint Esprit en cachant ou déguisant quelque péché, le traître s'avance, il se mêle parmi les fidèles, le respect sur le front. En vain, du fond du tabernacle Jésus lui crie : "Mon ami, que viens-tu faire ici ? Oui, mon ami, tu vas trahir ton Dieu et ton Sauveur par un baiser de paix." »[261]

Le Curé d'Ars ajoute alors au libellé du sermonnaire ces mots de son cru :

> « Arrête, arrête, mon fils, ah ! de grâce épargne moi... Ô Ciel quelle horreur ! Pouvez-vous bien le

[259] *Ibidem*, p. 2. Ayant parlé de ceux qui communient indignement, le Curé d'Ars déclare : « Si vous aviez eu ce malheur, mes frères, hélas ! de quels termes pourrais-je donc me servir pour vous en faire sentir toute "l'horribilité" ? Ah ! S'il était permis, j'irais en enfer pour en arracher un infâme et un traîte Judas encore tout fumant du sang adorable de Jésus-Christ, qu'il a si horriblement profané. Ah ! Si vous pouviez entendre les cris et les hurlements qu'il pousse ! Ah ! Si vous pouviez comprendre les tourments qu'il endure à cause de son sacrilège, vous mourriez de frayeur ».

[260] BONNARDEL, *Instructions familières*, t. III, p. 316.

[261] *Sermon sur la communion indigne*, p. 5.

> soutenir sans écraser ce malheureux meurtrier de votre Créateur »

Là-dessus, revenant à son livre, il soupire douloureusement : « Ah ! N'est-ce pas le comble du crime de l'abomination dans le lieu saint ! » Mais alors que le texte portait : « Jamais l'enfer n'inspira rien de plus exécrable ! » Il s'écrie avec plus d'emphase : « Ah non ! Non ! Jamais l'enfer, dans toute sa fureur, n'a rien pu inventer de semblable... ! »[262]

D'accord avec l'auteur des "*Instructions familières*", le Curé d'Ars du temps des sermons manuscrits cherche à terrifier ses auditeurs, et l'on comprend la réaction de ces derniers :

> « Mais, me direz-vous, qui osera donc s'approcher de la table sainte et qui osera espérer avoir fait une bonne communion dans sa vie ?[263] Ou bien, me direz-vous, il vaut mieux tout laisser que de s'exposer à un tel crime. »[264]

Pareille réaction n'allait d'ailleurs pas à l'encontre des paroles même du rude prêcheur :

> « Oui, mes frères, si l'on pouvait vous dépeindre toutes les abominations d'un sacrilège, pas un de vous n'oserait communier. »[265]

Le Curé d'Ars parlait à des paroissiens – aux hommes en particulier – que le souci de ne pas se singulariser poussait à la communion au temps de l'accomplissement du devoir

[262] *Ibidem*, Cf. GENET, p. 139.
[263] *Sermon sur la communion indigne*, p 17.
[264] *Ibidem*, p. 17.
[265] *Ibidem*, p. 42.

pascal. Aussi l'homme de Dieu lançait à chacun d'entre eux son interrogation :

> « Dites-moi, pourquoi c'est que dans cet état vous osez aller à la table sainte ? » Il imaginait sur le champ la réplique : « C'est parce que, dites-vous, je veux faire mes Pâques, je veux communier ». Il reprenait alors : « Mais malheureux, où voulez-vous mettre votre Dieu ? Est-ce dans votre cœur ? Ô horreur ! Ô abomination ! Un cœur qui s'est rembruni et noirci par le crime, semblable à un tison qui depuis 15 jours ou trois semaines roule dans le feu. Vous voulez communier, mon ami, vous voulez faire vos Pâques ! Allons, lève-toi, malheureux, avance, malheureux, lève toi. Ah ! Grand Dieu, les nerfs pourront-ils soutenir ce corps qui va commettre le plus grand de tous les crimes. »[266]

Allez à la communion mes enfants

Ce langage brutal pouvait certes retenir tel ou tel de ceux qui se sentaient évidemment visés. Mais il risquait en même temps de jeter dans le tremblement et le trouble nombre de fidèles à la conscience délicate et de les tenir éloignés de la communion.[267]

[266] *Ibidem*, p. 9-10. Le Curé d'Ars dans le même sermon, revient encore sur le devoir pascal, devenu pour certains une occasion de sacrilège : « Jetons un coup d'œil sur les communions. Combien ne trouverons-nous pas de confessions et communions faites par respect humain, combien par hypocrisie, par coutume, combien qui, si les Pâques ne venaient que tous les vingt ans, ne communieraient pas ! Hélas combien d'autres ne voient venir ce temps si précieux qu'avec peine et ne s'approchent que parce d'autres le font !... Sondez bien votre conscience ! Si vous êtes en mauvais état, malheureux, n'avancez pas ! Oui, Jésus-Christ est ressuscité de la mort naturelle et il ne mourra plus ; Mais cette mort que vous lui donnez par vos communions indignes, ah ! Quand est-ce qu'elle finira ? ».

Le Curé d'Ars des sermons manuscrits avait besoin de se libérer de l'influence paralysante de la théologie rigoriste dans laquelle ses maîtres austères l'avaient formé. On sait que par une sorte de miracle de la grâce il devait un jour secouer le joug qui l'empêchait d'être lui-même. Il deviendrait alors le Curé d'Ars de la miséricorde – le véritable Curé d'Ars – celui dont les paroles vont au cœur.

Lorsqu'on parcourt les documents qui nous apportent l'écho des sermons et des catéchismes de ses années de maturité, on ne peut manquer de remarquer à quel point il a évolué.

Il reste trop réaliste pour que ses yeux se ferment sur les profanations dont les sacrements de pénitence et d'Eucharistie sont l'objet. Il signale le fait dans son *Catéchisme sur la confession*[268], et ce texte est le seul où l'on discerne encore quelques vestiges de sa rigueur ancienne, mais le temps n'est plus où il revenait avec insistance sur "l'horribilité" du sacrilège. Le mot même de sacrilège ne figure pas dans un recueil comme *L'Esprit du Curé d'Ars*. Les relents de jansénisme qui gâtaient les anciens sermons n'y sont pratiquement plus sensibles.

Une page est entre toutes significative du changement qui

[267] *Le Sermon sur la communion indigne* contient toute une série de questions délibérément inquiétantes dont la rédaction n'est sans doute pas du Curé lui-même. « Dites-moi, Mes Frères pour être tranquille comme vous le paraissez, êtes-vous bien sûrs que toutes vos confessions et communions ont été accompagnées de toutes les dispositions nécessaires pour être bonnes et mettre votre salut en sûreté. Avez-vous bien détesté vos péchés ? Les avez-vous bien pleurés ? En avez-vous fait pénitence ?... p. 16.

[268] « Mes enfants, il y a des personnes qui font de mauvaises confessions sans bien s'en rendre compte... Il y en a qui disent bien tout, mais ils n'ont pas de repentir et ils font la sainte communion là-dessus. Voilà le sang de Notre Seigneur profané ! On va à la sainte table avec un certain ennui. On dit : « Cependant, j'ai bien accusé tous mes péchés, je ne sais pas ce que j'ai » et on communie dans ce doute. Voilà une communion indigne sans que l'on s'en soit presque aperçu... » *Esprit*, p. 171-173.

s'est opéré dans l'âme du pasteur, c'est l'invitation pressante dans laquelle se trouve résumée la plus pure doctrine sur la communion :

> « Allez à la communion, mes enfants, allez à Jésus avec amour et confiance ! Allez vivre de lui, afin de vivre en lui ! Ne dites pas que vous avez trop à faire. Le divin Sauveur n'a-t-il pas dit : "Venez à moi, vous tous qui travaillez et qui n'en pouvez plus. Venez à moi et je vous soulagerai". Pourriez-vous résister à une invitation si pleine de tendresse et d'amitié ? – Ne dites-pas que vous n'en êtes pas dignes. C'est vrai, vous n'en êtes pas dignes, mais vous en avez besoin. Si Notre Seigneur avait en vue notre dignité, il n'aurait jamais institué son beau sacrement d'amour ; car personne au monde n'en est digne, ni les saints, ni les anges, ni les archanges, ni la sainte Vierge... Mais il a eu en vue nos besoins, et nous en avons tous besoin. – Ne dites pas que vous êtes pécheurs, que vous avez trop de misères et que c'est pour cela que vous n'osez pas en approcher. J'aimerais autant vous entendre dire que vous êtes trop malades, et que c'est pour cela que vous ne voulez pas de remède, que vous ne voulez pas appeler le médecin. »[269]

Non seulement le Curé d'Ars n'a plus à la bouche les menaces de la crainte, mais il propose à ceux qui l'écoutent la pratique de la communion fréquente.

[269] *Ibidem*, p. 140-141. « Par une communion vous rendez plus de gloire à Dieu que si vous donniez cent mille francs. On dit quelquefois : Mais je n'en suis pas digne. Quelle nigauderie ! Certainement vous n'en êtes pas dignes. La Ste Vierge ne l'était pas, aucune créature ne peut être digne de recevoir un Dieu ; mais puisqu'il veut bien s'abaisser jusqu'à notre misère, nous devons travailler à mériter de le recevoir tous les jours." LA BASTIE, p. 136-137.

> « Oh ! Mes enfants, le démon craint bien une personne qui communie souvent. Il fait comme ces petits chiens qui sont gros comme le sabot ; ils crient bien, mais ils ne font pas de mal, ils jappent de loin. Il en est de même du démon, il n'ose pas approcher de ceux qui communient souvent. Elle gardera du péché. »[270]

> « Nous devons travailler à mériter de recevoir Notre Seigneur tous les jours. Combien nous devrions être humiliés, lorsque nous voyons les autres aller à la sainte table, et nous, rester immobiles à notre place ! Dans la primitive Église, on communiait tous les jours. »[271]

Nous sommes bien éloignés de cette façon de faire. Une coutume a même cherché pendant des siècles à donner une sorte de suppléance à la communion dont se détournaient les fidèles :

> « Lorsque les chrétiens se sont refroidis on a substitué le pain bénit au corps de Notre Seigneur. C'est tout à la fois une consolation et une humiliation. C'est du pain bénit, à la vérité, mais ce n'est pas le Corps et le Sang de Notre Seigneur. »[272]

Les âmes ferventes peuvent heureusement recourir à une substitution plus efficace que celle-là ! C'est la communion de désir.

> « Si nous sommes privés de la communion sacra-

[270] Cahier de Jean-Claude VIRET, 21 mars 1850.
[271] *Esprit*, p. 141-142.
[272] *Ibidem*, p. 141-142. Il y a là une réminiscence du *Sermon sur la communion*, p. 5-6.

mentelle, remplaçons-la, autant qu'il se peut, par la communion spirituelle que nous pouvons faire à chaque instant ; car nous devons toujours être dans un désir brûlant de recevoir le Bon Dieu. La communion fait à l'âme comme un coup de soufflet à un feu qui commence à s'éteindre, mais où il y a encore beaucoup de braises ; on souffle et le foyer se rallume. Après la réception des sacrements, lorsque nous sentons l'amour de Dieu se ralentir, vite la communion spirituelle ! Lorsque nous ne pouvons venir à l'église, tournons-nous du côté du tabernacle. Le Bon Dieu n'a pas de mur qui l'arrête. Disons cinq *pater* et cinq *ave* pour faire la communion spirituelle... Nous ne pouvons recevoir le Bon Dieu qu'une fois le jour ; une âme embrasée d'amour supplée par le désir de le recevoir à chaque instant. »

« O homme, que tu es grand ! Nourri et abreuvé du corps et du sang d'un Dieu ! Oh quelle douce vie que cette vie d'union avec le Bon Dieu ! C'est le paradis sur la terre ; il n'y a plus de peines, plus de croix ! »[273]

[273] *Esprit*, p. 142-143 ; passage emprunté à peu près tel quel aux cahiers de FAURE DE LA BASTIE, p. 137, 138.

8 - LA PRÉSENCE RÉELLE

Il est là

Le Sacrifice de la Messe auquel on participe très intimement par la communion trouve son complément normal dans le culte rendu au Saint Sacrement conservé dans le tabernacle, cela à toute heure du jour ou de la nuit.

> « À la vue d'un clocher vous pouvez dire : "qu'est-ce qu'il y a là ? – Le corps de Notre Seigneur – Pourquoi y est-il ? – Parce qu'un prêtre a passé là et a dit la Messe." »[274]

Cette présence permanente du Seigneur dans le Saint Sacrement pourrait-elle laisser indifférent un cœur pénétré de foi ? La seule pensée de sa proximité ne doit-elle pas l'émouvoir et provoquer en lui le désir de le rencontrer ?

> « Lorsque nous sommes en route et que nous apercevons un clocher, cette vue doit faire battre notre cœur comme la vue du toit où demeure son bien-aimé fait battre le cœur de son épouse. »[275]

À la vérité, la présence réelle à laquelle le Curé d'Ars attachait tant d'importance n'a jamais fait l'objet d'exposés théologiques dans sa prédication. Il en parlait à tout instant, mais c'était pour renouveler par un acte de foi public l'expression des sentiments dont son cœur débordait et pour inciter ses auditeurs à suivre son exemple.

Il disait dans ses catéchismes :

[274] *Esprit*, p. 117. Catherine LASSAGNE, *La Confidente*, P.M. 3, p. 76.
[275] *Esprit*, p. 291.

> « Mes enfants, si vous aimiez bien le Bon Dieu, vous penseriez souvent à Notre Seigneur sur nos autels, il semblerait que vous voyiez devant vos yeux ce tabernacle jaune où il réside, vous vous transporteriez en esprit auprès de lui pour l'adorer, l'aimer et le remercier,[276] et si vous passez devant une église, on entre pour saluer Notre Seigneur. Pourrait-on passer à la porte d'un ami sans lui dire bonjour ? Oh ! non, ce serait être ingrat pour un ami surtout qui nous a tant fait du bien. »[277]

Catherine Lassagne qui rapporte ce propos en a retenu d'autres où se reconnaît le même accent.

> « Quelle ingratitude de la part des hommes de ne pas aimer un Dieu qui nous aime tant, qui a tant fait pour nous, qui nous a rachetés par sa mort et tant de souffrances, qui a institué des sacrements et surtout ce beau sacrement de son amour ! Si Notre Seigneur avait dit à l'homme : demande-moi tout ce que tu voudras, je te l'accorderai ! Jamais il n'aurait pensé demander une telle faveur, ni même osé demander, et ce que l'homme n'a pas demandé, Dieu l'a fait. Quel bonheur ! »[278]

Comment exprimer la joie que procure le cœur à cœur avec le Seigneur toujours vivant dans le mystère eucharistique ?

> « Il est là comme dans le Ciel. On disait à une sainte

[276] l'Abbé MONNIN a utilisé ce passage : « Si nous avions une foi vive, lit-on dans *l'Esprit*, nous aurions toujours devant les yeux ce tabernacle doré, cette maison du Bon Dieu ». *Esprit*, p. 291.
[277] *La Confidente*, P.M. 3, p.76.
[278] *Ibidem*, p. 75.

si le temps ne lui durait pas à l'église. "Ah ! répondit-elle, j'y passerais une éternité." Elle avait raison. Notre Seigneur est au Ciel, il est aussi dans son tabernacle. Quel bonheur ! »[279]

« Quel bonheur ! » L'exclamation revient, spontanément répétée, dès que se trouve évoquée la présence réelle.

> « Il est là dans le tabernacle. Que fait-t-il, ce bon Jésus, dans le sacrement de son amour ? Il nous aime. On ne le remercie pas assez de ce qu'il a pris un si bon cœur pour les pauvres pécheurs. Il sort de ce cœur une transpiration d'amour et de miséricorde pour noyer le péché du monde. »[280]

Ceux qui s'approchent ne tardent pas à jouir de la douceur de son intimité.

> « Il est là comme deux bons amis ensemble. Jamais on ne se lasse de prier, les heures s'écoulent comme des minutes ; c'est enfin un avant-goût du Ciel. Une âme qui croit à la présence réelle de Notre Seigneur dans le très Saint Sacrement de l'autel ne s'ennuie jamais à l'église ; elle est là, immobile, anéantie devant son Dieu ».[281]

Nous ne savons pas de quelle faveur nous nous privons quand nous refusons le vis-à-vis qui nous est offert.

> « Ah mes frères si nous avions la foi, si nous étions bien pénétrés de la présence de Notre Seigneur, qui est là sur nos autels, avec ses mains pleines de

[279] *Ibidem.*
[280] *Ibidem.*
[281] LA BASTIE, p. 75.

> grâce, cherchant à les distribuer, avec quel respect nous serions à sa sainte présence ! Oui mes frères maintenant que Notre Seigneur est là, exposé sur l'autel, oui, si vous lui demandiez de tout votre cœur votre conversion, sûr, vous obtiendrez. Ce bon sauveur qui nous aime tant ». [282]

Dans le recueil de Faure de La Bastie, le Curé d'Ars s'exprime ainsi :

> « Le Bon Dieu est dans le Saint Sacrement qui nous demande qu'on le prie pour la conversion des pécheurs. Si les hommes savaient combien le Bon Dieu est bon, il ne pourrait jamais l'offenser. Le Bon Dieu est si bon, mes enfants, que son cœur transpire de miséricorde pour les pauvres pécheurs. Mais voilà, nous sommes tout terrestres et nous n'avons qu'une foi éloignée de trois cents lieux, loin comme si le Bon Dieu était de l'autre côté des mers. Si nous avions une foi vive, rapprochée, nous le verrions là dans le Saint Sacrement de l'autel, où il est, bien sûr ; il y a des prêtres qui le voient tous les jours au Saint Sacrifice de la Messe ».[283]

L'intimité du chrétien avec le Christ présent

Dans le même cahier, on peut lire :

> « Si, lorsque nous venons à l'église, nous étions bien pénétrés de la présence de Dieu, nous l'adorerions, nous le contemplerions des yeux de la foi, comme

[282] *La Confidente*, P.M. 3, p. 75.
[283] LA BASTIE, p. 163-164. MONNIN, *Esprit*, p. 291.
[284] LA BASTIE, p. 98-99.

cet enfant qui voyait à la place de l'hostie le corps d'un enfant. Le prêtre, pour voir s'il ne s'était pas trompé, lui demanda : "Qui est-ce qui est là ?" "C'est Dieu," répondit-il. »[284]

Le Curé d'Ars revenait sans cesse à la réalité dont il avait fait le centre d'intérêt de sa vie spirituelle. Un chrétien franchissant le seuil d'une église ne pouvait, à ses yeux, qu'être saisi par la pensée de cette présence réelle :

> « Mes enfants, quand vous entrez à l'église et que vous prenez de l'eau bénite, quand vous portez la main à votre front pour faire le signe de la croix, regardez le tabernacle : Notre Seigneur Jésus-Christ l'entrouvre au même moment pour vous bénir. »[285]

L'homme de Dieu reprenait alors son développement habituel :

> « Notre Seigneur est là dans le sacrement de son amour qui soupire et intercède sans cesse auprès de son Père pour les pécheurs. À quels outrages n'est-il pas exposé pour rester au milieu de nous ? Il est là pour nous consoler. Aussi devrions-nous lui rendre visite souvent. Combien un petit quart d'heure, que nous dérobons à nos occupations, à quelques inutilités, pour venir le prier, le visiter, le consoler de toutes les injures qu'il reçoit, lui être agréable ! Lorsqu'il voit venir avec empressement les âmes pures, il leur sourit... Elles viennent avec cette simplicité qui lui plaît tant, lui demander pardon pour tous les pécheurs des insultes de tant d'in-

[284] LA BASTIE, p. 98-99.
[285] *Esprit*, p. 125.

> grats. Quel bonheur n'éprouvons-nous pas en la présence de Dieu, lorsque nous nous trouvons à ses pieds devant les saints tabernacles ! – "Allons mon âme, redouble d'ardeur ! Tu es seule, pour adorer ton Dieu. Ses regards se reposent sur toi seule." Ce bon sauveur est si rempli d'amour pour nous qu'il nous recherche partout. »[286]

> « Notre Seigneur est là caché qui attend que nous venions le visiter et lui faire nos demandes. Voyez comme il est bon ! Il s'accommode à notre faiblesse. Dans le Ciel, où nous serons triomphants et glorieux, nous le verrons dans toute sa gloire. S'il se fût présenté maintenant avec cette gloire devant nous, nous n'aurions pas osé l'approcher ; mais il se cache comme une personne qui serait dans une prison et nous dit : "Vous ne voyez pas, mais ça ne fait rien ! Demandez-moi tout ce que vous voudrez, je vous l'accorderai". »[287]

Que ne cherchons-nous à entrevoir le sens de la démarche de Jésus-Christ !

> « Que fait Notre Seigneur dans le sacrement de son amour ? Il a pris son bon Cœur pour nous aimer ; il sort de son Cœur une transpiration de tendresse et de miséricorde pour noyer les péchés du monde. »[288]

Là-dessus viennent les conseils sur le comportement qui doit être le nôtre quand nous rencontrons le Seigneur :

> « Lorsque nous sommes devant le Saint Sacrement,

[286] *Ibidem*, p. 124. Texte pris dans le recueil de FAURE DE LA BASTIE, p. 53-54.
[287] *Ibidem*, p. 123. Passage intégralement emprunté à FAURE DE LA BASTIE, p. 53.
[288] *Esprit*, p. 310.

au lieu de regarder autour de nous, fermons les yeux et ouvrons notre cœur : le Bon Dieu ouvrira le sien. Nous irons à lui, il viendra à nous, l'un pour demander, l'autre pour recevoir ; ce sera comme un souffle de l'un et de l'autre. Que de douceur ne trouvons-nous pas à-nous oublier pour chercher Dieu. »[289]

Se souvenant de la consigne évangélique : « Dans vos prières ne multipliez pas les paroles », le Curé d'Ars continue :

« On n'a pas besoin de tant parler pour bien prier. On sait que le Bon Dieu est là, dans le Saint Tabernacle ; on lui ouvre son cœur, on se complaît dans sa sainte présence : c'est la meilleure prière, celle-là. »[290]

« Ah ! Si nous avions les yeux des anges, en voyant Notre Seigneur Jésus-Christ qui est ici présent sur cet autel, et qui nous regarde, comme nous l'aimerions. Nous ne voudrions pas nous en séparer. Nous voudrions toujours rester à ses pieds : ce serait un avant-goût du Ciel, tout le reste nous deviendrait insipide. »[291]

« Dieu arrête ses regards sur l'autel : "C'est là mon Fils bien-aimé en qui j'ai mis toutes mes complaisances". »[292]

[289] *Ibidem*, p. 129. On lit dans le cahier de LA BASTIE p. 73 : « Lorsque, devant le St Sacrement, au lieu de voir autour de nous, fermons nos yeux et notre bouche ouvrons notre cœur, le Bon Dieu ouvrira le sien. Nous irons à lui, il viendra à nous, l'un pour demander et l'autre pour recevoir, ce sera comme un souffle de l'un à l'autre. Que de douceurs ne trouverons-nous pas à rechercher Dieu ! »

[290] *Esprit*, p. 343. LA BASTIE, p. 166. Le Curé d'Ars ajoute toutefois : « Il y a des bons chrétiens qui passeraient toute leur vie abîmés devant le Bon Dieu. Ah ! Qu'ils sont heureux ! Je voudrais bien avoir le temps de prier ».

[291] *Esprit*, p. 126.

[292] *Ibidem*, p. 119.

Trop nombreux, hélas, sont les chrétiens qui restent insensibles à cette merveille. Comment admettre pareille indifférence ?

> « On se trouve parfois bien honoré d'avoir conversé avec un roi ou un empereur qui, dépouillé de sa dignité, devient un homme comme un autre, et l'on ne fait point le cas d'être admis en la présence d'un Dieu qui veut bien que nous l'appelions du doux nom de Père. »[293]

Pour donner à ses ouailles le goût de la visite au Saint Sacrement, le Curé d'Ars multipliait les exemples.

> « C'est comme dans les premiers temps que je me trouvais à Ars. Ecoutez bien cela mes enfants, il y avait un homme qui ne passait jamais devant l'église sans y entrer. Le matin, quand il allait au travail, le soir quand il en revenait, il laissait à la porte sa pelle et sa pioche, et il restait longtemps en adoration devant le Saint Sacrement. Oh ! J'aimais bien ça ! Je lui demandai une fois ce qu'il disait à Notre Seigneur pendant les longues visites qu'il lui faisait. Savez-vous ce qu'il m'a répondu ? "Eh ! Monsieur le curé, je ne lui dis rien. Je l'avise et il m'avise." Que c'est beau, mes enfants, que c'est beau !
>
> Les saints se perdaient pour ne voir que Dieu, ne travailler que pour lui ; ils oubliaient tous les objets créés pour ne trouver que lui ; c'est ainsi qu'on arrive au Ciel. » [294]

[293] FAURE DE LA BASTIE, p. 95-96.
[294] *Esprit*, p. 130. Version sensiblement différente : « Il y avait un homme ici dans la paroisse, qui est mort il y a quelques années, qui était entré le matin dans l'église pour faire sa prière

Autre exemple :

> « C'est comme ce bon monsieur de Vidaud : il avait coutume de se lever de grand matin et il allait adorer le Saint Sacrement dès que l'église était ouverte. Un jour qu'il était dans un château, on fut obligé de l'envoyer chercher trois fois à la chapelle pour le déjeuner ; la maîtresse de la maison s'impatientait. À la troisième sommation, il sortit de la présence de Notre Seigneur en disant : "Mon Dieu, on ne pourra donc pas rester un moment tranquille avec vous !" »

Le Curé d'Ars ajoutait en pleurant :

> « Il était là depuis quatre heures du matin ! Il y a de bons chrétiens qui passeraient toute leur vie ainsi abîmés devant le Bon Dieu. Ah ! Qu'ils sont heureux ! »[295]

Au vrai, il ne nous est pas possible de venir à toute heure visiter le Seigneur qui nous attend dans son saint taber-

avant d'aller travailler à son champ. Il avait laissé sa pioche et s'en était allé là devant le Bon Dieu jusqu'à une certaine heure. Son voisin qui travaillait à côté de son champ et qui avait l'habitude de l'y voir est étonné de ne pas le voir ce jour-là ; en revenant, il s'imagine d'entrer dans l'église pensant peut-être qu'il y serait. Il l'y trouva en effet et lui dit : « Que fais tu donc là pendant si longtemps ? » Il lui répondit : « J'avise le Bon Dieu et Il m'avise ». Il voyait le Bon Dieu et le Bon Dieu le regardait. Voilà tout, mes enfants, nous prions mal, ce n'est pas étonnant que le Bon Dieu ne nous accorde pas les grâces que nous lui demandons ». LA BASTIE, p. 165. Notons que le dernier paragraphe de la version présentée par l'Abbé MONNIN, dans *L'Esprit*, figure en un contexte différent dans le cahier de LA BASTIE, p. 73.

[295] *Esprit*, p. 343, 344. FAURE DE LA BASTIE donne un plus ample développement. p. 38. « Voyez Mr de Vidos qui avait soixante mille francs de rentes, il y était moins attaché qu'un autre qui n'aurait eu que vingt sols ; il donnait tout, il a laissé à sa mort quatre-vingt mille francs de dettes pour les pauvres. Lorsqu'il venait à l'église, il se jetait au milieu de tout le monde, restant de trois à quatre heures sans chaise. À table, il se plaçait toujours le dernier ; s'il y avait un prêtre, par respect pour la religion, il ne se serait pas placé avant lui. Un jour qu'il était à Chanein, chez sa sœur, où il y avait une chapelle avec la réserve, on le vit entrer à quatre heures du matin ; à onze heures, on fut le chercher ; voyant qu'il ne venait pas, on y retourna à une heure, en disant : « Mais Monsieur, venez-donc ! On s'impatiente. » - « Que c'est pénible, dit-il, on ne peut pas me laisser un instant avec le Bon Dieu ! »

nacle. Qu'à cela ne tienne ! Comme le Curé d'Ars l'a déjà dit à propos de la communion spirituelle, il nous est aisé de nous transporter par la pensée au pied de l'autel, même lorsque la nuit est tombée.

> « Tenez, mes enfants, quand vous vous éveillez dans la nuit, transportez-vous en esprit devant le tabernacle et dites à Notre Seigneur : "Mon Dieu, me voilà ! Je viens vous adorer, vous louer, vous bénir, vous remercier, vous aimer, vous tenir compagnie avec les anges !" Dites les prières que vous savez, et si vous vous trouvez dans l'impossibilité de prier, cachez-vous derrière votre bon ange, et chargez-le de prier à votre place. »[296]

Le triomphe de la Fête de Dieu

Hors même de l'église, l'occasion était donnée aux fidèles de manifester leur foi à la présence réelle. La solennité de la Fête-Dieu comptait particulièrement aux yeux du Curé d'Ars.

Un de ses anciens sermons est consacré à cette fête du Saint Sacrement. Le mystère de la présence réelle s'y trouve évoqué, exemples à l'appui,[297] et l'on y sent l'extraordinaire impression de joie que peuvent mettre en des

[296] *Esprit*, p. 125.

[297] *Sermon pour la Fête Dieu.* Copie authentique, p. 10, *Sermons*, t. II, p. 135. « Nous lisons dans l'histoire qu'un saint prêtre trouvait tant de douceur et de consolation dans nos églises qu'il couchait sur le marchepied de l'autel pour avoir le bonheur qu'en s'éveillant il se trouvât auprès de son Dieu. Et Dieu pour le récompenser, permit qu'il mourût au pied de l'autel. - Voyez St Louis qui dans ses voyages, au lieu de passer la nuit dans son lit, les passait au pied des autels auprès de la douce présence de son Sauveur. Pourquoi, est-ce, Mes Frères que nous avons tant d'indifférence et de dégoût lorsqu'il nous faut venir ici ? Hélas ! Mes Frères, c'est que nous n'avons jamais ressenti ces heureux moments. Que devons-nous conclure de tout cela ? Le voici : c'est de regarder comme le moment le plus heureux de notre vie celui où nous pouvons venir tenir compagnie à un si bon ami. »

cœurs fervents les instants d'intimité qu'ils ont avec le Christ de l'hostie.

> « Ah ! Que ces instants passés avec ce Dieu de bonté sont doux et consolants ! Êtes-vous dans le chagrin ? Venez un instant vous jeter à ses pieds et vous vous sentirez tout consolés. Êtes-vous méprisés du monde, venez ici et vous trouverez un ami qui ne manquera jamais de fidélité. Êtes-vous tentés ? Oh ! C'est ici que vous allez trouver des armes fortes et terribles pour vaincre votre ennemi. Craignez-vous le jugement formidable qui a fait trembler les plus grands saints, profitez du temps que votre Dieu est le Dieu de miséricorde et qu'il est si aisé d'en avoir votre grâce.
>
> Êtes-vous opprimés par la pauvreté ? Venez ici, vous y trouverez un Dieu infiniment riche et qui vous dira que tous ses biens sont à vous, non dans ce monde mais dans l'autre ; "c'est là que je te prépare des biens indéfinis, va, méprise ses biens périssables et tu en auras qui ne périront jamais."
>
> Voulons-nous commencer à goûter le bonheur des saints ? Venons ici et nous en éprouverons les heureux commencements. Ah ! Qu'il fait bon mes frères jouir des chastes embrassements du Sauveur ! Ah ! Vous ne les avez jamais goûtés ? Si vous aviez eu ce bonheur, vous ne pourriez plus en sortir.
>
> Ne soyez pas étonnés de ce que tant de saintes âmes ont passé leur vie dans sa maison et les jours et la nuit, elles ne pouvaient plus se séparer de sa présence. »[298]

[298] *Sermons*, t. II, p. 134-135.

On lit encore :

> « Saint Paul nous dit qu'étant à Athènes il trouva écrit sur un autel : ici réside le Dieu inconnu ou du moins oublié. Hélas ! Mes frères je pourrais bien vous dire le contraire : je viens vous annoncer un Dieu que vous savez être votre Dieu et que vous n'adorez pas et que vous méprisez... Ah ! Quelle honte pour nous ! Arrive-t-il quelque nouveauté ? L'on quitte tout et l'on court. Pour notre Dieu, nous ne faisons que le mépriser et nous le fuyons. Le temps nous dure en sa présence, tout ce que nous faisons est toujours long. Ah ! Quelle différence entre les premiers fidèles et nous ! Ils regardaient comme le plus heureux temps de leur vie, lorsqu'ils avaient le bonheur de passer des jours et des nuits entières dans l'église, à chanter les louanges du Seigneur ou à pleurer leurs péchés. Mais aujourd'hui ce n'est plus de même, il est délaissé, il est abandonné de nous, il y en a même qui le méprisent. Pour la plupart, nous paraissons dans nos églises, ces lieux sacrés, sans respect, sans amour de Dieu, sans savoir même ce que nous venons y faire. Les saints laissent occuper leur esprit et leur cœur de mille choses terrestres et peut-être même criminelles, les autres avec ennuis et dégoût, d'autres qui à peine se mettent à genoux.
>
> Mon Dieu ! Que vos enfants vous aiment peu ou plutôt qu'ils vous méprisent !
>
> En effet, mes frères quel esprit de légèreté et de dissipation ne faites-vous pas paraître lorsque vous êtes dans l'église ! Les uns dorment, les autres par-

> lent et presque personne n'est occupé à ce qu'il doit faire. »[299]

La Fête-Dieu marquait tout spécialement le mystère de la présence réelle par la manifestation triomphale de la procession à travers le village.

> « Chrétiens, s'écriait le Curé, réjouissez-vous, votre Dieu va paraître au milieu de vous ; oui, mes frères, ce tendre Sauveur va visiter vos places, vos rues et vos maisons... Ô heureuses maisons devant lesquelles il va passer. Heureux chemins qui soutiendront ses pas saints et sacrés. Pouvons-nous, mes frères, nous empêcher de dire en nous-mêmes, lorsque nous repasserons dans cette même route : voilà où mon Dieu a passé, voilà le sentier qu'il a pris lorsqu'il répandait ses bénédictions bienfaisantes dans cette paroisse ? »[300]

> « Que fait Jésus-Christ, mes frères, lorsque nous le portons en procession, le voici : il est comme un bon roi au milieu de ses sujets, comme un bon père environné de ses enfants et enfin comme un bon pasteur qui visite ses troupeaux... Nous ne paraîtrons devant lui qu'avec le plus grand respect et nous le suivrons avec une joie toute céleste en nous représentant le grand jour de cette procession qui se fera après le jugement général. »[301]

Catherine Lassagne a noté pour sa part ce qu'elle avait retenu de l'instruction donnée le soir de l'une des Fêtes-

[299] *Pour la Fête Dieu, Sermons*, p. 128 ; BONNARDEL.
[300] *Ibidem*, p. 123.
[301] *Ibidem*, 126.

Dieu d'Ars. Le Curé y a dépouillé le style pompeux du sermonnaire utilisé jadis ; on y retrouve néanmoins quelques vestiges de ses lointains emprunts :

> « Mes frères, quel bonheur ! Aujourd'hui Notre Seigneur s'est promené dans la paroisse pour vous bénir. Lorsque vous passez dans les chemins où il a passé, vous pouvez dire : Notre Seigneur a passé par là ! De quel respect de quelle reconnaissance ne serions-nous pas pénétrés si on réfléchissait un peu sur ce grand bonheur ! »[302]

Les habitants du village auraient dû comme le pasteur goûter la plus vive joie à la seule pensée du contact pris par Jésus-Christ avec leur cadre de vie. Pour lui, la présence du Seigneur était alors comme évidente :

> « Il n'y a pas de sujet de doute que Notre Seigneur est dans l'Eucharistie ; on sait bien qu'il y est, on le sent bien. »[303]

Il n'en ajoutait pas moins, en reprenant une de ses expressions habituelles :

> « Mais voilà, c'est la foi qui manque ! »[304]

Il constatait douloureusement :

> « Nous sommes de pauvres aveugles ; nous avons

[302] *La Confidente*, P.M. 3, p. 76. LA BASTIE, p. 163. Le cahier de FAURE DE LA BASTIE fait état d'une instruction donnée le lendemain de cette procession : « Que de grâces nous avons pu recevoir hier, dimanche, mes enfants, qu'on a fait la procession du Saint Sacrement, pendant laquelle le Bon Dieu nous a si souvent bénis ! Que notre bonheur est grand, et surtout pour ceux qui ont reçu le Bon Dieu ce matin dans leur cœur ! Nous recevrons encore sa bénédiction deux fois par jour pendant toute cette semaine. Ah ! Que ces moments sont favorables pour lui demander toutes sortes de grâces ».

[303] *La Confidente*, P.M. 3, p. 77.

[304] *Esprit*, p. 127. LA BASTIE, p. 166.

> un brouillard sur les yeux. La foi seule pourrait dissiper ce brouillard. »

Puis dans une allusion à la bénédiction donnée à la foule au terme de la procession et en même temps à l'épisode évangélique de la guérison de la veuve de Jéricho implorant, au bord du chemin, la pitié de Jésus qui passe il concluait :

> « Tout à l'heure, quand je tiendrai Notre Seigneur dans mes mains, quand le Bon Dieu vous bénira, demandez-lui qu'il vous ouvre les yeux du cœur ; dites-lui comme la veuve de Jéricho : "Seigneur, fait que je voie !" Si vous lui disiez sincèrement : "faites que je voie !" vous obtiendriez certainement ce que vous désirez, parce qu'il ne veut que votre bonheur ; il a ses mains pleines de grâces, cherchant à qui les distribuer, hélas ! Et personne n'en veut. Oh indifférence, Oh ingratitude !... Mes enfants, nous sommes trop malheureux de ne pas comprendre ces choses ! Nous les comprendrons bien une fois, mais ce ne sera plus temps ! »[305]

Une image illustre de façon plus impressionnante cette idée. Elle mérite d'être rappelée pour conclure ce chapitre sur la présence réelle. L'abbé Monnin l'a évidemment présentée avec la grâce de son propre style. Il s'agit de la légende bien connue du pauvre sous l'escalier :

> « Au moment où la mère de saint Alexis reconnaît son fils dans le corps inanimé du mendiant qui a

[305] *Esprit*, p. 127. Dans le sermon pour la Fête-Dieu, le Curé d'Ars avait déjà parlé de l'épisode de Jéricho. Le sermonnaire qu'il suivait s'étant référé à l'évangile de St Mathieu, avait mis en scène deux aveugles, alors que les deux autres synoptiques, St Marc et St Luc, n'en présentent qu'un seul. Dans le texte de *L'Esprit,* c'est cette dernière formule qui a été retenue.

vécu trente ans sous l'escalier de son palais, s'écrit "oh mon fils, fallait-il vous connaître si tard !" L'âme, au sortir de cette vie, verra enfin celui qu'elle possédait dans l'Eucharistie ; et à la vue des consolations, des beautés, des richesses qu'elle a méconnues elle s'écrira aussi : "Ô Jésus, Ô ma vie, Ô mon trésor ! Oh mon amour ! Fallait-il vous connaître si tard !" »[306]

[306] *Esprit*, p. 53, 54. *Sermons*, t. II, p. 358. Cf. Cl. GENET p 176, 177.

9 - LA PAROLE DE DIEU

Parole de Dieu et Eucharistie

Aux yeux du Curé d'Ars la prédication de la Parole de Dieu se rattachait tout naturellement à l'Eucharistie. L'un de ses sermons manuscrits, inspiré de toute évidence des sermonnaires qui lui étaient familiers, traite explicitement ce sujet.

Dès le début, on trouve la formule :

> « Nous lisons dans l'Évangile de saint Luc que le Sauveur du monde instruisant le peuple, lui disait des choses si merveilleuses et si étonnantes qu'une femme du milieu de la foule éleva la voix et s'écria : "Bienheureux est le sein qui vous a porté et les mamelles qui vous ont nourri !" Mais Jésus-Christ reprit aussitôt : "Bien plus heureux est celui qui écoute la Parole de Dieu et qui observe ce qu'elle lui commande !" Cela vous étonne peut-être, mes frères de ce que Jésus-Christ nous dit que celui qui écoute la Parole de Dieu avec un vrai désir d'en profiter est plus agréable à Dieu que celui qui le reçoit dans la sainte communion. »[307]

Plus loin, le prédicateur reprend :

> « Jésus-Christ nous dit lui-même que sa Parole Sainte est préférable à la sainte communion. »[308]

[307] *Sur la Parole de Dieu, Sermons*, t. I, p. 253.
[308] *Ibidem*, p. 274.

L'expression a d'ailleurs inquiété les théologiens chargés, lors du procès de canonisation, d'examiner les écrits du saint. Aussi bien une note a-t-elle été ajoutée au texte pour la publication du sermon.[309]

Abordant ce thème de la Parole de Dieu dans l'une de ses instructions M. Vianney retrouve spontanément les idées et les images exploitées jadis. Le cahier de notes des écolières Marie Germain et Mariette Jacquet indique manifestement que le Curé, lorsqu'il parlait d'abondance, avait encore en mémoire sa prédication ancienne.

Nous les écoutons :

> « Voyez mes frères, cette femme qui dit à Notre Seigneur : "Bienheureuses les entrailles qui vous ont porté !" Notre Seigneur lui dit. "Plus heureux ceux qui écoutent la Parole de Dieu et la mettent en pratique !" Voyez mes frères, Notre Seigneur semble estimer plus une instruction que la sainte communion. »[310]

L'abbé Monnin n'a pas dédaigné la source d'informations que lui offraient les grandes filles de la Providence :

[309] Les précisions suivantes sont données à ce propos :

1° « Jésus-Christ, dans le texte de saint Luc, a désigné la Sainte Vierge, et non pas l'âme communiante. Mais le Curé d'Ars passe naturellement de la Sainte Vierge portant Jésus-Christ dans son sein, au chrétien qui le reçoit dans la communion. »

2° Il est peut être hasardeux de dire que « celui qui écoute la Parole de Dieu est plus agréable à Dieu que celui qui le reçoit dans la sainte communion » mais il est vrai de dire que celui qui écoute la Parole de Dieu, qui la garde et la met en pratique est plus agréable à Dieu qu'un grand nombre de personnes qui communient.

3° « La Parole sainte est préférable à la sainte communion » c'est-à-dire qu'elle est plus nécessaire que l'Eucharistie... »

4° « Bossuet... établit le rapport étroit de similitude qui existe entre la Parole de Dieu et l'Eucharistie, le rapport qui exige les mêmes dispositions pour écouter l'une et recevoir l'autre. » *Ibidem*, p. 253.

[310] Cahiers de Marie GERMAIN et Mariette JACQUET, p. 22.

« Voyez, mes enfants, lit-on dans *L'Esprit*, l'estime que Notre Seigneur fait de la Parole de Dieu ; à cette femme qui crie : "Bienheureuses sont les mamelles qui vous ont nourri et les entrailles qui vous ont porté !" Il répond : "Combien plus heureux sont ceux qui écoutent la Parole de Dieu et qui la mettent en pratique !" Notre Seigneur, qui est la vérité même, ne fait pas moins de cas de sa Parole que de son Corps. »[311]

S'inspirant encore du modeste cahier qu'on lui avait prêté, Monnin continue :

« Je ne sais pas si c'est plus mal fait d'avoir des distractions pendant la Messe que pendant les instructions ; je ne vois point de différence. Pendant la Messe, on laisse perdre les mérites de la mort et passion de Notre Seigneur, et pendant l'instruction

[311] *Esprit*, p. 98. L'Abbé MONNIN qui suivait de près le texte dont il disposait a cependant omis de tenir compte du commentaire de la parole de la semence dans lequel le Curé d'Ars insérait ici son enseignement. Voici le début du sermon transcrit d'une écolière de la Providence. « L'Évangile de la semence, mes frères ; nous allons parler de l'Évangile de ce matin. Le semeur s'en alla semer son grain et le sema en quatre parties. De ces quatre il y en a qu'une de bonne, qui tomba dans la bonne terre et qui rendit cent pour un. – Le grain qui est semé le long du chemin représente ces personnes qui viennent à l'église entendre la Parole de Dieu pour la mépriser, la tourner en ridicule. Le grain qui tombe sur l'endroit pierreux représente ces personnes qui écoutent la Parole de Dieu, qui même désirent la mettre en pratique, prennent de fortes résolutions. Elles pleureront même, mais elles ne sont pas plus tôt sorties de l'église qu'elles retombent. Elles ne pensent plus aux résolutions qu'elles avaient prises. Les plaisirs, les embarras de cette vie lui ont fait perdre et oublier les résolutions qu'elles avaient prises à l'église. La semence qui tombe dans de bonne terre, représente des personnes qui ont préparé leur cœur pour écouter la Parole de Dieu avec des intentions pures et des bonnes intentions, qui désirent en profiter. Elles en font leur méditation toute la journée. Voyez, mes frères, sur quatre, il n'y en a qu'une de bonne pour le Bon Dieu. C'est, mes frères, voir combien il y en a peut-être qui écoutent la Parole de Dieu avec de bonnes dispositions et préparent leur cœur pour bien l'entendre. Voyez, mes frères, ça fait trembler, toutes les quatre personnes, en trouvera-t-on une qui entende les instructions avec de bonnes dispositions et comme il faut, je n'en crois rien. » Cahier de Marie GERMAIN, p. 20.
Notons que le sermon manuscrit du Curé d'Ars sur la Parole de Dieu utilise cette parabole de la semence.

on laisse perdre sa Parole qui est lui-même. Saint Augustin dit que c'est aussi mal fait que de prendre le calice après la consécration et de le répandre sous les pieds. » [312]

LA PAROLE DE DIEU TROP SOUVENT DÉDAIGNÉE

« Mes enfants, on se fera un scrupule de manquer la Sainte Messe, parce qu'en la manquant par sa faute on commet un gros péché ; mais on ne se fera pas scrupule de manquer une instruction. On ne pense pas que l'on puisse offenser Dieu gravement de cette manière. Au jour du jugement, quand vous serez là tous à côté de moi, que le Bon Dieu vous dira : "Rends-moi compte des instructions et des catéchismes que tu as entendus et de ce que tu aurais pu entendre !", vous penserez bien autrement. Mes enfants, on sort pendant les instructions, on s'amuse à rire, on n'écoute pas, on se croit trop savant pour venir au catéchisme... Croyez-vous, mes enfants que ça passera comme ça ! Non, bien sûr, le Bon Dieu rangera bien les choses autrement. »

« Tenez ! Comme c'est triste ! On verra des pères et des mères rester dehors pendant les instructions, ils sont obligés cependant d'instruire leurs enfants,

[312] *Esprit*, p. 98-99. « Voyez, porte le texte des écolières, ce qu'un saint Augustin disait : "Je crains plus les grâces méprisées que tous les péchés commis". Voyez, un saint dit dans un autre endroit : "Ceux-là qui n'écoutent pas la Parole de Dieu comme il faut, ou qui la tournent en ridicule, font aussi mal que s'ils prenaient le sang précieux dans le calice et le foulaient aux pieds. Cela devrait bien nous donner à penser, car la plus grande partie est du nombre de ceux qui l'entendent mal." » Cahier de Marie GERMAIN et Mariette JACQUET, p. 12. Dans le sermon sur la Parole de Dieu, le Curé d'Ars disait « Hélas, mes frères, nous n'avons jamais pensé que nous commettions une espèce de sacrilège lorsque nous ne voulons pas profiter de cette parole sainte. » p. 14.

mais que voulez-vous qu'ils leur apprennent ? Ils ne sont pas instruits eux-mêmes... Tout ça court en enfer. C'est dommage ! »

« Mes enfants, j'ai remarqué qu'il n'y avait pas de moment où l'on ait plus envie de dormir que pendant les instructions. Vous me direz : "j'ai trop sommeil". Si je prenais un violon, personne ne songerait à dormir ; tout bougerait, tout serait en alerte. »

« Mes enfants, on écoute encore un prêtre qui convient, mais si c'est un prêtre qui ne convient pas, on le tourne en ridicule. Il ne faut pas agir si humainement. Ce n'est pas le cadavre qu'il faut regarder. Quel que soit le prêtre, c'est toujours l'instrument dont le Bon Dieu se sert pour distribuer sa sainte Parole. Vous faites passer de la liqueur par un entonnoir : qu'il soit d'or ou de cuivre, si la liqueur est bonne, elle est toujours bonne. »[313]

[313] MONNIN a utilisé tout au long le cahier de Marie GERMAIN et Mariette JACQUET. Il a seulement arrangé le style maladroit des écolières et corrigé les fautes très voyantes qu'il rencontrait, et opéré quelques coupures. On pourra comparer les deux textes : « Voyez, mes frères, on se fera encore un scrupule de manquer la Sainte Messe le dimanche, parce que l'on va commettre un gros péché mortel par sa faute, et l'on ne se fait pas scrupule de manquer les instructions. Mes frères, en les manquant, vous vous exposez à commettre de gros péchés ». Ceux qui, par leur faute, n'entendent pas la Parole de Dieu, risquent de s'établir dans une ignorance qui ne leur servira pas d'excuse. « Vous ne le saviez pas, parce que vous n'avez pas assisté aux instructions. Le Bon Dieu ne vous sauvera pas pour cela, parce que vous avez manqué l'instruction par votre faute. Eh bien ! mes frères, vous commettez des gros péchés qui méritent l'enfer. Mais au jour du jugement, lorsque le Bon Dieu entrera en jugement avec vous, il dira : "Rends-moi compte des instructions et des catéchèses que tu as entendues et dont tu n'as pas profités" ; et ensuite, il vous dira : "Rends-moi compte de tous ceux que tu n'as pas entendus !" Que faudra-t-il répondre dans ce moment ? Nous ne pourrons pas dire : "Je ne savais pas que ce fût mal en fait de les manquer". Mes frères, je serai à côté de vous lorsque le Bon Dieu vous jugera et vous serez couverts de confusion. Restez bien dehors pendant les catéchismes, à rire, à vous "tirepiller". Croyez-vous que ça se passera comme cela ? On dit bien encore bien pendant qu'on est sur la terre. Mais un jour viendra que le Bon Dieu rangera bien tout cela autrement que l'on ne pense. Voyez, j'ai remarqué ça : il n'y a point de moment où l'on soit plus tenté et où l'on dorme le plus pendant l'instruction, surtout pendant l'été. Des fois, je remarque qu'il y a peut être quinze

Ceux qui dédaignent la Parole de Dieu ont encore d'autres critiques à l'égard des prédicateurs :

> « Il y en a qui s'en vont répétant sur tous les tons : "les prêtres disent bien ce qu'ils veulent". Non, mes enfants, les prêtres ne disent pas ce qu'ils veulent ; ils disent ce qu'il y a dans l'Évangile. Les prêtres qui sont venus avant nous ont dit ce que nous disons ; ceux qui viendront après nous dirons la même chose. Si nous disions des choses qui ne sont pas, Mgr L'évêque nous aurait bientôt défendu de prêcher. Nous ne disons que ce que Notre Seigneur a enseigné. »[314]

Les fidèles devraient comprendre cela. Un trop grand nombre d'entre eux manifestent malheureusement qu'ils ne sont pas exempts de préjugés à l'égard des enseignements qu'ils reçoivent.

> « Mes enfants, pourquoi est-on si aveugles et si ignorants ? Parce qu'on ne fait point de cas de la Parole de Dieu. Il y en a qui ne disent pas même un *pater* et un *ave* pour demander au Bon Dieu la grâce de la bien entendre et d'en bien profiter. »[315]

personnes qui entendent l'instruction comme il faut. Vous direz : "J'ai trop sommeil, je ne peux pas m'éveiller." Ah ! Mes frères, s'il m'arrivait de monter en chaire et faire aller mon violon, comme vous ouvririez les yeux ! Je ferais bien aller deux heures de suite que le temps ne vous durerait pas à sortir, personne ne dormirait ; on lèverait la tête, on repousserait le sommeil bien, bien loin. Ou bien, tenez, que vienne un prêtre nouveau vous prêcher, vous écouteriez bien l'instruction quelque temps, parce que c'est nouveau, mais cela ne durera pas longtemps ; qu'il reste longtemps avec vous et vous irez même jusqu'à tourner ses sermons en ridicule. Mes frères, ce n'est pas le cadavre, qu'il faut regarder ; comme qu'il soit, il est toujours l'instrument dont Dieu se sert pour distribuer ses paroles. »

[314] *Esprit*, p. 101. *Sermons*, t. I, p. 257-262, p. 266-268.

[315] *Esprit*, p. 97. Marie GERMAIN et Mariette JACQUET, p. 21.

LA PAROLE DE DIEU NÉCESSAIRE À LA VIE CHRÉTIENNE

« Mes enfants, ce n'est pas peu de chose que la Parole de Dieu ! Les premiers mots de Notre Seigneur à ses apôtres furent ceux-ci : "Allez et instruisez", pour nous faire voir que l'instruction passe avant tout. »[316]

« Mes enfants, qu'est-ce ce qui nous a fait connaître notre religion ? Ce sont les instructions que nous avons entendues. Qu'est-ce qui nous donne l'horreur du péché... Nous fait apercevoir la beauté de la vertu... Nous inspire le désir du Ciel ? Les instructions. Qu'est-ce qui fait connaître aux pères et mères les devoirs qu'ils ont à remplir envers leurs enfants, aux enfants les devoirs qu'ils ont à remplir envers leurs parents ? Les instructions. »[317]

« Je crois, mes enfants, qu'une personne qui n'entend pas la Parole de Dieu comme il faut, ne se sauvera pas. Elle ne saura pas ce qu'il faut faire pour cela. Mais avec une personne instruite, il y a toujours de la ressource. Elle a beau s'égarer dans toutes sortes de voies mauvaises, on peut toujours espérer qu'elle reviendra au Bon Dieu tôt ou tard, quand ce ne serait qu'à l'heure de la mort. Au lieu qu'une personne qui n'est pas instruite est là comme une personne languissante, comme une malade à l'agonie qui n'a plus connaissance. Elle

[316] *Esprit*, p. 96-97.

[317] *Ibidem*, p. 96-97. Ces deux paragraphes de *L'Esprit*, sont une adaptation du cahier des écolières : « Enfants, ce n'est pas peu de chose que la Parole de Dieu. Mes enfants, nous ne faisons pas de cas. Cependant les premières paroles de Notre-Seigneur ont été de dire : Allez ! Instruisez et baptisez ! pour nous faire voir, mes frères, que les instructions passent avant tout.» Cahier de Marie GERMAIN et Mariette JACQUET, p.20.

ne connaît ni la grandeur du péché, ni la beauté de l'âme, ni le prix de la vertu ; elle se traîne de péché en péché comme une guenille qu'on traîne dans la boue. »[318]

« Mes enfants, je pense souvent que le plus grand nombre des chrétiens qui se damnent, se damnent faute d'instruction.[319] On comprend mal la religion. Tenez, voici, par exemple, une personne qui devra aller à sa journée. Cette personne a la pensée de faire de grandes pénitences, de passer la moitié de la nuit en prière ; si elle est instruite, elle se dira : "Non, il ne faut pas faire cela, parce que je ne pourrai pas remplir mon devoir demain. J'aurais sommeil, et la moindre chose m'impatientera ; je serai ennuyé de toute la journée, je ne pourrai rien faire, je ne ferai pas la moitié tant d'ouvrage que si j'avais reposé la nuit ; il ne faut pas faire ça." »

« Tenez, encore, mes enfants, un domestique aura

[318] *Esprit*, p. 97-98. « Mes frères, lit-on dans le cahier des écolières, je crois qu'une personne qui ne profite pas des instructions, il lui est bien difficile de se sauver, par ce qu'elle ne sera pas instruite. C'est pourquoi l'on est si coupable de ne pas assister au catéchisme, quand on le peut, parce qu'on ne sait pas ce qu'il faut faire pour être sauvé. Mais une qui est instruite, qui a bien entendu les instructions comme il faut, elle aura beau s'égarer dans toutes sortes de crimes, tant gros soient-ils, il y a toujours espérance qu'elle reviendra au Bon Dieu, quand ce ne sera qu'à l'heure de la mort. Dans ce moment, elle éprouvera des remords violents en pensant qu'il faudra aller rendre compte à Dieu de sa vie. Cela lui fait ouvrir les yeux et elle reviendra à Lui sincèrement parce qu'elle est instruite, elle a appris dans les instructions ce qu'il faut faire pour être sauvé. Au lieu qu'une personne pas instruite, est là comme une personne languissante, une personne qui est à l'agonie, elle ne connaît ni la grandeur du péché, ni la beauté de son âme, ni le prix de la vertu. Elle se traîne de péché en péché comme on traîne une guenille dans la boue pendant huit jours. L'on ne connaissait pas si c'était blanc, ou si c'était noir. De même, une âme qui se traîne dans la fange du péché, toute sa vie, son âme est noire, pourrie par ces saletés ». Marie GERMAIN et Mariette JACQUET, p.21, 22.

[319] Cette pensée est formulée dans le sermon manuscrit : « Pour l'instruction qui est la Parole de Dieu, dès que nous avons l'âge capable de nous faire instruire, il nous est aussi difficile d'aller au Ciel sans être instruits que sans être baptisés... » *Sur la Parole de Dieu*, *Sermons*, t. I, p. 255.

la pensée de jeûner, mais il faut qu'il passe toute la journée à bêcher ou à labourer la terre. Si ce domestique est instruit, il dira : "Cependant, si je fais ça, je ne pourrai pas contenter mes Maîtres". Eh bien ! Que fera-t-il ? Il déjeunera, il se mortifiera d'une autre façon. Voilà ce qu'il faut faire : il faut toujours se comporter de la manière qui doit rendre le plus de gloire au Bon Dieu. »

« Une personne en sait une autre dans la misère, et elle prendra à ses parents pour soulager cette misère. Certainement elle ferait bien mieux de demander que de prendre. Si ses parents refusent de lui donner, elle priera Dieu d'inspirer à une personne riche de faire l'aumône à sa place. Une personne instruite a toujours deux guides qui marchent devant elle : le conseil et l'obéissance. »[320]

[320] Esprit, p. 103-104 ; Ce passage ne doit rien au cahier de Marie GERMAIN et Mariette JACQUET

10 - LA DÉVOTION MARIALE

La Vierge Immaculée dans la vie et la spiritualité du Curé d'Ars

> « La Sainte Vierge est ma plus vieille affection. Je l'aimais avant de la connaître. »[321]

Ainsi le Curé d'Ars parlait-il de Notre-Dame à laquelle, dès ses primes années, sa mère l'avait voué.

Dans sa rude montée vers le sacerdoce, sa ferveur mariale ne cessa de se développer. Prêtre, cette dévotion à la Vierge est, après le culte eucharistique, l'élément dominant de sa spiritualité.

« Qui pourrait compter le nombre d'*Ave Maria* qu'il adressait à la Sainte Vierge qu'il aimait tant ! Dieu seul le sait. Son Immaculée Conception était le privilège qu'il aimait beaucoup à honorer. Du consentement de M. Balley, curé d'Écully, lorsqu'il était vicaire, il avait fondé une association en l'honneur de l'Immaculée Conception de la Sainte Vierge. Elle consistait à dire trois *Ave* le matin, un *Pater* et un *Ave* le soir. Il y avait un registre où tout ceux qui s'y agrégeaient étaient inscrits. »[322]

Tout ce qui avait rapport à augmenter la dévotion et la confiance à la Sainte Vierge, il s'y portait avec ardeur. Il faisait des mois de Marie et exhortait ses paroissiens à y assister. Il faisait une lecture dont il parlait ensuite sur son sujet et quand il était une fois lancé en parlant de la Sainte Vierge cela durait assez longtemps. D'autres fois,

[321] Autre expression rappelée par Catherine LASSAGNE : « Quand j'étais petit, j'aimais la Sainte Vierge sans la connaître. » *La Confidente du Curé d'Ars*, p. 81.
[322] *Ibidem*, p. 81-82.

et c'était le plus souvent, il parlait assez longtemps de la bonne Mère et ne faisait point de lecture. Son cœur paraissait enflammé d'amour et de confiance envers sa puissance protectrice. Je lui ai ouï dire qu'il avait fait deux vœux à la Sainte Vierge et qu'il n'y avait jamais manqué. C'était de célébrer tous les samedis la Messe en l'honneur de la Sainte Vierge ou, s'il ne pouvait pas, il la faisait célébrer. C'était pour se mettre sous sa protection. L'autre était de dire un certain nombre de fois chaque jour : "Béni soit la très Sainte et très pure Immaculée Conception, etc." Ce privilège de l'Immaculée Conception était bien cher à son cœur, il était content et honorait, faisait honorer autant qu'il pouvait la Sainte Vierge sous le titre d'Immaculée Conception. Il disait souvent :

> « La Sainte Vierge est cette belle créature qui n'a jamais déplu au Bon Dieu. Les trois personnes divines contemplent la Sainte Vierge. Elle est sans tache, ornée de toutes les vertus qui la rendent si belle et si agréable à la Sainte Trinité. » Il disait encore : « Que je serais fâché si je n'allais pas au Ciel pour voir la Sainte Vierge, cette belle créature ! »

Monsieur le Curé disait aussi, tout enflammé d'amour pour la bonne Mère, en parlant des grâces et des privilèges accordés à cette auguste Mère de Dieu, il faisait cette comparaison :

> « Si un père, une mère bien riches avaient une grande quantité d'enfants et que tous ses enfants voulaient mourir, et qu'il en reste un seul, celui qui

reste aura tout l'héritage. De même Adam, ainsi que tous ses enfants sont morts à la grâce par le péché originel. Et Marie, seule exempte du péché, reste héritière des grâces d'innocence et faveur destinées aux enfants d'Adam. S'ils étaient restés dans l'état d'innocence, quelle richesse de dons ! Quelle faveur ! Dieu l'a rendue dépositaire de ces grâces... ».

Il a fait une consécration de toute sa paroisse à Marie conçue sans péché. Le tableau qu'il a fait faire pour cela, c'est-à-dire pour en perpétuer la mémoire, est à l'entrée de la chapelle de la Sainte Vierge qu'il avait fait bâtir et orner (il avait au commencement acheté une statue de la Sainte Vierge tenant l'enfant Jésus, mais après l'apparition de la Sainte Vierge avec le titre de l'Immaculée Conception, il a fait faire une statue avec des gloires en mains, comme elle est encore maintenant...).

Peu de temps après, il fit faire un cœur en vermeil qui est maintenant suspendu à la statue de la Vierge miraculeuse, où les noms de tous les paroissiens d'Ars sont écrits et placés....

Ensuite il engagea tous les paroissiens à se procurer une image de la Sainte Vierge. Dans chaque maison où la consécration à Marie conçue sans péché fut écrite au bas de cette image avec les noms des chefs de la famille et toute la famille, le bon Curé mettait sa signature sur toutes ces images et on les conserva encadrées dans chaque maison...

Dans le temps que le choléra faisait ses ravages, il avait fait frapper une médaille : la Sainte Vierge représentée en son Immaculée Conception, avec un lis de chaque côté et cette inscription : "Oh ! Marie conçue sans péché, préservez-nous de la peste." »[323]

Cette longue citation de Catherine Lassagne nous livre déjà la tendance de l'enseignement du Curé d'Ars. L'insistance du saint à mettre en relief le privilège marial de l'Immaculée Conception se retrouve dans les catéchismes et ses instructions.

En 1849 il montre qu'il est impressionné par les apparitions de Notre-Dame, – celle de la rue du Bac à Catherine Labouré – apparitions dont l'une invite très particulièrement les chrétiens à honorer l'Immaculée Conception :

> « Mes frères, admirez la bonté de notre Dieu qui multiplie ses miracles pour notre conversion. Il y a quelques années qu'il a envoyé la Sainte Vierge, les mains pleines de lumière et de grâces pour les répandre sur la terre. "Allez, lui a-t-il dit, ma Mère, touchez ce pauvre peuple". Quelques-uns se sont convertis, mais bien peu. Quelque temps après, elle est venue se montrer à deux pauvres bergers, tristes, versant des larmes, couverte des instruments de la Passion, pour nous toucher. »[324]
>
> « Il ne faut jamais oublier ces grands miracles : Marie conçue sans péché, pleine de lumière, Marie couverte des instruments de la Passion. Ô France comblée de faveurs, France ingrate ! Il y en a qui ne voudraient pas croire ; mais faites distinguer les couleurs à un

[323] *Ibidem*, p. 82-86.
[324] LA BASTIE, p. 1.

aveugle ! Ceux qui n'ont pas la foi ont l'âme bien plus aveugle que ce qui n'ont pas d'yeux. »[325]

Le 30 mai 1851 le Curé Ars revient sur le thème qui lui est cher :

> « C'est aujourd'hui le dernier jour du mois, fête du Saint Cœur de Marie. On fait plusieurs fêtes pour chaque personne : pour Notre Seigneur, il y a l'Incarnation du Verbe, la fête du Sacré-Cœur, la fête de son Corps qui est celle du Saint-Sacrement. Pour la Sainte Vierge, la même chose : son Immaculée Conception, la Nativité, celle de son Cœur, ce Cœur si pur, si beau, si bon, l'ouvrage et la contemplation de la Sainte Trinité. Le Père se plaît à la regarder, comme l'ouvrage sorti de ses mains. On aime toujours son ouvrage, surtout lorsqu'il est bien fait, le Fils comme sa Mère bien aimée et le Saint Esprit comme son temple. Les prophètes ont publié la gloire de Marie avant sa naissance ; on la compare à un beau soleil ; en effet l'apparition de Marie peut bien se comparer à un beau soleil et à un grand vent dans un jour de brouillard. »[326]
>
> « Un saint lui demandait un jour ce qu'elle aimait mieux qu'on honora en elle. Elle répondit : ma

[325] *Ibidem*, p. 3. À l'apparition de la rue du Bac, s'ajoute celle de la Salette. Le Curé d'Ars fut l'un des premiers à la faire connaître. On sait que peu de temps après la présente déclaration, en 1850, la visite que lui rendit l'un des voyants, Maximin, le jeta dans un grand trouble. Ce qu'il crut saisir des propos de ce dernier le détourna de sa croyance à l'apparition. Ce n'est qu'à la fin de sa vie, en 1858, qu'il recouvra son assurance ancienne.

[326] *Ibidem*, p. 14. L'abbé MONNIN a utilisé ce passage : « Le Père se plaît à regarder le cœur de la très Sainte Vierge-Marie, comme le chef-d'œuvre de ses mains ; on aime toujours son ouvrage, surtout lorsqu'il est bien fait ; le Fils, comme le cœur de sa Mère, la source dans laquelle il a puisé le sang qui nous a rachetés ; le Saint Esprit, comme son temple. Les prophètes ont publié la gloire de Marie avant sa naissance : ils l'ont comparée au soleil. En effet, l'apparition de la Sainte Vierge peut bien se comparer à un beau soleil dans un jour de brouillard ».

> pureté sans tache. C'est le moyen de tout obtenir. Remercions le Bon Dieu de son Immaculée Conception, de l'avoir créé si grande, si belle, avec son Cœur si embrasé d'amour pour lui. »
>
> « Un bon chrétien doit se réjouir des prérogatives de Marie et surtout de ce qu'elle est agréable à Dieu. Il n'y a que Marie qui ait aimé Dieu réellement ; car nous ne pouvons pas dire que nous l'aimons, puisque nous sommes pécheurs ! »[327]

Un dimanche de la septuagésime le Curé d'Ars tirait parti de la parabole des ouvriers de la vigne pour illustrer son enseignement sur l'Immaculée Conception :

> « Il est dit dans l'Évangile d'aujourd'hui, mes frères, que le père de famille sortit de grand matin pour chercher des ouvriers pour travailler à sa vigne. Il n'y avait encore personne dans cette vigne ! Si, mes frères, il y avait Marie qui est née dans cette vigne. Et quelle est cette vigne ? C'est la grâce. Oui, Marie y est née puisqu'elle est conçue sans péché... Nous y avons été appelés. Le père de famille nous a cherchés ; mais Marie a toujours été, elle, la tour, la colonne de lumière. Oh ! La belle ouvrière ! Elle est pure et sans tache. Le Bon Dieu pouvait créer un plus beau monde que celui qui existe, mais il ne pouvait créer une plus parfaite créature que Marie. Les trois personnes de la Sainte Trinité la contemplent. Oh la belle ouvrière ! Tenez, mes frères, voici une faible comparaison : vous savez, ces petits œufs qui sont dans la mer, dont on voit sortir les

[327] LA BASTIE, p. 18-19.

petits poissons qui fendent les eaux avec une grande vitesse ; de même Marie, aussitôt créée, a la plénitude de la vie de la grâce. »[328]

Marie, Mère du Christ et notre Mère

Tous les privilèges dont a été dotée la Sainte Vierge ont leur raison d'être dans sa fonction de Mère de Dieu. Mais en devenant la mère du Christ, Marie va devenir la nôtre.

> « La Sainte Vierge nous a engendré deux fois, dans l'Incarnation et au pied de la Croix : elle est deux fois notre mère. »[329]

L'abbé Monnin qui a inscrit cette formule dans son recueil, l'a empruntée à Faure de La Bastie :

> « La Sainte Vierge est comme une mère qui a beaucoup d'enfants ; dans une grande paroisse elle est sans cesse occupée des uns et des autres. Tant qu'il y aura un pécheur sur la terre, elle sera en mouvement. La Sainte Vierge nous a engendrés deux fois, dans le mystère de l'Incarnation et au pied de la Croix. »[330]

> « On compare souvent la Sainte Vierge à une mère, mais elle est encore bien meilleure que la meilleure des mères ; car la meilleure des mères punit quelquefois son enfant qui lui fait du chagrin, même elle le bat ; elle croit bien faire. Mais la Sainte Vierge ne fait pas comme ça : elle est si bonne qu'elle nous traite toujours avec amour et ne nous punit jamais.

[328] *Esprit*, p. 90.
[329] *Esprit*, p. 87.
[330] LA BASTIE, p. 103.

> Le Cœur de cette bonne mère n'est qu'amour et miséricorde, elle ne désire que nous voir heureux. Il suffit seulement de se tourner vers elle pour être exaucé. Le Fils a sa justice, la mère n'a que son amour. »
>
> « Dieu nous a aimés jusqu'à mourir pour nous, mais dans le Cœur de Notre Seigneur, il y a la justice, qui est un attribut de Dieu ; dans celui de la Sainte Vierge, il n'y a que la miséricorde... »
>
> « Le Cœur de Marie est si tendre pour nous que ceux de toutes les mères réunies ne sont qu'un morceau de glace auprès du sien... Je pense qu'à la fin du monde, la Sainte Vierge sera bien tranquille, mais tant que le monde dure, on la tire de tous les côtés... La Sainte Vierge est comme une mère qui a beaucoup d'enfants. Elle est continuellement occupée à aller de l'un à l'autre. »[331]

Plus frustre, Jean-Claude Viret répète à sa manière, la même leçon :

> « La Sainte Vierge, comme une bonne mère, elle est là, aussitôt que nous la prions. Elle nous écoute et elle est prête à nous accorder ce que nous lui demandons, elle est comme une mère de famille qui est au milieu d'une huitaine d'enfants. Chacun demande quelque chose, elle donne à tous. »[332]

[331] *Esprit*, p. 87, 91. LA BASTIE, p. 16-17.
[332] Cahier de Jean-Claude VIRET, 5 décembre 1849.

Marie médiatrice

Dans le *Sermon manuscrit sur les grandeurs de Marie*, le Curé d'Ars disait :

> « Nous ne comprendrons jamais assez les grandeurs de Marie et le pouvoir que Jésus-Christ son divin Fils lui a donné ; nous ne connaîtrons jamais bien le désir qu'elle a de nous rendre heureux. Elle nous aime comme ses enfants ; elle se réjouit du pouvoir que Dieu lui a donné, afin de nous être plus utile. Oui, Marie est notre médiatrice. C'est elle qui présente à son divin Fils toutes nos prières, nos larmes et nos gémissements. C'est elle qui nous attire les grâces nécessaires à notre salut. Le Saint Esprit nous dit que Marie entre toutes les créatures, est un prodige de grandeurs, un prodige de sainteté et un prodige d'amour. »[333]

On trouve là l'essentiel des développements des catéchismes et des instructions de l'homme de Dieu.

> « L'homme était créé pour le Ciel, le démon a brisé l'échelle qui y conduisait. Jésus-Christ, par sa Passion, nous en a formé une autre, il a ouvert la porte. Marie est au bout de l'échelle qui la tient à deux mains et nous dit : "Venez ! Venez !" Oh ! Quelle belle incitation ! Oh ! Que l'homme a une belle destinée ! Voir Dieu, l'aimer, le bénir, le contempler pendant toute l'éternité ! »[334]

[333] *Sermons*, t. IV, p. 61-62.
[334] LA BASTIE, p. 9.

Plus loin, même thème :

> « Le démon avait brisé l'échelle qui conduit au Ciel. Notre Seigneur par sa Passion et son Sang nous en a reconstruit une autre. Marie la tient à deux mains. Un saint eut une vision où il y avait deux échelles, une rouge et une blanche. Ceux qui montaient par la rouge retombaient la plupart. Ceux qui montaient par la blanche grimpaient rapidement. Notre Seigneur lui dit : "La rouge, c'est moi ; la blanche, c'est ma Mère." En effet, il est impossible de ne pas se sauver si on a la dévotion à la Sainte Vierge, et il y en a très peu qui se sauvent sans cela. »[335]

> « Aussi devons-nous redoubler de confiance, recourir souvent à elle. Son Fils était près à punir un pécheur, Marie s'élance et arrête le glaive, demande grâce pour le pécheur. "Ma mère, lui dit Jésus, je ne puis rien vous refuser ; si l'enfer pouvait se repentir, vous lui en obtiendriez sa grâce mais il ne le pourra jamais."[336] Marie se tient entre son fils et nous. Plus nous sommes pécheurs, plus elle a de tendresse pour nous et de compassion. L'enfant qui a coûté le plus de larmes à une mère est le plus cher à son cœur. Ne court-elle pas toujours au plus faible ! Un médecin dans un hôpital n'a-t-il pas plus d'attention pour les plus malades ? »[337]

[335] J.-C. Viret, 4 décembre 1849.

[336] Catherine LASSAGNE a noté : « Il disait encore cette histoire : "qu'il y avait un saint ou une sainte, je ne me rappelle pas bien, qui disait qu'il avait entendu Notre Seigneur dire à la Sainte Vierge : "Ma Mère, si Lucifer était capable de se repentir, vous lui obtiendriez son pardon" ».Catherine LASSAGNE, *La Confidente*, p. 83.

[337] LA BASTIE, p. 16. MONNIN, *Esprit*, p. 88, 89.

« La dévotion à la Sainte Vierge est nécessaire ; il est difficile de se sauver sans cela. De même que lorsqu'on veut entrer dans une maison, on s'adresse au concierge pour qu'il nous ouvre, la Sainte Vierge est la portière du Ciel, nous ne pouvons entrer sans son secours. Lorsqu'on demande quelque chose à un riche, on s'adresse à son économe. Il y en a qui disent : "Mais j'aime mieux m'adresser à Dieu qu'aux saints". Mais ce n'est pas cela ; lorsqu'on veut offrir quelque chose à un grand personnage, on le fait présenter par la personne qu'il préfère pour que le cadeau lui soit plus agréable.[338] Ainsi nos prières présentées par la Sainte Vierge ont un tout autre mérite, parce que la Sainte Vierge est la seule créature qui n'a jamais offensé le Bon Dieu. Tout ce que le Fils demande au Père lui est accordé : tout ce que la Mère demande au Fils lui est de même accordé. »[339]

Dans l'enseignement du Curé d'Ars, la meilleure image de la médiation de Marie est celle qu'il nous propose à l'occasion du Sacrifice de la Messe :

« Notre Seigneur est là comme victime... aussi, tenez, une prière bien agréable à Dieu, c'est de demander à la sainte Vierge d'offrir au Père Eternel son divin Fils, tout sanglant, tout déchiré pour la conversion des pécheurs : c'est la meilleure prière que l'on puisse faire, puisque enfin toutes les

[338] Le Curé d'Ars avait déjà écrit : « Quand nous prions la Sainte Vierge, nous ne faisons rien d'autre chose que de la charger de présenter elle-même, nos prières à son divin Fils, afin qu'elles soient mieux reçues et que nous en recevions plus de grâces. Marie est le canal par lequel nous faisons monter au Ciel le mérite de nos bonnes œuvres et qui nous transmet ensuite les grâces célestes ». *Fête du saint Rosaire*, *Sermons*, t. IV, p. 105.
[339] LA BASTIE, p. 100. *Esprit*, p. 90.

prières se font au nom et par les mérites de Jésus-Christ. Mes enfants, écoutez bien ça : toutes les fois que j'ai obtenu une grâce, je l'ai demandé de cette manière, cela n'a jamais manqué. »[340]

« Il faut faire passer toutes nos prières par les mains de Marie, afin qu'elles soient plus agréables à son divin Fils. C'est comme si nous remettions un bouquet à une personne pour qu'elle l'embaume avant de le présenter à un autre. Marie embaume nos prières. »[341]

Le recours à Marie s'impose plus particulièrement à nous lorsque nous sommes aux prises avec les tentations.

« Dans nos tentations, ne cessons de recourir à Marie. Elle est terrible au démon ; invoquons-la par son corps Immaculé »[342]

Les exemples abondent, qui nous prouvent la domination de Marie sur l'esprit du mal.

« Saint Dominique prêchait un jour dans une église. Un de ses parents y vint avec sa suite ; il parut si hideux aux yeux du saint qu'il ne pût s'empêcher de faire remarquer à haute voix sa laideur. Tout le monde prit frayeur de lui. Sa femme, ses enfants, tous fuyaient. Saint Dominique lui fit dire de dire

[340] *Esprit*, p. 127.
[341] LA BASTIE, p 16-17. *Esprit*, p. 90, 91.
[342] LA BASTIE, p. 18. « Je lisais hier, un trait de la sainte Vierge : une personne qui avait de grandes tentations se plaignait un jour, à une autre et lui demandait quel moyen elle pourrait employer pour ne pas succomber. Elle lui dit de crier : "Au secours, Marie !" au moment de la tentation. Quelques jours après, le démon apparut à la personne qui avait donné le conseil : "Infâme, lui dit-il, tu m'as ravi cette âme, mais je l'aurai bien." ». LA BASTIE, p. 65-66.

son rosaire ; à mesure qu'il le récitait, tous les démons qui l'environnaient s'enfuirent. »[343]

La prière par excellence pour obtenir l'intervention de la Vierge, c'est l'*Ave Maria*.

« L'*Ave Maria* est la plus belle prière après le *Pater* ».

« Saint Bernard, grand serviteur de Marie, auteur du *Salve Regina*, disait ceci "je vous salue Marie". Un jour, la Sainte Vierge lui dit : "je te salue, mon fils Bernard". »[344]

Le Curé d'Ars imitait le saint qu'il admirait. Mais ce qui l'impressionnait surtout dans l'*Ave Maria*, c'était la demande finale : « Priez pour nous, pauvres pécheurs, maintenant et à l'heure de notre mort ». Il la citait et la commentait souvent.

« Priez pour nous, pauvres pécheurs, maintenant et à l'heure de notre mort, c'est tout. Oh ! Mes enfants, toute la vie de l'homme est un apprentissage à bien mourir. Oh ! mes enfants, quand la mort viendra nous serons bien contents d'être préparés. »[345]

« Un jour, un malade qui avait mené une vie de débauche était à la porte de la mort ; on lui parlait de conversion ; sa famille, au désespoir, le tourmentait, mais il ne voulait rien entendre ; alors un de ses amis lui dit : "Mais tu vas mourir. Est-ce que tu ne penses pas à ton éternité ?" "Telle vie, telle

343 LA BASTIE, p. 18, p. 65 -66.
344 LA BASTIE, p. 17.
345 Cahier de Jean-Claude VIRET, 6 décembre 1849.

mort", répondit-il. Mais son ami lui répondit : "N'as-tu pas dit tous les jours : priez pour nous, pauvres pécheurs, maintenant et à l'heure de notre mort ?" "C'est vrai, crois-tu que je puisse compter sur le secours de la Sainte Vierge ? Oh mon ami, va chercher un prêtre." L'ami va, il amène un prêtre qui trouve le malade baigné dans ses larmes. Le malade, le prêtre et l'ami, tous pleuraient, et il fit sa confession dans les meilleurs sentiments. »[346]

« Un saint qui disait sans cesse à la Sainte Vierge : "Sainte Marie, priez pour moi maintenant et à l'heure de ma mort", la Sainte Vierge lui dit : "veux-tu venir avec moi en paradis ?" – "En paradis, en paradis !" s'écria-t-il. Et il mourut à l'instant. Que c'est beau de mourir ainsi ! »[347]

Le Curé d'Ars, dans son sermon manuscrit *Sur les grandeurs de Marie*, évoquait la mort de la Vierge elle-même et disait :

« Elle se sentit alors brûler de tant d'amour que son âme, semblable à une fournaise ardente, ne pouvait plus rester dans son corps. Heureux moment ! Pouvons-nous voir, mes frères les merveilles qui s'opèrent à cette mort, sans nous sentir un ardent désir de vivre saintement pour mourir saintement. C'est vrai nous ne devons pas nous attendre à mourir d'amour, mais au moins ayons l'espérance de mourir dans l'amour de Dieu. »[348]

[346] LA BASTIE, p. 102-103.
[347] LA BASTIE, p. 17-18. L'abbé MONNIN fait état de cette exclamation, à propos de sainte Colette : « Sainte Colette sortait quelquefois de sa cellule, ne se possédant plus de joie à la pensée du Ciel, elle parcourait les corridors en criant : "En paradis ! En paradis !" ». *Esprit*, p. 297.
[348] *Sermons*, t. IV, p. 64-65.

Ce texte, doit évidemment le meilleur de ce qu'il contient aux *Instructions familières* de Bonnardel.[349] Mais si l'expression est empruntée, le Saint mettait le meilleur de son cœur en des phrases comme celles-là.

Imiter Marie dans sa vie et dans sa mort, tel était son ambition. C'est ce qui lui faisait dire :

> « La dévotion à Marie est moelleuse, douce ; on ne se lasse jamais de la prier. Quand on parle des objets de la terre, de la politique, on se lasse, mais quand on parle de Marie, c'est toujours nouveau il y en a qui font des prières à la Sainte Vierge, mais qui restent froids. C'est qu'ils n'ont pas cette dévotion d'imitation. Quand on aime quelqu'un, on est heureux de lui voir faire les mêmes choses que soi. Marie est de même, elle aime voir à ses enfants les vertus qu'elle a pratiquées, surtout cette pureté, cette humilité, cette charité... Oh ! Oui, imitons notre bonne Mère, cet amour de Dieu si ardent. Autrement notre destinée ne sera que de sable et de pierres, imitons Marie, elle nous accompagnera au Ciel. »[350]

Pour clore ce chapitre, retenons le fragment connu dont la rédaction doit évidemment beaucoup à la plume romantique de l'abbé Monnin :

> « Mes enfants il y avait une fois un bon saint qui aurait bien voulu entendre chanter la Sainte Vierge.

[349] *Sermons*, 61, p. 10. BONNARDEL a écrit : « Pouvons-nous espérer de mourir dans un exercice d'amour, nous qui aimons si faiblement notre Dieu ? Non, sans doute. Mais mourir dans l'amour de Dieu, voilà notre obligation, voilà la grâce que nous devons nous efforcer de mériter ».

[350] LA BASTIE, p. 19, 20, 100. *Esprit*, p. 89.

Notre Seigneur qui prend plaisir à faire la volonté de ceux qui l'aiment, daigna lui accorder cette faveur. Il vit alors une belle dame qui se mit à chanter devant lui. Il n'avait jamais entendu une si douce voix. Il était dans le ravissement, et il s'écria : "C'est assez ! C'est assez ! Si vous continuez, je vais mourir !" La belle dame lui dit : "Ne te presse pas d'admirer mon chant, car ce que tu as entendu n'est rien auprès de ce qui te reste à entendre. Je ne suis que la vierge Catherine, et tu vas entendre la Mère de Dieu." En effet la Sainte Vierge chanta à son tour. Et ce chant était si beau, que le saint s'évanouit et tomba mort de plaisir... Noyé dans le baume de l'amour ! »[351]

[351] *Esprit*, p. 263, 264.

11 - LES VERTUS THÉOLOGALES

> « Mes enfants, les trois actes de foi, d'espérance et de charité renferment tout le bonheur de l'homme sur la terre. »[352]

Les vertus théologales fournissent au Curé d'Ars l'un des thèmes principaux de ses catéchismes et de ses prédications. À tout propos, il répète :

> « Mes enfants, voyez-vous c'est la foi qui manque. »[353]

La foi et l'espérance d'ailleurs s'appellent mutuellement ; il est indispensable d'autre part que la charité vienne les parfaire. Aussi bien, les exposés du saint présentent souvent sans nette distinction l'évocation des trois vertus. Certains passages cependant concernent plus spécialement chacune d'elles. Nous les retiendrons tour à tour.

LA FOI

> « Par la foi, nous croyons ce que Dieu nous a promis ; nous croyons que nous le verrons un jour, que nous le possèderons, que nous serons éternellement avec Lui dans le Ciel. Par l'espérance, nous attendons l'effet de ces promesses ; nous espérons que nous serons récompensés de toutes nos bonnes actions, de toutes nos bonnes pensées, de tous nos bons désirs, car Dieu tient compte même des bons désirs. Que faut-il de plus pour être heureux ? »[354]

[352] *Esprit*, p. 66-67.
[353] *Ibidem*, p. 65.
[354] *Ibidem*, p. 67.

« Quand on n'a pas la foi, on est aveugle. Celui qui ne voit pas ne connaît pas, celui qui ne connaît pas n'aime pas, celui qui n'aime pas Dieu s'aime lui-même et en même temps il aime ses plaisirs. Il attache son cœur à des choses qui passent comme la fumée. Il ne peut connaître ni la vérité, ni aucun bien, il ne peut connaître que le mensonge, parce qu'il n'a pas la lumière ; il est dans le brouillard. S'il avait la lumière, il verrait bien que tout ce qu'il aime ne peut lui donner que la mort éternelle ; c'est un avant goût de l'enfer. »[355]

« Quand nous disons : "Mon Dieu, je crois fermement, c'est-à-dire sans le moindre doute, sans la moindre hésitation" ... Oh ! Si nous nous pénétrions de ces paroles : "Je crois fermement que vous êtes présent partout, que vous me voyez, que je suis sous vos yeux, qu'un jour je vous verrai clairement moi-même, que je jouirai de tous les biens que vous m'avez promis ! Mon Dieu, j'espère que vous me récompenserez de tout ce que j'aurai fait pour vous plaire ! Mon Dieu, je vous aime ! j'ai un cœur pour vous aimer !" Oh comme cet acte de foi qui est aussi un acte d'amour, suffirait à tout ! Si nous comprenions le bonheur que nous avons de pouvoir aimer Dieu, nous demeurerions immobiles dans l'extase. »[356]

« Au Ciel, la foi et l'espérance n'existeront plus ; car les brouillards qui obscurcissent notre raison seront dissipés. Notre esprit aura l'intelligence des choses

[355] *Ibidem*, p. 65.
[356] *Ibidem*, p. 68-69.

qui lui sont cachées ici-bas. Nous n'espèrerons plus rien, puisque nous aurons tout. On n'espère pas d'acquérir un trésor qu'on possède… Mais l'amour ! Oh ! Nous en serons enivrés, nous serons noyés, perdus dans cet océan de l'amour divin, anéantis dans cette immense charité du Cœur de Jésus ! Aussi la charité est un avant goût du Ciel. Si nous savions la comprendre, la goûter, oh ! que nous serions heureux ! Ce qui fait qu'on est malheureux, c'est qu'on n'aime pas Dieu. »[357]

L'homme, hélas ! refuse de croire en la Parole de Dieu.

> « Nous sommes comme des taupes de huit jours. Nous ne voyons pas plus tôt la lumière que nous nous enfonçons dans la terre. »[358]

L'apôtre l'a dit : « Sans la foi, il est impossible de plaire à Dieu ». Mais la foi requiert de chacun certaines dispositions.

> « La justice vient de la foi, se perfectionne par la foi. Vivez donc de la foi. Commencez par purifier votre cœur : l'innocence est la source des véritables lumières. Rappelez Jésus-Christ au-dedans de vous ; avec lui vous aurez les trésors de la sagesse. Établissez-vous dans la charité ; c'est le seul moyen de trouver la vérité : on ne connaît Dieu que lorsqu'on l'aime. Souvenez-vous qu'un cœur corrompu ne saurait avoir une raison saine et épurée, que plus vous vous approchez de Dieu par la grâce, plus vous participez à ses lumières, plus vous avan-

[357] *Ibidem*, p. 67-68.
[358] *Ibidem*, p. 48.

cerez dans la voie des commandements, plus vous croîtrez de clarté en clarté, plus enfin vous sentirez s'éclaircir dans votre esprit ces vérités divines : que vous le verrons un jour à découvert, lorsque nous lui serons devenus semblables comme il est devenu semblable à nous. Il est l'auteur et le consommateur de notre foi, dit l'apôtre. Il en est l'auteur parce qu'il nous l'inspire, il en est le consommateur, parce qu'il en est pour ainsi dire, le "perfecteur" et le plus haut point, et qu'après lui, la foi ne peut rien nous proposer de plus élevé et de plus inaccessible à la raison humaine. »[359]

L'ESPÉRANCE

Il arrive au Curé d'Ars de mettre particulièrement l'accent sur la vertu d'espérance. Déjà, dans les sermons manuscrits, on en trouve un qui traite explicitement et longuement du sujet. Nous en retenons la conclusion :

« Il faut prendre garde de ne pas abuser de la patience du Bon Dieu en restant dans le péché, sous prétexte que le Bon Dieu nous pardonnera, quoique nous retardions de nous confesser...

Prenons bien, garde !... Ah ! Malheureux que nous sommes ; comment osons-nous rester dans le péché, puisque nous n'avons pas une minute de sûreté pour notre vie ?

Je dis que si nous ne devons pas trop espérer, il ne faut pas désespérer de la miséricorde de Dieu,

[359] Abbé RAYMOND, *Biographie du Curé d'Ars*, cahier C, dernière page manuscrite, archives de l'évêché de Belley.

puisqu'elle est infinie. Le désespoir est un plus grand péché que tous les péchés que nous avons commis, puisque nous sommes sûrs que jamais le Bon Dieu ne nous refusera notre pardon, si nous revenons à lui avec sincérité. Ce n'est pas la grandeur de nos péchés qui doit nous faire craindre de ne pouvoir obtenir notre pardon, puisque nos péchés sont moins envers la miséricorde de Dieu qu'un grain de sable envers une montagne. »[360]

Encore faut-il que l'âme soit éclairée par une foi véritable. Le Saint Curé, à ce propos, s'exclamait, d'après J.-C. Viret :

> « Oh ! Mes enfants, nous n'avons pas la foi, nous n'avons qu'une foi éloignée... Les saints avaient la foi, mais ils étaient fort pénétrés... Ils ne pensaient que de Dieu... Oh ! Mes enfants, ces saints avaient la foi proche, mais nous l'avons éloignée. Mes enfants, vous n'avez pas la foi, vous avez une foi éloignée comme dans l'Afrique et l'Amérique ; la foi rapprochée est comme l'âme de l'homme et la foi proche est celle qui nous fait agir... »[361]

Cette finale du sermon mérite d'être signalée car elle constitue la trame même du *Catéchisme de l'Espérance* dans *L'Esprit du Curé d'Ars* :

> « Mes enfants, nous allons parler de l'espérance. C'est elle qui fait tout le bonheur de l'homme sur la terre. Il y en a en ce monde qui espèrent trop et d'autres qui n'espèrent pas assez.

[360] *Sur l'Espérance, Sermons*, t. II, p. 214-215.
[361] 5 août 1849. Ce langage est conforme à ce que MONNIN a retenu... *Esprit*, p. 291.

Il y en a qui disent : "Je vais commettre ce péché. Il ne m'en coûtera pas plus d'en dire quatre que d'en dire trois". C'est comme si un enfant disait à son père : "Je vais vous donner quatre soufflets ; il ne m'en coûtera pas plus que de vous en donner un. J'en serai quitte pour vous demander pardon."

Voici comment on agit envers le Bon Dieu. On dit : "Je vais encore me divertir cette année, aller à la danse, au cabaret, et l'année prochaine, je me convertirai. Quand je voudrai revenir à lui, le Bon Dieu me prendra bien. Il n'est pas si méchant que les prêtres le disent." Non, le Bon Dieu n'est pas méchant, mais il est juste. Croyez-vous qu'il s'accommodera à toutes vos volontés ! Croyez-vous, après que vous l'aurez méprisé toute votre vie, qu'il va se jeter à votre cou ? Oh que non... ! Il y a une mesure de grâce et de péché au bout de laquelle Dieu se retire. Que diriez-vous d'un père qui traiterait de la même manière un enfant sage et l'autre pas si sage ? Vous diriez : "Ce père n'est pas juste." Eh bien ! Dieu ne serait pas juste s'il ne faisait point de différence entre ceux qui le servent et ceux qui l'offensent.

Mes enfants, à présent, il y a si peu de foi dans le monde que l'on espère trop, ou l'on désespère. Il y en a qui disent : "J'ai trop fait de mal. Le Bon Dieu ne peut pas me pardonner". Mes enfants, c'est un gros blasphème, c'est mettre une borne à la miséricorde de Dieu et elle n'en a point : elle est infinie. Vous auriez fait autant de mal qu'il en faut pour perdre une paroisse. Si vous vous confessez, si vous êtes fâchés d'avoir fait ce mal, et que vous ne vouliez plus le refaire, le Bon Dieu vous l'a pardonné. »

« Il y avait un prêtre qui prêchait sur l'espérance et sur la miséricorde du Bon Dieu. Il rassurait bien les autres, mais lui-même se désespérait. Après le sermon, il se présenta un jeune homme qui lui dit : "Mon père, je viens pour me confesser." Le prêtre lui dit : "Je veux bien vous confesser." L'autre lui fit l'aveu de ses fautes ; après quoi il ajouta : "Mon père, j'ai fait bien du mal ; je suis perdu ! – Que dites-vous, mon ami ? Il ne faut jamais désespérer." Le jeune homme se lève : "Mon père, vous ne voulez pas que je désespère et vous ?" Ce fut un trait de lumière. Le prêtre, tout étonné, chassa cette pensée de désespoir, se fit religieux et fut un grand saint... Le Bon Dieu lui avait envoyé un ange sous la forme d'un jeune homme pour lui faire voir qu'il ne faut jamais désespérer.

Le Bon Dieu est aussi prompt à nous accorder son pardon, quand nous le lui demandons, qu'une mère est prompte à retirer son enfant du feu. »[362]

« Mes enfants, Notre Seigneur est sur la terre, comme une mère qui porte son enfant sur ses bras. Cet enfant est méchant, il donne des coups de pied à sa mère, il la mord, il l'égratigne, mais la mère n'y fait pas attention, elle sait que si elle le lâche, il tombera, il ne pourra pas marcher seul... Voilà comme est Notre Seigneur... Il endure tous nos

[362] *Esprit*, p. 183-186. L'exemple donné par le Curé d'Ars semble bien être une allusion discrète à la tentation contre laquelle il avait à se défendre : « Ma tentation, avouait-il, c'est le désespoir ».

> mauvais traitements. Il supporte toutes nos arrogances, il nous pardonne toutes nos sottises, il a pitié de nous malgré nous. »

Ce catéchisme, notons-le, ne fait, au demeurant que développer ce que Chevassu a écrit :

> « Il y en a qui ne comptent pas assez et d'autres qui comptent trop sur la miséricorde de Dieu ; les premiers sont tentés de désespoir et les seconds de présomption. »[363]

Le dernier paragraphe toutefois s'inspire d'un sermon différent de celui qui traite directement de l'espérance, le "*Sermon sur la sanctification du chrétien*" :

> « Le Seigneur nous parle par la bouche du prophète Isaïe. Il va même jusqu'à vouloir encore cacher nos péchés, en nous disant que Dieu traite le pécheur qui l'outrage, comme une mère traite un enfant dépourvu de la raison. Vous voyez, nous dit-il, cet enfant privé de raison tantôt il est de mauvaise humeur, tantôt il s'impatiente, il crie, il s'irrite, il va jusqu'à frapper de ses petites mains le sein de sa mère qui le porte, il s'efforce de satisfaire sa faible colère. Eh bien ! Nous dit-il, quelle vengeance croyez-vous que cette mère tirera de la témérité de cet enfant ? La voici : elle le serrera et le pressera encore plus tendrement contre son cœur ; elle redouble ses caresses...Voilà la manière dont Dieu traite le pécheur. »[364]

Précision inattendue, le Curé d'Ars, qui d'ordinaire pour

[363] CHEVASSU, II, p. 215. Cf. C. GENET, p. 203.
[364] *Sur la sanctification du chrétien*, *Sermons*, p. 146-147.

composer ses instructions utilisait les sermonnaires rigoristes que lui avait légués l'austère M. Balley, cette fois eut recours à l'adversaire le plus déterminé du jansénisme, l'archevêque de Sens, Languet de Gergy. C'est au *Traité de la miséricorde* du champion de la Bulle *Unigenitus* qu'il a emprunté l'essentiel de ce passage.[365]

Citons pour finir, un fragment du catéchisme transcrit, vaille que vaille, par Jean-Claude Viret.

> « Pour les personnes qui se désespèrent à cause du grand nombre de péchés qu'elles ont commis, qu'elles ne se désespèrent pas ! Quand ces pécheurs auraient commis autant de péchés que tout ce que l'on peut dire, qu'ils les mettent tous dans une balle, et qu'ils les trempent dans le sang de Notre Seigneur. Ils seront perdus, comme s'ils jetaient une boule dans la mer. La miséricorde de Dieu est bien plus grande, il pardonne aux grands pécheurs et ne se souvient pas de leurs péchés. »[366]

LA CHARITÉ

La foi et l'espérance sont indispensables au chrétien. Des trois vertus théologales cependant la plus grande est la charité. Elle fait de nous des fils de Dieu. Aussi le Curé d'Ars en parle-t-il à tout instant

> « Dieu nous a créés et nous conserve, ce qui est consolant ; nous sommes les enfants de Dieu, il est notre Père, aussi disons-nous tous les jours : "Notre Père qui êtes aux cieux." Oh ! Quelle sublime dignité : enfant de Dieu, héritier du Ciel ! Que

[365] Languet de GERGY, *Traité de la miséricorde*, p. 196-198. Cf. C GENET p. 85-86.
[366] Cahiers de Jean-Claude VIRET, 23 juillet 1848.

l'homme est quelque chose de grand ! Aussi sa prestance est noble, il regarde le Ciel, sa patrie. L'homme créé par Dieu et à son image, que cette pensée de l'immortalité de l'âme est belle ! Mais voilà, on ne réfléchit pas à ces grandes vérités. Je suis créé pour aimer Dieu ; les bêtes sont créées pour l'homme, et la durée de leur vie est bornée à sa volonté, mais l'homme a été créé pour Dieu, son âme ne mourra jamais. On connaît la beauté d'un objet au prix qu'il a coûté ; notre âme a coûté la vie d'un Dieu. »[367]

« Détournons nos cœurs de la terre ; un bon chrétien ne peut plus se souffrir en ce monde. Il le regarde avec mépris, il languit sur la terre et soupire sans cesse après le moment heureux qui doit le réunir à son Dieu pendant l'éternité toute entière. »

« Si un enfant de trois, quatre ans était là dans l'église et que sa mère fût à la tribune, il lui tendrait les bras. S'il ne pouvait monter dans l'échelle qui y conduit, il se ferait aider et n'aurait de repos que lorsqu'il serait dans les bras de cette tendre mère. »[368]

« Plus on connaît les hommes, moins on les aime. C'est le contraire pour Dieu ; plus on le connaît, plus on l'aime. Cette connaissance embrase l'âme

[367] LA BASTIE, p. 151-152. L'abbé MONNIN, dans son recueil a noté pour sa part : « Nous voyons que Dieu, pressé par l'ardeur de sa charité, n'a pas voulu nous créer semblables aux animaux ; il nous a créés à son image et ressemblance, voyez-vous. Oh ! Que l'homme est grand ! L'homme créé par amour, ne peut vivre sans amour. Ou il aime Dieu, ou il s'aime et aime le monde. Voyez, mes enfants, c'est la foi qui manque » *Esprit*, p. 64-65.
[368] *Ibidem*, p. 12.

> d'un si grand amour, qu'elle ne peut plus aimer ni désirer que Dieu. L'homme a été créé par amour : c'est pourquoi il est si porté à aimer. D'un autre côté, il est si grand que rien ne peut le contenter sur la terre. Il n'y a que lorsqu'il se tourne du côté de Dieu qu'il est content. Tirez un poisson de l'eau, il ne vivra pas. Eh bien ! Voilà l'homme sans Dieu. »[369]

Le Curé d'Ars insiste sur cette image : l'amour de Dieu est l'élément même pour lequel l'homme est créé :

> « Le poisson cherche-t-il les arbres, la prairie ? Non, il s'enfonce dans les eaux. L'oiseau s'arrête-t-il sur la terre ? Non, il s'envole dans les airs. Et l'homme qui est créé pour aimer Dieu, posséder Dieu, renfermer Dieu, que fera-t-il de toutes ses forces qui lui ont été données pour cela ? »[370]

Autres images :

> « Quand vous n'avez pas l'amour de Dieu, vous êtes pauvres. Vous êtes comme un arbre sans fleurs, et sans fruits. »[371]

> « Dans l'âme unie à Dieu, c'est toujours le printemps. »[372]

> « En dehors du Bon Dieu, voyez-vous, mes enfants, rien n'est solide, rien, rien ! Si c'est la vie, elle passe, si c'est la fortune, elle s'écroule ; si c'est la

[369] *Esprit*, p. 21-22.
[370] *Ibidem*, p. 40.
[371] *Ibidem*, p. 43.
[372] *Ibidem*. Le style de l'abbé MONNIN a vraisemblablement embelli l'expression du Curé d'Ars. L'abbé RENARD, dans ses notes manuscrites, archives paroissiale d'Ars, rapporte simplement ces mots : « Il n'y a point de mauvais temps pour le juste, tout va bien pour lui. » p. 27.

santé, elle est détruite ; si c'est la réputation, elle est attaquée. Nous allons comme le vent. Tout s'en va à grand train, tout se précipite. Ah ! mon Dieu, mon Dieu ! Qu'ils sont bien à plaindre ceux qui mettent leur affection dans toutes ces choses ! ... Ils l'y mettent, parce qu'ils s'aiment trop ; mais ils ne s'aiment pas d'un cœur raisonnable. Ils s'aiment avec l'amour d'eux-mêmes et du monde, en se cherchant ou en cherchant les créatures plus que Dieu. C'est pourquoi ils ne sont jamais contents, jamais tranquilles ; toujours inquiets, toujours tourmentés, toujours bouleversés. »[373]

« Ô Jésus : vous connaître, c'est vous aimer ! Si nous savions comme Notre Seigneur nous aime, nous mourrions de plaisir ! Je ne crois pas qu'il y ait des cœurs assez durs pour ne pas aimer en se voyant tant aimés. C'est si beau, la charité ! C'est un écoulement du Cœur de Jésus qui est tout amour. Le seul bonheur que nous ayons sur la terre, c'est d'aimer Dieu et de savoir qu'il nous aime. »[374]

« Pauvres pécheurs ! Quand je pense qu'il y en a qui mourront sans avoir goûté seulement pendant une heure le bonheur d'aimer Dieu ! »[375]

L'amour de Dieu a trouvé son expression la plus émouvante dans le Sacré Cœur.

« Ô Cœur de Jésus ! Cœur d'amour ! Fleur d'amour... le Cœur, c'est tout ce qui restait dans le très Saint Corps de Notre Seigneur, après que

[373] *Ibidem*, p. 65-66.
[374] *Ibidem*, p. 305.
[375] *Ibidem*, p. 307.

> Longin l'eût percé pour en faire sortir l'amour ! Si nous n'aimons pas le Cœur de Jésus, qu'aimerions-nous donc ? Il n'y a que de l'amour dans ce Cœur ! Comment fait-on pour ne pas aimer ce qui est si aimable ? »[376]

Sans doute la charité trouve bien souvent en nous des obstacles. On ne peut aimer Dieu sans renoncements.

> « Ce qui fait que nous n'aimons pas Dieu, c'est que nous ne sommes pas arrivés à ce degré où tout ce qui coûte fait plaisir. »[377]

Ne cherchons d'ailleurs pas dans notre sensibilité le signe de cet amour !

> « Il en est qui pleurent de ce qu'ils n'aiment pas Dieu. Eh bien ! Ceux-là l'aiment. Oh ! qu'il est consolant de penser que sur cette pauvre terre, c'est encore pour le Bon Dieu qu'il y a le plus de fidélité et le plus d'amour. »[378]

Si la charité dans nos cœurs est menacée par l'égoïsme, elle y trouve un renouveau par nos prières et nos efforts.

> « Il faudrait faire comme les bergers qui sont en champ pendant l'hiver – la vie est un long hiver – ils font du feu, mais de temps en temps ils courent ramasser du bois de tous les côtés pour l'entretenir. Si nous savions, comme les bergers, toujours entretenir le feu de l'amour de Dieu dans

[376] *Ibidem*, p. 311.
[377] *Ibidem*, p. 308.
[378] *Ibidem*. Réflexion inspirée de LANGUET « Je m'adresse à des âmes qui... ne croyant pas l'aimer, s'en affligent. Car tout cela, c'est toujours aimer et aimer véritablement. » *Traité de la confiance en la miséricorde de Dieu*, p. 165. Cf. GENET p. 205.

> notre cœur par des prières et des bonnes œuvres, il ne s'éteindrait pas ! »[379]

L'amour pur

Il arrivait au Curé d'Ars, dans l'ardeur de sa charité, de répéter :

> « Si l'on devait être damné, ce serait une consolation que de pouvoir se dire : "J'ai du moins aimé le Bon Dieu sur la terre". »[380]

Il formulait pareille remarque lorsque son âme était envahie par l'angoisse et qu'il se débattait dans les ténèbres de la nuit.

> « Dieu m'a fait, disait-il, cette grande miséricorde de ne rien mettre en moi sur quoi je puisse m'appuyer, ni talent, ni science, ni sagesse, ni force, ni vertu... je ne découvre en moi, quand je me considère, que mes pauvres péchés. Encore le Bon Dieu permet-il que je ne les voie pas tous, et que je ne me connaisse pas tout entier. Cette vue me ferait tomber dans le désespoir. »[381]

Il n'avait alors d'autre ressource que de se réfugier dans l'amour pur.

On lit dans son sermon manuscrit "*sur l'amour de Dieu*" un texte qui l'avait fortement impressionné et qu'il s'était empressé de copier. Le célèbre évêque de Belley, Jean Pierre Camus, en avait fait le thème de *Caritée*, cet ouvrage où se trouvent présentés en une sorte de parabole les éléments de la grande querelle théologique relative à l'amour pur.

[379] *Ibidem*, p. 42, 43.
[380] *Ibidem*, MONNIN, *Le Curé d'Ars*, t. II, p. 575. *Esprit*, p. 308.
[381] MONNIN, *Le Curé d'Ars*, t. II, p. 267.

> « On vit une femme, au milieu de la ville d'Alexandrie, tenant d'une main un vase plein d'eau, et de l'autre un flambeau allumé. Ceux qui la virent, tout étonnés, lui demandèrent ce qu'elle prétendait faire avec tout cet appareil : "Je voudrais avec ce flambeau embraser tout le ciel et tous les cœurs des hommes, et avec cette eau éteindre tout le feu de l'enfer, afin que désormais l'on n'aimât plus le Bon Dieu ni par l'espérance de la récompense, ni par la crainte de la punition... mais uniquement parce qu'il est bon et qu'il mérite d'être aimé." »[382]

Le Curé d'Ars formule ailleurs la même pensée. Ainsi dans le sermon *Sur la Charité*, il affirme, en se référant à saint Augustin :

> « Qu'aimer Dieu parfaitement, c'est l'aimer sans mesure, quand il n'y aurait ni Ciel à espérer, ni enfer à craindre. »[383]

Evidement, pour tenir ce langage, le prédicateur s'inspirait de ses livres habituels. Sans aller consulter Camus, il trouvait dans le *Catéchisme de Nyon* cette formule de prière : « N'y eut-il point d'enfer à craindre, point de gloire à espérer, je vous aimerais. Je ne vous demande d'autre récompense de mon amour que celle de vous aimer davantage. »[384]

L'idée qu'il se faisait de l'amour que l'homme doit à Dieu était telle qu'il s'étonnait en constatant qu'un commandement le lui imposait comme une obligation. À plusieurs reprises, on l'entend, dans ses anciens sermons, rappeler

[382] *Sur l'amour de Dieu*, *Sermons*, t. III, p. 192.
[383] *Sur la charité*, *Sermons*, t. III, p. 201.
[384] *Catéchisme de Nyon*, p. 329. Cf. C. GENET, p. 207.

à ses ouailles l'exemple de ces japonais marquant leur stupeur aux missionnaires qui leur transmettaient pareil enseignement.

> « Eh quoi ! Disaient-ils, à des hommes raisonnables, faire un précepte d'aimer un Dieu qui nous a tant aimés mais n'est-ce pas le plus grand bonheur de l'aimer, et le plus grand malheur de ne pas l'aimer. »[385]

Lui-même, dans le sermon *Sur la communion*, s'exclame :

> « Oh mon Dieu ! Quel malheur et quel aveuglement qu'un chrétien soit forcé par des lois à chercher son bonheur ! »[386]

On ne trouve de tout cela aucune réminiscence dans les catéchismes et instructions que nous avons en main, mais nous savons que le Curé d'Ars pouvait dire :

> « Je pense souvent que quand même il n'y aurait point d'autre vie, ce serait un assez grand bonheur d'aimer Dieu dans celle-ci et de pouvoir faire quelque chose pour sa gloire. »[387]

Il était bien l'homme du pur amour.

L'amour du prochain

> « Un bon chrétien qui aime Dieu et le prochain – et quand on aime Dieu, on aime le prochain, – voyez comme il est heureux ! Quelle paix dans son âme ! C'est le paradis sur la terre. »[388]

[385] *Sur le premier commandement de Dieu, Sermons*, t. III, p. 47. Et *Sur l'amour de Dieu, ibidem*, p. 193.
[386] *Sur la communion, Sermons*, t. II, p. 245.
[387] MONNIN, *Le Curé d'Ars*, t. II, p. 690.
[388] *Esprit*, p. 307.

« La charité nous oblige à aimer Dieu et le prochain comme nous-mêmes. Voici un exemple : une pauvre femme dont le fils avait été fait esclave par les barbares était venue auprès d'un prêtre lui faire part du chagrin qui opprimait son âme. N'ayant aucun moyen pour racheter son fils, le bon missionnaire était bien embarrassé, mais après avoir réfléchi un instant, il dit à cette pauvre mère : "Je vais prendre la place de votre enfant, vendez-moi pour le racheter." Elle ne voulait pas, mais vaincue par les instances du missionnaire, elle accepte. L'enfant est rendu à sa mère et le missionnaire devient l'esclave chez les barbares qui ne lui ont pas épargné les mauvais traitements. Celui-ci avait bien la charité parfaite ; il préférait son prochain à lui-même. Nous, au contraire, nous sommes fâchés du bonheur des autres, on se venge de tout. De là, ces haines, ces empoisonnements, on déchire la réputation du prochain, on est envieux, peiné de le voir jouir d'une bonne réputation. Si on loue un de vos amis, et qu'on ne dise rien de vous, vous êtes contrariés, vous êtes quelques fois même fâchés de voir les autres plus vertueux que vous, parce que vous pensez qu'ils seront plus aimés et plus honorés. Parce que vous savez bien que la vertu est toujours aimée. Si vous voyez quelqu'un qui se soit converti et qui fasse de rapides progrès dans la vertu, qui en peu de temps soit arrivé à un haut degré de perfection, cela vous fait de la peine de vous voir en arrière. Si on le loue, vous en éprouvez du chagrin et vous dites : "Oh ! Il n'a pas toujours été comme cela ; il était bien comme les autres, il a fait telle ou telle chose." Tout cela vient de l'orgueil et il arrive souvent qu'on ne se connaît pas et que l'on ne voit pas même qu'on est grandement coupable.

Le bon chrétien n'est pas comme cela, mes enfants, on le compare à une colombe parce qu'il n'a pas de fiel, il aime tout le monde : les bons, parce qu'ils sont bons, les mauvais, par compassion et parce qu'il voit en eux une âme rachetée du sang de Jésus-Christ. Il prie pour les pécheurs et dit à Notre Seigneur : "Mon Dieu, ne permettez pas que ces pauvres âmes périssent !" C'est comme cela qu'on arrive au Ciel. Tandis que ceux qui croient être quelque chose - parce qu'ils font quelques pratiques de piété, mais qui sont constamment dans la jalousie, la haine - se trouveront bien dépourvus au dernier jour.

Nous ne devons haïr que le démon, le péché et nous-mêmes. Il faut avoir la charité de St Augustin, qui se réjouissait quand il voyait quelqu'un de bien sage : au moins, se disait-il, en voilà un qui dédommage le Bon Dieu de mon peu d'amour. »[389]

« Voilà comme sont les saints, mais ces chrétiens en image ne veulent rien supporter, tout les choque ; ils répondent à des paroles piquantes par des paroles piquantes. Quand nous sommes en train de nous déchaîner, nous vomissons notre haine. Notre cœur est comme un réservoir plein de fiel, que nous sommes toujours prêts à dégorger sur ceux qui sont plus proches de nous.

[389] LA BASTIE, p. 56-61. L'abbé MONNIN a repris presque littéralement tout ce passage : *Esprit*, p. 238-240.

C'est l'amour-propre qui nous fait toujours croire que nous ne méritons que des louanges ; tandis que nous ne devrions rechercher que les injures qui nous sont dues... »[390]

« "Mais je suis innocent, dites-vous, je ne mérite pas d'être traité de la sorte !" Vous ne le méritez pas pour ce que vous avez fait aujourd'hui. Mais vous le méritez pour ce que vous avez fait hier. Vous le méritez pour vos autres péchés, et vous devez remercier Dieu de vous les faire expier. »[391]

« Tenez, mes frères, ne vous offensez pas quand on vous appellera bigots... C'est toujours parmi ceux-là que le Bon Dieu prendra ses saints. »

« Dans le pays où j'étais vicaire[392] il y avait une personne qui s'occupait à placer de pauvres filles. Il arrivait souvent qu'on venait lui faire des reproches. Alors elle s'humiliait toujours, prenait tout du bon côté et faisait ses excuses. Aussi disait-on d'elle : "Oh ! Pour celle-là, c'est une sainte." C'est qu'en effet les saints sont comme cela. Voilà la bonne dévotion. »[393]

[390] *Esprit* p. 235-236. Passage à peu près identique dans LA BASTIE : « Voilà comme sont les saints. Mais ces chrétiens en image ne veulent rien supporter, tout les choque, ils répondent par des paroles piquantes. Quand nous sommes après nous déchaîner, nous vomissons notre haine ; notre cœur est comme un réservoir plein de fiel, que nos sommes prêts à vomir sur ceux qui sont plus près de nous. C'est l'amour propre qui nous fait toujours croire que nous ne méritons que des louanges ; tandis que nous ne devrions rechercher que des injures, qui nous sont bien dues ». LA BASTIE, p. 43.

[391] *Esprit*, 236. Texte emprunté à LA BASTIE : « Mais je suis innocent. Je ne mérite pas cela ! Vous ne le méritez pas pour cela ; mais vous le méritez pour vos autres péchés et vous devez remercier le Bon Dieu de vous les faire expier. » LA BASTIE, p. 89.

[392] À Ecully.

[393] *Esprit*, 237. Passage copié sur LA BASTIE : « Dans le pays où j'étais vicaire, il y avait une fille qui s'occupait à placer des pauvres filles ; il arrivait souvent qu'on venait lui faire des reproches ; alors elle s'humiliait toujours, en prenant tout du bon côté, faisait des excuses ; aussi, disait-on d'elle : "Oh pour celle-là, c'est une sainte, mais les autres sont de fausses dévotes." Voilà la bonne dévotion ; enfin les saints sont comme cela. » LA BASTIE, p. 43, 44.

« C'est comme saint Jean de Dieu, qui se faisait passer pour fou. Quand on eut écrit au supérieur de l'hospice où il était de faire attention, qu'il avait un saint qui se faisait passer pour fou, le supérieur lui fit des excuses, et le saint n'eut qu'un regret, c'est d'être reconnu et de n'avoir plus à souffrir les humiliations, les coups et les remèdes désagréables appropriés à sa prétendue maladie, et pour laquelle il était d'une obéissance à toute épreuve. »[394]

« Aimons notre prochain ; nous aimons bien ceux qui nous font du bien, qui ont de bonnes qualités. Ce n'est pas là où est le mérite, c'est d'aimer ses ennemis, de leur faire du bien. Quand nous ferions toutes les mortifications et autres œuvres, si nous n'aimons pas ceux qui nous font du mal, nous ne sommes pas de bons chrétiens ; on n'est bon chrétien que lorsqu'on a passé par ces épreuves-là. Au moindre mal, vous vous irritez, vous ne pouvez pas dire que vous aimez le Bon Dieu. »[395]

« Le cœur des saints n'a point de fiel : ils aiment tout le monde ; ils sont contents dans les persécutions et les humiliations. Les saints ne font pas attention à tout cela, ils aiment Dieu, cela leur suffit ; peu importe le reste. »[396]

« La marque distinctive des élus, c'est l'amour, comme la marque des réprouvés c'est la haine. Aucun réprouvé n'aime un autre réprouvé ; le frère déteste son frère, le fils son père, la mère son

[394] *Esprit*, p. 237-238.
[395] LA BASTIE, p. 89, 90.
[396] *Ibidem*, p. 91.

enfant, et cette haine universelle se concentre sur Dieu : voilà ce qu'est l'enfer. Les saints aiment tout le monde. Ils aiment surtout leurs ennemis... Leur cœur embrasé d'amour divin se dilate en proportion du nombre des âmes que le Bon Dieu met sur leur chemin, comme les ailes de la poule s'étendent à proportion du nombre de ses petits. »[397]

« Ce n'est pas pour rien que Notre Seigneur en nous enseignant le *Pater*, nous fait dire : "Mon Dieu pardonnez-nous comme nous pardonnons". Le Bon Dieu ne pardonnera qu'à ceux qui auront pardonné. Il y en a qui portent la nigauderie jusqu'à ne pas dire cette partie du *Pater* : comme si Dieu ne voyait pas le fond des cœurs et ne faisait attention qu'aux mouvements de la langue... Dès que l'on hait son prochain, Dieu nous rend cette haine. C'est un trait qui se retourne sur nous. Je disais un jour à quelqu'un : "Mais vous ne voulez pas aller au Ciel, que vous ne voulez pas voir cette personne ?" – "Oh si, mais nous tâcherons d'être bien loin l'un de l'autre, afin de ne pas nous voir !" Mais ils n'auront pas cette peine, car la porte du Ciel est fermée à la haine. Dans le Ciel il n'y a point de rancune, aussi les cœurs bons et humbles qui reçoivent les injures et les calomnies avec joie ou indifférence commencent le bonheur du Ciel dès ce monde ; et ceux qui conservent la rancune sont malheureux ; ils ont le front soucieux, des yeux qui semblent vous dévorer. Il y a des personnes qui avec un extérieur de piété se piquent de la moindre injure,

[397] *Esprit*, p. 341.

> d'une petite calomnie ; on serait saint à faire des miracles si on n'a pas la charité, l'on n'ira pas au Ciel. »
>
> « Un religieux qui était à l'article de la mort et qui avait mené une vie ordinaire, qui ne s'était point livré à de grandes austérités, se trouvait cependant tranquille ; son supérieur lui en manifesta son étonnement, mais ce religieux lui répondit : "J'ai toujours oublié toutes les injures que l'on m'a faites, j'ai pardonné de bon cœur, j'espère que le Bon Dieu me pardonnera". »[398]

D'autres exemples illustrent tout naturellement cette leçon.

> « C'était un usage autrefois qu'une riche veuve prenait un pauvre pour en avoir soin. Un jour, une dame d'une haute vertu alla auprès de l'évêque, le prier de lui donner une personne pour soigner. L'évêque lui en donna une des meilleures, la dame vint quelque temps après et lui dit qu'il l'avait mal servie, qu'il lui avait donné une personne qui était si bonne qu'il n'y avait rien à gagner pour le Ciel. Alors il lui en donna une méchante, à qui elle rendait tous les services et qui la rebutait sans cesse. Enfin cette méchante personne, touchée de la douceur de cette pieuse dame, changea et devint meilleure. »[399]

[398] LA BASTIE, p.39-41. Ce passage est transcrit de façon presque littérale dans l'*Esprit*, p. 233-235. Parmi les modifications de MONNIN, on peut noter celle-ci : « Il y en a qui poussent la sottise jusqu'à ne pas dire...» au lieu de l'expression plus familière : « Il y en a qui portent la nigauderie jusqu'à... ». Le texte de LA BASTIE, reproduit par MONNIN, est une réminiscence d'un fragment du *Sermon sur l'Amour du Prochain*, *Sermons*, t. III, p. 67.
[399] LA BASTIE, p. 14.

« Un solitaire rencontra dans un chemin un pauvre enfant qu'il emporta dans sa cellule et dont il eut soin ; mais ce pauvre se plaignait sans cesse, le rebutait et lui disait de le porter là où il l'avait pris. Alors ce pauvre solitaire fut prier un riche de lui donner à dîner pour un pauvre infirme qu'il avait chez lui, et tous les jours, il allait lui chercher à manger. Le pauvre lui disait qu'il avait mangé le meilleur et ne lui laissait que le mauvais, qu'il le remportât donc dans son chemin. Alors le solitaire alla demander à St Antoine ce qu'il fallait faire. St Antoine, qui savait d'avance ce qu'il voulait, lui dit qu'il fallait le garder, que c'était sa couronne. Alors il s'en retourna et redoubla de douceur et de bonté. Le pauvre, revenant comme d'un assoupissement, reconnut son injustice et demanda pardon au solitaire. »[400]

« Un homme de qualité rencontra en traversant un bois, le meurtrier d'un de ses parents. Il s'était plusieurs fois promis de se venger ; en le voyant, il tire son épée. Aussitôt l'autre se jette à ses genoux et lui dit : "Pour l'amour de Dieu, pardonne-moi !" À ce nom de Dieu l'assassin ne peut frapper ; il remet son épée dans le fourreau et dit : "Je te pardonne." Le lendemain il fut dans une église, et il dit au Bon Dieu : "Vous me pardonnerez bien, puisque j'ai pardonné ?" Il y avait là un grand Christ, qui inclina la tête en signe d'assentiment. »[401]

[400] LA BASTIE, p. 42-43. Le Curé d'Ars se souvient ici de son ancien sermon *Sur l'Amour du prochain* et ce qu'il avait copié dans *Les Instructions chrétiennes pour les jeunes gens* de l'Abbé Humbert, p. 94-97. *Sermons,* t III, p. 59-63. Cf. C. GENET, p. 179. *Cahier,* 7 août 1849.
[401] *Esprit,* p. 241.

Au terme de ces considérations sur les trois vertus théologales, le Curé d'Ars conclut simplement en constatant :

> « Si un prince, un empereur, faisait comparaître devant lui un de ses sujets et qu'il lui disent : "Je veux faire votre bonheur, demeurez avec moi, jouissez de tous mes biens, mais veillez à ne pas me déplaire en tout ce qui est juste !" Quel soin, quelle ardeur ce sujet ne mettrait-il pas à satisfaire son prince ! Eh Bien ! Dieu nous a fait les mêmes avances... et on ne se souvient pas de son amitié, on ne fait aucun cas de ses promesses... Que c'est dommage ! »[402]

[402] *Ibidem*, p. 69.

12 - LES VERTUS CARDINALES

Les vertus cardinales – la prudence, la tempérance, la force et la justice sont rarement l'objet de prédications explicites. Les sermons manuscrits ne fournissent à leur propos aucun développement.

Cependant le cahier de Faure de La Bastie donne trois catéchismes consacrés à la prudence, à la force et à la tempérance. La quatrième vertu a-t-elle été traitée comme les autres ? Aucune note n'en garde la trace. L'Abbé Monnin a transcrit dans *L'Esprit du Curé d'Ars* l'essentiel des trois exposés.

LA PRUDENCE

> « Il y a quatre vertus cardinales ; la prudence, la force, etc. La prudence nous fait discerner ce qui sera le plus agréable à Dieu et plus utile au salut de notre âme. Il faut toujours choisir le plus parfait.[403] Il se présente deux bonnes œuvres à faire, l'une à une personne que nous aimons et l'autre à quelqu'un qui nous fait du mal. Eh bien ! C'est à cette dernière à qui il faut donner la préférence. Il n'y a point de mérite à faire du bien, lorsque c'est un sentiment naturel qui nous y porte.

[403] La formule : "*Il faut toujours choisir le plus parfait*", avait été vraisemblablement transmise par l'abbé BALLEY à son élève, Jean Marie Vianney. La générosité sans réserve du Curé d'Ars y trouvait une consigne pour sa propre sanctification. On ne peut cependant en faire une règle absolue. Elle figure dans la liste des propositions condamnées par la bulle *Unigenitus*. Prise à la lettre, elle risque de jeter les consciences dans un perpétuel embarras. Le disciple du rigide pasteur n'eut sans doute jamais conscience de la tendance janséniste de son maître vénéré.

Une dame voulut avoir une veuve avec elle pour la soigner, elle fut prier saint Athanase de lui en trouver une parmi ses pauvres. Ayant rencontré un jour l'évêque, elle lui fit des reproches de ce qu'il l'avait mal servie, parce que cette personne était trop bonne et qu'elle ne lui faisait rien gagner pour le Ciel. Elle le pria de lui en donner une autre, le saint choisit la plus méchante qu'il connut. Un caractère grognon, jamais contente de ce qu'on faisait pour elle. »[404]

C'est ainsi qu'il faut agir, car il n'y a pas grand mérite à faire du bien à quelqu'un qui vous remercie, qui est bien reconnaissant. Il y a des personnes qui trouvent qu'on ne les traite jamais assez bien, il semble que nous devons tout leur donner, qui ne nous savent point gré de ce que nous faisons, qui nous payent au contraire d'ingratitude. Eh bien ! C'est à celle-là qu'il faut faire du bien de préférence.

Il faut user de prudence dans toutes nos actions, chercher non notre goût mais ce qui plaira le plus au Bon Dieu. Je suppose que vous avez vingt sols, que vous destinez pour faire dire une Messe. Vous voyez une pauvre famille qui est dans la misère, qui manque de pain. Il vaut mieux donner cet argent à ces pauvres, parce que le Saint Sacrifice se célèbrera toujours ; le prêtre ne manquera pas de dire la Messe, tandis que ces pauvres gens seraient morts de faim.

[404] On trouve déjà cette histoire au chapitre des vertus théologales, propos de l'amour du prochain. Elle a place, en une version quelque peu différente, dans le cahier de LA BASTIE, p. 41.

Vous avez envie de prier le Bon Dieu, de passer votre journée à l'église ; mais vous songez qu'il serait bien utile de travailler pour gagner de l'argent pour quelques pauvres que vous connaissez, qui sont dans une grande indigence. Cela est plus agréable à Dieu que votre journée passée au pied des saints autels.

Une domestique voudrait passer la nuit en prières, elle ferait plus de mal que de bien, parce qu'elle ne pourrait travailler le jour. Il faut toujours chercher le plus parfait. Le diacre de saint Martin, qui était si pénible et que le bon saint supporta avec tant de patience qu'il fut touché des vertus du saint et le devint lui-même.

Si saint Martin, si cette pieuse dame qui avait soin de cette méchante qui, touchée des bontés de sa bienfaitrice se convertit, si ses personnes se fussent rebutées dans leurs bonnes œuvres, ces méchants seraient restés dans leur malice et n'auraient par fait des saints. »[405]

La force

« La seconde vertu est la force. Ce n'est pas pour porter un fardeau, mais pour résister aux tentations du démon, du monde, nous en avons besoin. Il y en a bien souvent, qui, voyant qu'ils sont si faibles et ne se convertissent que bien à la longue, sont tentés de se décourager ; ce n'est pas cela, il faut

[405] LA BASTIE, p. 62-65. Ce texte est intégralement reproduit par l'abbé MONNIN, avec quelques corrections de style, jusqu'au paragraphe : "*Une domestique voudrait passer la nuit en prières*". *Esprit*, p. 175-177.

toujours être prêt au combat, avoir toujours les armes à la main.

Je lisais hier ce trait de la Sainte Vierge : une personne qui avait de grandes tentations se plaignait à une autre et lui demandait quel moyen elle pourrait employer pour ne pas succomber, elle lui dit de crier : "Au secours, Marie !" au moment de la tentation. Quelques jours après, le démon apparut à la personne qui avait donné le conseil : "Infâme, lui dit-il, tu m'as ravi cette âme, mais je t'aurai bien."

Un saint se trouvait un jour dans un vaisseau, où il y avait un jeune homme qui lisait un mauvais livre ; peiné de voir le mal que faisait ce jeune homme, le saint lui dit : "Voulez-vous faire un grand plaisir à la Sainte Vierge ? Jetez votre livre à la mer !" – "Tout de même, répondit-il, jetez-le, si vous voulez." - "Il vaut mieux que ce soit vous, lui dit le saint, le sacrifice sera plus grand." La Sainte Vierge, toujours généreuse, le récompensa ensuite : en débarquant du vaisseau, il se fit religieux.

Combattez donc généreusement ; une fois que le démon verra qu'il ne peut plus rien sur nous il nous laissera. Voilà comment il en use ordinairement avec les pécheurs qui reviennent à Dieu. Il leur laisse goûter les douceurs des premiers moments de leur conversion, parce qu'il sait bien qu'il ne gagnerait rien. Ils sont trop fervents ; il attend une sixaine de mois que leur ardeur soir passée, puis il commence à leur faire négliger leurs prières, les sacrements, il attaque par diverses tentations ; alors viennent les combats, c'est bien alors qu'il faut demander la force et ne pas se laisser abattre. Il y en a qui sont tellement faibles que lorsqu'ils sont un peu malades, ils se laissent aller comme du papier mouillé. Si l'on marchait toujours en avant comme de bons soldats, quand viendrait la guerre ou la maladie, on élèverait son cœur à Dieu et on reprendrait courage. »[406]

La tempérance

« Pour ceux qui aiment Dieu, tout est profitable. Les bons chrétiens profitent de tout, ils profitent de l'hiver, il fait bien froid ; on offre au Bon Dieu ces petites souffrances de l'hiver. Il y en a qui envient le bonheur de ceux qui sont mieux. Il ne faut jamais regarder au dessus de soi, mais toujours en dessous, c'est-à-dire plus malheureux. Tenez, comme nos soldats qui sont en Crimée ; l'hiver passé, il y en a qui sont restés plusieurs jours dans des fossés pleins de neige. Qu'est-ce que nous avons à souffrir, nous ? Un peu de froid, quelques petits maux de tête ou autres, quelques petites peines : qu'est-ce encore tout cela, comparé au martyre ! Voilà, il faut en profiter et offrir tout au Bon Dieu. »

« La troisième vertu cardinale est la tempérance : c'est tempérer son imagination, ne pas la laisser aller aussi rapidement qu'elle marche quelquefois ;

[406] Notons que le catéchisme de *L'Esprit* sur les vertus cardinales n'a pas retenu le texte consacré à la vertu de force dans le cahier de LA BASTIE.

tempérer ses yeux, sa bouche : il y en qui ont constamment quelque chose de doux, d'agréable pour se donner bon goût. Ses oreilles, on ne les laisse pas entendre des chansons et des discours inutiles. L'odorat, il y en a qui se parfument à tel point qu'ils feraient prendre mal au cœur à ceux qui sont autour d'eux, qui versent des eaux de senteur sur les vêtements. Oh ! Cela est un péché. Tempérer ses mains, il y en a qui sont toujours à se laver, quand il fait chaud qui cherchent à manier des choses qui leur font plaisir. Enfin la tempérance de tout son corps, de cette pauvre machine. Ne pas la laisser aller comme un cheval sans mors ni bride, mais la retenir et la dompter. Il y en a qui sont là, dans leur lit, qui sont contents de ne pas dormir, pour mieux sentir le bien-être ? Les saints n'étaient pas comme cela. Je ne sais pas comme nous allons nous trouver à côté d'eux ; mais voilà, si nous sommes sauvés, nous allons demeurer des temps infinis au purgatoire, tandis qu'eux veulent voler de suite au Ciel pour voir le Bon Dieu. »

« Saint Charles Borromée, ce grand saint, avait dans son appartement un beau lit de cardinal, qui se voyait, mais à côté, en était un caché, qui était fait de fagots de bois ; c'était celui dont il se servait. Il ne se chauffait jamais ; quand on venait le voir, on remarquait qu'il se tenait de manière à ne pas sentir le feu...

Voilà comme étaient les saints. Ils vivaient pour le Ciel et non sur la terre ; ils étaient tout célestes, et nous sommes tout terrestres. Oh ! Que j'aime ces petites mortifications qui ne sont vues de personne, comme de se lever un quart d'heure plus tôt, de se lever un petit moment pour prier, la nuit, mais il y en a qui ne pensent qu'à dormir. »

« Il y avait un solitaire qui s'était construit un palais royal dans un trou de chêne ; il avait placé des épines en dedans, il avait attaché trois pierres au dessus de sa tête afin que, lorsqu'il s'aboucherait ou se renverserait, il sentit les épines et les pierres, et nous, nous ne pensons qu'à trouver de bons lits, à bien dormir.

On peut se priver de se chauffer ; si l'on se trouve mal assis, ne pas chercher à mieux se placer ; si l'on se promène dans son jardin, se priver de fruits ou de fleurs qui feraient plaisir. En faisant son petit ménage, ne pas manger quelques petits morceaux qui se présentent ; se priver de voir quelque chose qui ferait plaisir, dans les rues des grandes villes surtout. »

« Il y a un monsieur qui vient quelquefois ici ; il porte deux paires de lunettes afin de ne rien voir. Mais il y a de ces têtes qui sont sans cesse en mouvement, qui pendant vingt ans n'ont peut-être pas fait une seule mortification. »

« Lorsque nous allons dans les rues, fixons nos regards sur Jésus portant sa croix devant nous, sur Marie qui est à nos côtés, sur notre ange gardien qui écrit tout. Que c'est beau, cette vie intérieure ! Si nous voulions, notre ange gardien ne cesserait pas d'écrire. Cette vie intérieure nous donne l'union avec le Bon Dieu. Aussi, lorsque le démon voit qu'une âme cherche à y arriver, il tente de l'en détourner. En remplissant son imagination de mille chimères : mais un bon chrétien n'écoute pas cela, il va toujours en avant dans la perfection, comme un poisson qui s'élance dans le fond des mers ; mais nous, nous allons comme une sangsue sur le sable. »

« Il y avait deux saintes dans le désert, qui s'étaient toutes cousues d'épines. Mais nous ne cherchons que le bien être. Cependant nous voulons aller au Ciel mais avec tous nos aises, sans nous gêner en rien. Ce n'est pas comme cela qu'on fait les saints ; ils cherchaient tous les moyens de se sanctifier, et au milieu de toutes les privations ils goûtaient une saveur délicieuse. Que ceux qui aiment le Bon Dieu sont heureux ! Ils ne perdent pas une minute, une occasion de faire le bien ; les avares emploient tous leurs moyens pour augmenter leur trésor, et eux font comme cela pour les richesses du Ciel ; toujours ils ramassent. Aussi, qu'on sera surpris, au jour du jugement dernier, de voir ces âmes cachées, mais bien riches ! Que de douceurs ne trouvons-nous pas à nous oublier pour chercher Dieu ! Les saints se perdaient pour ne voir que Dieu, ne travailler que pour lui, ils oubliaient les objets créés pour ne trouver que lui ; c'est comme cela qu'on arrive au Ciel. »[407]

[407] LA BASTIE, p. 68-69. MONNIN a reproduit avec quelques variantes tout ce passage, à l'exception du dernier paragraphe. *Esprit*, p. 177-182.

13 - LES TENTATIONS

LES TENTATIONS ET LE COMBAT POUR DIEU

Parmi les croix destinées à favoriser la marche du chrétien vers le salut, le Curé d'Ars on l'a vu, réserve une place de choix aux tentations.

Déjà tout un sermon manuscrit dont la majeure partie est de toute évidence empruntée, traite explicitement le sujet. Un autre sermon de même veine sur les afflictions y fait également allusion. Les notes prises ultérieurement par les auditeurs des prédications et des catéchismes du saint permettent de reconnaître diverses réminiscences de cet ancien enseignement.

> « Nous sommes tentés par le démon, écrivait-il, pour commenter l'Évangile d'un premier dimanche de Carême. Nous avons notre aimable rédempteur qui a été tenté par le démon, de sorte que, dans quelque état de souffrance et de peine que nous nous trouvions, nous avons partout et toujours notre Dieu qui marche devant nous. Depuis que ce tendre Sauveur a voulu être tenté, nous n'avons qu'à vouloir être victorieux pour vaincre. »[408]

Dans le recueil de Faure de La Bastie commence ainsi son homélie du premier dimanche de carême 1849 :

> « Le Bon Dieu fut conduit par l'Esprit dans le désert pour y être tenté ; comme notre divin Sauveur a été notre modèle en toutes choses, il a voulu être aussi dans la tentation ».[409]

[408] *Sur les Tentations*, *Sermons*, t. 1, p. 307.
[409] LA BASTIE, p. 4.

> « Comme le soldat demande le combat, de même le bon chrétien est heureux dans la tentation. En garnison tous les soldats sont bons, mais c'est dans les combats que l'on reconnaît les vrais ; un bon chrétien a toujours l'épée à la main. La plus grande des tentations est de n'en pas avoir. On peut presque dire que l'on est heureux d'en avoir ; c'est le moment de la récolte spirituelle où nous combattons pour le Ciel. »

> « De même que dans le temps de la moisson, on se lève de grand matin, on se donne beaucoup de peine ; mais on ne se plaint pas parce qu'on ramasse. La tentation est quelquefois utile pour nous rappeler la présence de Dieu par des actes d'amour, des aspirations. Lorsqu'on ne s'expose pas à la tentation, c'est un bonheur d'en avoir. Le démon tente une âme qui veut sortir du péché et ceux qui sont en état de grâce, parce qu'il prévoit qu'ils feraient du bien. »[410]

Le Curé d'Ars reprend ici l'exposé de ses vieux sermons :

> « Savez-vous ce que nous sommes ? Le voici : nous faisons comme les soldats qui tant qu'il n'y a point de danger, semblent être invincibles et qui, au premier danger, prennent la fuite. »[411]

Et encore :

> « Je dis que le plus grand malheur pour les chrétiens, c'est de n'être pas tentés, parce qu'il y a lieu de croire que le démon les regarde comme lui

[410] *Ibidem*, p. 4.
[411] *Sur les Afflictions*, *Sermons*, t. II, p. 52.

appartenant. Voyez un chrétien qui cherche tant soit peu le salut de son âme : tout ce qui l'environne le porte au mal. Il ne peut souvent pas même lever les yeux sans être tenté, malgré toutes ses prières et ses pénitences ; et un vieux pécheur qui, peut-être depuis vingt ans, se roule et se traîne dans l'ordure, il dira qu'il n'est pas tenté. Tant pis... Tant pis, saint Augustin dit que la plus grande tentation, c'est de ne point avoir de tentation, parce que c'est une personne réprouvée, abandonnée du Bon Dieu, livrée entre les mains de ses passions ».[412]

Le thème du combat était familier au Curé d'Ars. On le trouve une fois encore développé dans le cahier de La Bastie :

> « Par les tentations combattues on peut acquérir beaucoup de mérites... La vie du chrétien doit être une vie de combat : si l'échafaud était là, sur la place, combien y en aurait-il qui donneraient leur tête ? Qu'il y a peu de bons chrétiens ! Après tout, le Bon Dieu ne demande pas de nous le martyre, seulement de résister à quelques tentations. Tous les soldats sont bons en garnison, c'est à la guerre que l'on connaît les bons. Quand on ne se laisse pas ébranler par le démon et que l'on dit à Dieu : "Par ces combats, mon Dieu, je vous préfère à tout". Il ne faut jamais se laisser abattre. Il y en a qui sont tellement faibles que lorsqu'ils sont un peu malades, ils sont comme des pattes mouillées. »[413]

[412] *Ibidem*, t. I, p. 315.
[413] L'abbé MONNIN donne une autre version de cette phrase : « Il y en a qui sont tellement faibles que, lorsqu'ils sont un peu tentés, ils se laissent aller comme du papier mou. » *Esprit*, p. 231.

> « Si l'on marchait toujours en avant comme les bons soldats, quand viendrait la guerre ou la maladie, on élèverait son cœur à Dieu et l'on répondrait : "Courage !" Mais l'on demeure en arrière et l'on dit : "Pourvu que je me sauve, c'est tout ce qu'il me faut. Je ne veux pas être un saint." Si vous n'êtes pas un saint, vous serez un réprouvé ; il n'y a que l'un ou l'autre. Prenez garde ! Tous ceux qui posséderont le Ciel un jour seront saints. Les âmes du purgatoire le sont, parce qu'elles n'ont point de péchés mortels, qu'elles n'ont qu'à se purifier et qu'elles sont les aimées du Bon Dieu.»

> « Travaillons mes enfants, viendra un jour que nous trouverons que nous n'avons rien fait de trop pour gagner le Ciel. »[414]

Deux exemples illustrent la leçon dans l'ancien *Sermon sur les tentations*.[415] Le Curé d'Ars ne les avait pas oubliés. Ils établissent que la tentation est une épreuve, une croix et qu'elle nous donnait l'occasion de donner à Dieu la preuve de notre amour. On les retrouve dans une version abrégée dans le cahier de La Bastie :

> « Un jour, un jeune solitaire se trouvant fortement tenté fut trouver un autre plus ancien mais qui ne l'était pas et lui découvrit son état. Celui-ci lui dit qu'il était un infâme et pas digne d'être solitaire, il le jeta dans le désespoir. Il prit alors la résolution

[414] LA BASTIE, p. 154-155. Le Curé d'Ars répète ici ce qu'il avait déjà dit dans son sermon manuscrit *Pour la Fête des Saints* : « Nous ne devons jamais perdre de vue qu'il nous faut être ou saints ou réprouvés, vivre pour le Ciel ou pour l'enfer ; il n'y a point de milieu ». *Sermons*, t. IV, p. 146. Le texte de LA BASTIE est reproduit à peu près textuellement dans *l'Esprit*, p. 231-232.

[415] *Sermon sur les tentations*, p. 318-321.

de quitter la solitude et de retourner dans le monde. Dieu fit connaître à un religieux qui était un saint d'aller attendre ce jeune solitaire sur son passage et de lui ordonner de retourner par obéissance au moins pour la nuit dans sa cellule. Le saint dit au Bon Dieu de faire passer la tentation du jeune au vieux, ce qui arriva. »[416]

« Un saint passait un jour devant un couvent de religieux où il vit une quantité de démons qui les tourmentaient sans pouvoir rien gagner. Il passa devant une ville et en vit un seul assis qui faisait mouvoir toute la ville. Alors le saint lui demanda comment il se faisait qu'il était seul pour tourmenter une grande ville et qu'ils étaient un grand nombre pour une poignée de religieux. Il lui dit qu'il suffisait bien pour la ville, parce que ceux qui étaient enclins à la haine, à l'impureté et à l'ivrognerie il les prenait par-là. Et pour les religieux il ne pouvait rien obtenir ; il attendait qu'il en vint d'autres qui s'ennuient de l'austérité de la règle. »

« Toutes les fois que le démon prévoit que l'on fera du bien, il redouble ses efforts ; à l'église il cherche à nous distraire de la présence de Dieu, parce qu'il voit le profit que nous en retirons ; l'on s'y occupe de son ménage, de ses affaires ; mais les bons chrétiens repoussent le démon dès qu'il s'approche. »

« Dans une communauté, un des frères vit pendant le Saint Sacrifice de la Messe des démons qui roulaient auprès de ces bons religieux. Il en vit

[416] LA BASTIE, p. 5.

> surtout un dont le démon piétinait la tête, et un autre qui s'approchait et se reculait sans cesse. Après le Saint Sacrifice, ce frère demanda à ces deux religieux ce qui les avait occupés pendant l'office. Le premier dit qu'il avait pensé à un plancher qu'il voulait faire dans le couvent, et le second que le démon était venu souvent l'attaquer, mais qu'il avait toujours tâché de le repousser. C'est ce que font tous les bons chrétiens. Aussi la tentation est pour eux un sujet de grand mérite. Si nous pouvions voir la joie de notre ange gardien lorsque nous combattons et comme il écrit tout ! Aussi les tentations combattues seront un sujet de joie à la mort. »[417]

L'abbé Monnin a utilisé ces textes de La Bastie.[418] Il a d'autre part complété :

> « De deux choses l'une, écrit-il, ou un chrétien domine ses penchants ou ses penchants le dominent ; il n'y a pas de milieu. C'est comme deux hommes qui se prennent au collet à qui sera le plus fort et terrassera l'autre. Il y a presque toujours un qui finit par mettre l'autre à bas, et quand il le tient par terre, le pied sur la gorge, il s'en embarrasse bien ! Il est le maître. De même, avec nos penchants la lutte est rarement égale ; ou bien nos penchants nous mènent ou nous menons nos penchants. »
>
> « Mes frères, que c'est triste de se laisser mener par

[417] LA BASTIE, p. 6-7. Voir aussi : *Sur les Tentations*, *Sermons*, t. I, p. 310-311.
[418] *Esprit*, p. 223-225.

ses penchants : un chrétien est noble ; il doit comme un grand seigneur commander à ses vassaux. On demandait à un berger qui il était. Il répondit qu'il était roi. "Sur qui régnez-vous ? – Sur mes sujets – Et quels sont vos sujets ? – Mes penchants." Ce berger avait raison de dire qu'il était roi. »[419]

« Nous sommes en ce monde comme un vaisseau sur la mer. Qu'est-ce qui produit les vagues ? C'est l'orage. En ce monde le vent souffle toujours ; les passions soulèvent la tempête dans notre âme : ce sont des combats qui nous mériteront le Ciel. »

« Il ne faut pas croire qu'il y ait quelque lieu sur la terre où nous puissions échapper à cette guerre. Nous trouverons le démon partout, et partout il cherchera à nous ravir le Ciel ; mais partout et toujours nous pouvons être vainqueurs. Ce n'est pas comme dans les autres combats. Entre deux partis, il y a toujours un vaincu. Là, si nous voulons, avec la grâce de Dieu, qui ne nous est jamais refusée, nous pouvons toujours triompher... Qu'il y a des âmes inconnues dans le monde qu'on verra riches un jour de toutes ces victoires de chaque instant ! C'est à ces âmes que le Bon Dieu dira : "Venez, les bénis de mon Père... entrez dans la joie de votre Maître !" »

[419] *Œuvres spirituelles* de TAULER, empruntées au recueil des *Histoires édifiantes et curieuses tirées des meilleurs auteurs*, Lyon frères Périsse, 1784, p. 10-11. MONNIN poursuit en s'inspirant du texte de LA BASTIE : « Nous n'avons pas encore souffert comme les martyrs ; demandez-leur s'ils sont fâchés maintenant... Le Bon Dieu ne nous demande pas tant... Il y en a qu'un seul mot renverse. Une petite humiliation fait chavirer la barque... Courage mes frères, courage ! Quand viendra le dernier jour, vous direz : "Heureux combats qui m'ont valu un tel Ciel !".

Cette histoire figure un peu plus loin dans le même recueil :

> « Un saint passait devant une communauté ; il vit une foule de démons qui étaient là pour tourmenter ce bon religieux, ils se disaient entre eux : "Allons-nous en, ils sont trop soumis à la Règle, tous fervents, nous ne les aurons jamais... Attendons qu'il en vienne de plus lâches." Passant après dans une autre ville, il vit un gros démon assis à l'entrée de la ville. Qui faisait mouvoir toute la ville... »

Notre ange gardien est toujours là à côté de nous, la plume à la main, pour écrire nos victoires.[420]

> « Il est rapporté dans l'histoire que saint François d'Assise était rassemblé avec tous ses religieux dans un grand champ où l'on avait bâti de petites maisons en jonc... Dans ce moment, il y avait un jeune homme à qui le Bon Dieu fit la grâce de lui rendre son ange gardien visible... Son bon ange gardien lui fit voir une assemblée de dix-huit mille démons, qui tenaient conseil de la manière dont ils pourraient renverser ces religieux par la tentation... un peu plus loin, en entrant dans la ville il vit un démon seul, qui était assis sur les portes de la ville pour tenter ceux qui étaient dedans. Ce saint

[420] Citation des *Œuvres spirituelles* de TAULER, empruntée au recueil des *Histoires édifiantes et curieuses tirées des meilleurs auteurs*, Lyon chez les Frères Périsse, MDCCLXXXIV, p. 10. *Esprit*, p. 227-229. MONNIN poursuit en s'inspirant du texte de LA BASTIE : « Nous n'avons pas encore souffert comme les martyrs ; demandez-leur s'ils sont fâchés maintenant... Il n'y en a qu'un seul mot renverse, une humiliation fait chavirer la barque... Courage, mes frères, courage ! Quand viendra le dernier jour, vous direz : « Heureux combats qui m'ont valu le Ciel ! »

demanda à son ange gardien, pourquoi est-ce que, pour tenter tous ces religieux, il y avait tant de mille de démons, tandis que pour toute une ville, il n'y en avait qu'un, encore était-il assis. Son bon ange lui répondit que les gens du monde n'avait pas même besoin de tentations, qu'ils se portaient assez d'eux-mêmes au mal, tandis que les religieux faisaient bien, malgré tous les pièges et les combats que le démon pouvait leur livrer. »[421]

« Trois choses sont absolument nécessaires : la prière pour nous éclairer, la fréquentation des sacrements pour nous fortifier, et la vigilance pour nous préserver. »[422]

Comment se comporter dans les tentations

« Un chrétien doit toujours être prêt au combat. Comme en temps de guerre, il y a toujours des sentinelles placées çà et là, pour voir si l'ennemi approche, de même nous devons toujours être sur nos gardes pour voir si l'ennemi ne nous tend pas des pièges, et qu'il ne vient pas nous surprendre. »[423]

« Mais il faut s'éloigner du monde, ne pas s'exposer aux tentations. C'est comme dans les voitures publiques, sur les vapeurs ; il n'est sorte d'abominations qui ne s'y dise mais un bon chrétien qui est obligé d'y aller pour ses affaires ne perd pas la présence de Dieu, se dit : "Dieu te voit" ; il prie, dit son

[421] *Sur les Tentations*, *Sermons*, t. 1, p. 310-311.
[422] LA BASTIE, p. 28.
[423] *Esprit*, p. 227.

> chapelet et demande au Bon Dieu son secours pour ne jamais l'offenser. »
>
> « Si nous étions pénétrés de la sainte présence de Dieu, il nous serait bien facile de résister à l'ennemi ; avec cette pensée : "Dieu te voit", nous ne pècherions jamais. »
>
> « Une sainte se plaignait à Dieu après la tentation et lui disait : "Seigneur, où étiez-vous ?" – "J'étais à côté de toi, qui prenais plaisir à te voir combattre". »[424]

Monnin, reprenant ce texte de La Bastie, reproduit à peu près textuellement la première phrase. Il développe ainsi la seconde :

> « Il y avait une bonne sainte (je crois bien que c'était sainte Thérèse), qui se plaignait à Notre Seigneur après la tentation et lui disait : "Où étiez-vous donc, mon Jésus tout aimable pendant cette horrible tempête ?" Notre Seigneur lui répondit : "J'étais au milieu de ton cœur, prenant plaisir à te voir combattre." »[425]
>
> « Tous ceux qui sont tentés n'ont malheureusement pas une fidélité aussi vigoureuse. Il en est qui hésitent : ces âmes lâches, rampantes, qui se traînent, disent bien au démon : "Non ne viens pas !" Mais il se rit d'elles, dit : "Tu me dis : non, mais tu me veux tout de même." Il faut dire au démon : "Retire-toi, Satan ! Mon Dieu, je suis à vous." »[426]

[424] *Ibidem.*
[425] *Esprit*, p. 226.
[426] LA BASTIE, p. 154.

« Lorsque nous croyons que tout est perdu, nous n'avons qu'à crier : "Seigneur sauvez-nous, nous périssons !" Car Notre Seigneur est là à coté de nous, qui nous regarde avec complaisance, qui sourit et nous dit : "Vraiment, tu m'aimes, je reconnais que tu m'aimes !" En effet, c'est dans la résistance aux tentations que nous prouvons à Dieu notre amour. »[427]

« Les tentations les plus ordinaires sont l'orgueil et l'impureté ; un des moyens par lesquels on y résiste le mieux est une vie active pour la gloire de Dieu. Bien des gens se livrent à la mollesse et à l'oisiveté ; dès lors, il n'est pas étonnant que le démon ait le pied dessus. »

« Un religieux se plaignait à son supérieur d'être violemment tenté. Le supérieur ordonna au jardinier et au cuisinier de l'appeler à tout moment. Quelque temps après, il lui demanda comment il allait : "Ah ! Mon père, lui dit-il, je n'ai plus le temps d'être tenté." »[428]

« Au moment de la tentation, il faut renouveler les promesses de son baptême...Tenez, écoutez bien çà. Lorsque vous êtes tentés, offrez au Bon Dieu le mérite de cette tentation pour obtenir la vertu opposée. Si vous êtes tentés d'orgueil, offrez la tentation pour obtenir l'humilité ; de pensées déshonnêtes, pour obtenir la pureté, si c'est contre votre prochain, la charité. Offrez aussi la tentation pour

[427] *Esprit*, p. 229.
[428] *Ibidem*, p. 225. Ce texte est emprunté à LA BASTIE, p. 7-8.

> demander la conversion des pécheurs : ça dépite le démon et le fait fuir, parce que la tentation se tourne contre lui. Allez ! Après cela il vous laissera bien tranquille. »[429]

> « Pas plus tard qu'hier soir, il y en avait des mille qui secouaient ma porte ; ils parlaient comme les Autrichiens, je ne comprenais pas un mot de ce qu'ils disaient. Ils sont bien partis. »[430]

> « Combattons donc généreusement ! Une fois que le démon verra qu'il ne peut rien sur vous, il nous laissera la paix. »

À vrai dire, il ne s'avoue pas définitivement vaincu.

> « Voilà comment il en use ordinairement avec les pécheurs qui reviennent à Dieu. Il leur laisse goûter les douceurs des premiers moments de leur conversion, parce qu'il sait bien qu'il ne gagnerait rien ; ils sont trop fervents. Il attend quelques mois que leur ardeur soit passée ; puis il commence à leur faire négliger la prière, les sacrements ; il les attaque par diverses tentations ; puis viennent les grands combats : c'est alors qu'il faut demander de ne pas se laisser abattre. »[431]

[429] *Esprit*, p. 226.
[430] LA BASTIE, p. 155-156.
[431] *Esprit*, p. 230-231.

14 - LES CHRÉTIENS ET LES CROIX

LA CROIX ET LES CROIX

Le Curé d'Ars – cela est apparu dès le premier chapitre de ce recueil – attachait la plus grande importance au signe de la croix et toute sa spiritualité devait rester très profondément marquée par la pensée de la Passion du Christ.

Les sermons manuscrits manifestent déjà cette note dominante. Ainsi, nous lisons dans l'un d'eux :

> « Je dis que dès l'instant que nous sommes admis au nombre des enfants de Dieu, nous prenons une croix que nous ne devons quitter qu'à la mort. Dans quelque endroit que Jésus-Christ nous parle du Ciel il ne manque jamais de nous dire que ce n'est que par les croix et les souffrances que nous pouvons mériter : "Prenez votre croix, nous dit Jésus-Christ, et suivez-moi" - "Je vais vous montrer que les croix, les souffrances, la pauvreté et les mépris sont le partage d'un chrétien qui cherche à sauver son âme et à plaire à Dieu". »[432]

Le saint à la suite de ses sermonnaires, parle indifféremment de la croix et des croix. La croix est celle du Christ, celle aussi de ses disciples. Les croix sont la participation des disciples à la passion de leur Maître.

En commençant son sermon *Sur les Afflictions*, il demande :

> « Qui pourrait, mes frères, entendre sans étonnement le langage que le Sauveur tient à ses disciples

[432] *Sur les Afflictions*, *Sermons*, t. II, p. 40.

> avant de monter au Ciel, en leur disant que leur vie ne serait qu'une suite de larmes, de croix et de souffrances, tandis que les gens du monde se livreraient et s'abandonneraient à une joie insensée et riraient comme des frénétiques ? »[433]

Ailleurs, se trouve formulée la question que le même Sauveur posera un jour aux chrétiens :

> « Quelle ressemblance y a-t-il entre vous et moi ? De quoi vous a servi cette croix devant laquelle vous vous êtes prosternés tant de fois ? » [434]

Le Curé avait découvert cette ressemblance dans l'exemple de la jeune Dorothée imitant Jésus-Christ :

> « Elle était patiente, douce, obéissante, toujours contente, d'une humeur égale dans ses travaux et dans les croix qui lui arrivaient. »[435]

On le voit le thème de la croix et des croix est familier au prédicateur des sermons manuscrits. Il figure aussi bien dans les notes des catéchistes et des instructions de la dernière période de vie du saint. On y voit même un développement plus important que celui qu'il a emprunté à des sermonnaires identifiés. À quelle source a-t-il puisé ? Nous ne saurions le dire. Mais les formules, triées et utilisées par l'abbé Monnin dans la leçon que conserve le cahier de La Bastie sur la croix et les croix, constituent un bel ensemble.

[433] *Ibidem*, p. 39. On reconnaît là ce passage de BILLOT : « Qui l'aurait cru, Mes Frères que les pleurs, les croix, les afflictions dussent être le partage des apôtres, des élus, des amis de Dieu, tandis que la joie, la prospérité seraient celui des partisans du monde ? » *Prônes réduits en pratique*, t. II, p. 290. Cf. GENET, *op. cit.*, p. 153.

[434] *Sur le Mystère de Noël, Sermons*, t. I p. 105. Texte emprunté à BONNARDEL : « De quoi vous a servi cette croix devant laquelle vous vous prosterniez ? » *Instructions familières*, t. III, p. 65. Cf. Genet, *op. cit.*, p. 195.

[435] *Pour le Jour de Noël, Sermons*, t. I, p. 116. Passage emprunté à l'Abbé HUMBERT : « Elle ne se plaignait jamais de rien ; elle était patiente, douce, bienveillante, toujours contente, d'une humeur égale dans les travaux et dans les croix qui lui arrivaient. » *Instructions chrétiennes pour les jeunes gens*, p. 53. Cf. GENET, op. cit., p. 192.

La croix, don que Dieu fait à ses amis

« Si nous croyons en Dieu, nous devons le suivre portant sa croix : c'est là le don qu'il donne à ses amis[436], et le Ciel est la récompense. Ce sont les trésors qu'il nous promet. »

« Si quelqu'un nous disait : "Je voudrais bien devenir riche, que faut-il faire ?" – "Il faut travailler tout le jour." De même pour acquérir le Ciel, il faut souffrir.[437] La croix embrasse le monde, elle est placée aux quatre coins de l'univers ; il y en a un morceau pour tous.[438] Notre Seigneur nous montre le chemin dans la personne de Simon, il appelle ses amis pour lui aider, toute sa vie, il a souffert les tourments de sa passion. Et Marie, notre bonne Mère, a toujours vu Jésus attaché à la colonne et cloué sur la croix. »[439]

« Il faut demander l'amour des croix, alors elles deviendront bien douces. J'en ai fait l'expérience pendant quatre à cinq ans, j'ai été bien calomnié. Ah ! J'avais des croix, j'en avais plus que je n'en pouvais porter presque ; je me suis mis à demander l'amour des croix ; alors j'étais heureux, je me disais : "Vraiment il n'y a de bonheur que là".[440] Il faut faire comme sainte Madeleine : ne jamais perdre la croix de vue, lorsque la croix de Notre

[436] On lit dans MONNIN : "La croix est le don que Dieu fait à ses amis". *Esprit*, p. 199. Déjà, dans le *Sermon sur les Afflictions*, le Curé d'Ars avait dit : « Dieu ne distingue ses amis que par les croix. » *Sermons*, t. II, p. 45.

[437] Transposition de MONNIN : « Si quelqu'un vous disait : "Je voudrais bien devenir riche, que faut-il faire ?" Vous lui répondriez : "Il faut travailler". Eh bien ! Oui, pour aller au Ciel, il faut souffrir. Notre Seigneur nous montre le chemin dans la personne de Simon le cyrénéen ; il appelle ses amis à porter sa croix après lui. » *Esprit*, p. 196.

[438] « La croix embrasse le monde : elle est plantée aux quatre coins de l'univers, il y en a un morceau pour tous. » *Esprit*, p. 197.

[439] LA BASTIE, p. 79-80.

[440] Passage reproduit à peu près littéralement par MONNIN, *Esprit*, p. 199-200.

Seigneur fut enterrée, elle était désolée de l'avoir perdue et demandait à Notre Seigneur de lui en donner une. Un ange lui en posa une à l'entrée de sa cellule. Elle se jette à ses pieds, la tient embrassée et se croit auprès de celle de son divin Maître. »

« Il ne faut jamais regarder d'où viennent les croix, c'est toujours de Dieu, que ce soit un père, une mère, un époux, un frère, le curé ou le vicaire, c'est toujours Dieu qui nous donne le moyen de lui prouver notre amour. »[441]

« C'est dans les tentations et les peines que nous prouvons notre fidélité et que nous pouvons dire au Bon Dieu que nous l'aimons. Que diriez-vous d'une personne qui vous répèterait sans cesse qu'elle vous aime, mais qui ne vous donnerait jamais rien et qui ne vous soutiendrait même pas contre vos persécuteurs ? Voyez saint Jean de la Croix se faisait passer pour fou ; on le mit dans un hospice où il fut maltraité et pris de très mauvais. Quand on dit au supérieur que c'était saint jean de la Croix, il se jette à ses genoux en lui demandant pardon de l'avoir aussi mal traité ; mais saint Jean de la Croix pleurait d'être reconnu : "Que ne m'avez-vous laissé où j'étais ?" »[442]

[441] Dans le *Sermon sur les Afflictions*, la question est posée : « Voulez-vous savoir, Mes Frères, comment il faut recevoir les croix qui nous viennent ou de la main de Dieu ou de celle des créatures ? » *Sermons*, t. II p.

[442] LA BASTIE, p. 81-83. Cet exemple est rappelé une seconde fois dans le même recueil. Il est alors attribué par erreur à Saint Jean de Dieu ; « c'est comme Saint Jean de Dieu qui se faisait passer pour fou. Quand on écrivit au supérieur de l'hospice où il était, de faire attention, qu'il avait un saint qui se faisait passer pour fou. Alors le supérieur lui fit des excuses. Il fut bien fâché d'être reconnu et de ne n'avoir plus à souffrir les humiliations, les coups les remèdes appropriées à la maladie et pour lesquels il était d'une obéissance remarquable. » LA BASTIE, p. 74.

« Mettez un beau raisin sous le pressoir, il en sortira un jus délicieux. Notre âme, sous le pressoir de la croix, produit un jus qui la nourrit, qui la fortifie. Lorsque nous n'avons pas de croix, nous sommes arides. Si nous les portons avec résignation, nous sentons une douceur, un bonheur, une suavité, c'est le commencement du Ciel : mais il est avec nous le Bon Dieu. La Sainte Vierge, les anges et les saints nous environnent, sont à nos côtés et nous voient. »

« Le passage du bon chrétien éprouvé par l'affliction à l'autre vie est comme une personne que l'on transporte sur un lit de roses. Qu'il est consolant pour une âme pareille de dire : "Je suis l'amie du Bon Dieu, il me regarde, il me contemple". »[443]

La Croix, source de mérites et de bonheur

« Le Bon Dieu veut que nous ne perdions jamais de vue la croix.[444]Aussi la place-t-on partout, le long des chemins, sur les hauteurs, dans les places publiques, afin qu'à cette vue nous puissions dire : "Voilà comment Dieu nous a aimés". »[445]

« Il faut désirer de souffrir, désirer les croix. Saint Bernard désirait avoir la force de supporter toutes les croix. Quel bonheur de s'offrir en sacrifice le

[443] *Ibidem*, p. 143-144. Paragraphes reproduits avec quelques légères modifications par MONNIN, jusqu'à l'exclamation : « qu'il est consolant ! » *Esprit*, p. 198.
L'image sur laquelle s'ouvre ce passage est une réminiscence. Le sermon consacré à *L'Invention de la Sainte Croix* remarque : « C'est cette croix qui a porté ces raisins mystérieux, dont le jus abreuve notre âme pendant son exil. » *Sermons*, t. IV, p. 3.

[444] « Dieu veut que nous n'en perdions jamais le souvenir... » *Invention de la Sainte Croix, Sermon*, t. IV, p. 9.

[445] *Esprit*, p. 196-197. « Il nous a même créés en forme de croix, afin que tout homme fût l'image de cette croix, sur laquelle Jésus-Christ est mort pour nous sauver. Voyez comme l'Eglise s'empresse d'en multiplier le nombre... » *Invention de la sainte Croix*, *Sermons*, t. IV, p. 9.

matin, d'accepter tout ce qu'il plaira à Dieu de nous envoyer ! Se réjouir dans les épines et se tenir au pied de la croix ! Qu'est-ce que cette croix ? C'est un baume qui en découle, qui inonde l'âme de douceurs et de mérite, qui faisait s'écrier aux saints : "Cessez Seigneur !" Au jugement, on sera étonné de ce dévouement à la croix. » [446]

« Les épines suent le baume et la croix transpire la douceur, mais il faut presser les épines dans ses mains, et serrer les croix sur son cœur pour qu'elles distillent le suc qu'elles contiennent. » [447]

« Ceux qui n'ont point de peines, de combats, qui sont là, tranquilles, c'est mauvais.[448] Il faut être dans la disposition de renoncer toujours à sa volonté pour faire celle de Dieu, c'est pour nous une source de mérites continuels, un seul renoncement à sa volonté est plus agréable à Dieu que trente jours de jeûne. Toujours faire céder sa volonté à celle du prochain, ne pas être comme ces orgueilleux qui veulent toujours que leur opinion prévale. J'ai connu de ces âmes dans le monde, à qui cette pratique était devenue familière. Les saints allaient au devant des croix, ils se faisaient souffrir. »[449]

« Les croix transformées dans les flammes de

[446] LA BASTIE, p. 86, 87.
[447] *Esprit*, p. 198.
[448] Au contraire : « On vous calomnie, on vous accable d'injures : on vous fait tort, tant mieux ! C'est bonne marque ; ne vous tourmentez pas : vous êtes dans le chemin qui conduit au Ciel. » *Invention de la Sainte Croix*, *Sermons*, t. IV, p. 19. Ou encore : « Mais me direz-vous, je ne leur fais point de mal, pourquoi veulent-ils m'en faire ? – Tant mieux, mon ami, c'est bonne marque. Vous êtes sûr d'être dans le chemin qui conduit au Ciel. » *Sur les Afflictions*, *Sermons*, t. II, p. 50.
[449] LA BASTIE, p. 87-88.

l'amour sont comme un fagot d'épines que l'on jette au feu et que le feu réduit en cendres. Les épines sont dures, mais les cendres sont douces. »[450]

« Oh ! Que ces âmes qui sont toutes à Dieu et qui combattent éprouvent de douceurs ! C'est comme une sauce dans laquelle on veut mettre un peu de vinaigre, mais beaucoup plus d'huile ; il est bien toujours vinaigre, mais l'huile en corrige l'amertume et on ne le sent presque plus. Il y avait une personne qui était depuis vingt ans dans son lit, ses rideaux fermées, tout écorchée ; on lui demandait si elle voulait guérir. Elle disait que non qu'elle était bien contente. »

« Il y avait tout près d'ici, dans une paroisse voisine, un petit garçon qui était tout pourri dans son lit et misérable. Je lui disais : "Tu es bien ennuyé !" – "Non, je ne souffre pas, je ne sens pas aujourd'hui ce que je souffrais hier, ni demain je ne sentirai pas la douleur d'aujourd'hui." – "Tu voudrais bien guérir ?" – "Non, parce que j'étais déjà polisson ; je pourrais le redevenir ; je suis content comme cela." C'était bien le vinaigre, mais l'huile l'emportait. Nous ne comprenons pas parce que nous sommes trop terrestres. Nous fuyons les souffrances. Au contraire, nous devrions demander le don de souffrance. »[451]

[450] *Esprit*, p. 197.

[451] *Ibidem*, p. 157. MONNIN a transposé ce passage en un langage plus correct : « Oh ! Que les âmes qui sont tout à fait à Dieu dans la souffrance éprouvent des douceurs ! C'est comme une eau dans laquelle on met beaucoup d'huile : le vinaigre est bien toujours vinaigre ; mais l'huile en corrige l'amertume et on ne le sent presque plus. Il y avait tout près d'ici, dans une paroisse du voisinage, un petit garçon qui était tout croché dans son lit, bien malade et bien misérable ; je lui disais : « Mon pauvre petit, tu souffres bien ! » Il me répondait : Oh, Monsieur le Curé, je ne sens pas aujourd'hui mon mal d'hier, et demain, je ne sentirai pas

« Lorsque la croix arrive, il faut s'humilier devant Dieu, reconnaître sa profonde misère, lui demander la force qu'il accorde toujours et accepter la croix qui apporte avec elle tant de douceurs. »[452]

« Saint Augustin disait : "Les gens du monde se réjouissent quand ils n'ont point de croix et nous pleurons quand nous n'en n'avons pas". Oh ! Que c'est beau de s'offrir tous les matins en sacrifice au Bon Dieu, tout accepter en expiation de ses péchés et pour son amour ! »[453]

« Celui qui n'aime pas la croix pourra peut-être se sauver, mais avec une grande peine : ce sera une petite étoile dans le firmament. Celui qui aura souffert, combattu pour son Dieu, sera comme un beau soleil. »[454]

« Il n'y a personne d'heureux en ce monde, il n'y a que ceux qui ont le calme de l'âme au milieu des peines de la vie. Ils goûtent la joie des enfants de Dieu. Les combats nous mettent au pied de la croix et la croix à la porte du Ciel. Pour y arriver il faut qu'on nous marche dessus, que nous soyons broyés, méprisés. Qu'il y a des âmes cachées, inconnues dans ce monde, qu'on verra riches de toutes ces victoires de chaque instant ! Le Bon Dieu

mon mal d'aujourd'hui, » « Tu voudrais bien guérir ? » « Non, j'étais méchant avant d'être malade, je pourrais le redevenir. Je suis bien comme je suis.» C'était bien le vinaigre, mais l'huile l'emportait. Nous ne comprenons pas cela, parce que nous sommes trop terrestres. Des enfants en qui le saint Esprit réside nous font honte. » *Esprit*, p. 193, 194.

452 LA BASTIE, p. 85.

453 *Ibidem*, p. 81. MONNIN écrit : « Les gens du monde se désolent quand ils ont des croix, et les bons chrétiens se désolent quand ils n'en ont pas.» *Esprit*, p. 191, 292.

454 *Ibidem*, p. 83. Texte repris par MONNIN : « Celui qui n'aime pas la croix pourra peut-être bien se sauver, mais à grande peine : ce sera une petite étoile dans le firmament. » *Esprit*, p. 197.

> leur dira : « Viens, mon enfant, jouir du fruit de tes combats, tu as réjoui mon cœur, viens en recevoir les bénédictions ! »[455]

Au demeurant, le Seigneur nous a livré, en nous donnant l'Eucharistie, le moyen de porter allègrement nos croix.

> « Ô mes enfants, a noté J.-C. Viret, que l'on est heureux quand on a le bonheur de communier souvent. On n'est plus attaché à la terre, au contraire, rien ne nous inquiète, nous sommes en paix, au contraire nous désirons les croix. Oh ! Mes enfants quand on a le bonheur de posséder Dieu, rien ne nous manque, quand même nous aurions des croix. La douceur qui est en nous fait que nous méprisons toutes les croix. Ô mes enfants, si nous voulions nous aurions le bonheur de recevoir notre Dieu tous les jours, et vous verriez que vous auriez la douceur suave, les désirs et la joie, rien ne vous coûterait, vous seriez dégagés des biens matériels de la terre et vous ne penseriez plus qu'à votre Dieu... »[456]

LA CROIX, ÉCHELLE DU CIEL ET CHEMIN DU SALUT

> « Nous ne sommes pas de ce monde, puisque nous disons tous les jours : "Notre Père qui êtes aux cieux". Il faut donc n'attendre notre récompense que lorsque nous serons dans notre royaume : c'est

[455] Dans MONNIN, nous lisons : « Les contradictions nous mettent au pied de la croix, et la croix à la porte du Ciel. Pour y arriver, il faut qu'on nous marche dessus, que nous soyons vilipendés, méprisés, broyés... Il n'y a d'heureux en ce monde que ceux qui ont le calme de l'âme, au milieu des peines de la vie : ils goûtent la joie des enfants de Dieu. Toutes les peines sont douces, quand on souffre en union avec Notre Seigneur. » *Esprit*, p. 198-199.
[456] *Cahiers*, 13 mars 1850.

pour cela que les bons chrétiens sont dans les croix, les tentations, les mépris, les maladies, les calomnies. Tant mieux ! Mais on s'étonne de cela, il semble que parce qu'on aime peu le Bon Dieu, on doit n'avoir rien qui nous contrarie. Nous disons : "En voilà un qui n'est pas sage et cependant tout lui réussit. Moi, j'ai beau faire ce que je peux et tout va de travers." C'est que nous ne comprenons pas le prix et la grandeur des croix. Il ne faut pas considérer le combat, mais la récompense. Un commerçant n'envisage pas la peine qu'il a dans son commerce, mais le gain qu'il en retirera. Que sont vingt, trente, cinquante ans de combat, comparés à une éternité de récompense ! Mais c'est que nous ne comptons pas le bonheur du Ciel, ni ne le comprendrons jamais. Nous le savourerons, nous le contemplerons. »[457]

« Si nous réfléchissions à la noble destinée de l'homme, nous mépriserions notre cadavre pour n'estimer que notre âme.»[458]

« La croix est l'échelle du Ciel. »[459] « C'est par la

[457] LA BASTIE, p. 142-143. MONNIN a ainsi transposé ce passage : « Nous sommes en ce monde, mais nous ne sommes pas de ce monde, puisque nous disons tous les jours : "Notre Père qui êtes aux cieux". Il faut donc attendre notre récompense quand nous serons chez nous, dans la maison paternelle.
C'est pour cela que les bons chrétiens sont dans les croix, les contradictions, les adversités, les mépris, les calomnies. Tant mieux ! Mais on s'étonne de cela. Il semble que parce qu'on aime un peu le Bon Dieu, on doit n'avoir rien qui contrarie et qui fait souffrir... Nous disons : "En voilà un qui n'est pas sage, et cependant tout lui réussit ; moi, j'ai beau faire ce que je peux, tout va de travers." C'est que nous ne comprenons pas le prix et le bonheur des croix. – On dit quelquefois : "Dieu châtie ceux qu'il aime". Ce n'est pas toujours vrai. Les épreuves, pour ceux que Dieu aime, ne sont pas des châtiments, ce sont des grâces. Il ne faut pas considérer le travail, mais la récompense. Un négociant n'envisage pas la peine qu'il a dans son commerce, mais le gain qu'il en retire. Qu'est-ce que vingt ans, trente ans, comparés à l'éternité ? » *Esprit*, p. 22.
[458] LA BASTIE, p. 158.
[459] *Esprit*, p. 195.

croix que l'on va au Ciel. Les maladies, les tentations, les peines, sont autant de croix qui nous conduisent au Ciel. Tout cela sera bientôt passé. Voyez les saints qui sont arrivés avant nous. Le Bon Dieu ne demande pas de nous le martyre du corps, il nous demande seulement le martyre du cœur et de la volonté... »

« Notre Seigneur est notre modèle : prenons notre croix et suivons-le. Faisons comme les soldats de Napoléon. Il fallait traverser un pont sur lequel on tirait à mitraille ; personne n'osait passer. Napoléon prit le drapeau, marcha le premier et tous le suivirent. Faisons de même ; suivons Notre Seigneur qui a marché le premier. »[460]

« Un militaire me racontait un jour que dans une bataille, il avait marché pendant une demi-heure sur les cadavres. Les chevaux les foulaient sous leurs pieds, la terre était toute teinte de sang. C'est ainsi que dans le chemin de la vie, il faut marcher sur les croix et les peines pour arriver à la patrie. »[461]

« Il ne faut pas chercher le Bon Dieu dans les plaisirs, nous ne l'y trouverons pas, mais sur la croix. »[462]

« Ce sont nos péchés qui nous attirent tous les maux. Aussi ne devons-nous jamais nous plaindre

[460] *Esprit*, p. 194-195. Il est curieux d'entendre ici le Curé d'Ars donner en exemple l'héroïsme de Napoléon, lui qui, jadis, s'était soustrait à la conscription et qui ne craignait pas, en chaire et dans ses catéchismes, de rappeler parfois ce souvenir : « Quand j'étais déserteur... » (*Déposition de la comtesse des GARETS, P.O.*, p. 895).
[461] LA BASTIE, p. 83. Passage reproduit textuellement par MONNIN. *Esprit*, p. 195.
[462] *Ibidem*, p. 84.

ou murmurer de ce qui nous arrive. Au contraire la croix, les combats et les peines sont un moyen d'expiation que nous donne le Bon Dieu dans sa miséricorde. Il faut expier le péché en ce monde. Ne vaut-il pas mieux souffrir un peu sur la terre que de rester de cinq à six-cents ans en purgatoire ? »[463]

Le but c'est le Ciel.

« Lorsque nous y serons, nous serons heureux d'avoir souffert. Nous connaîtrons alors le prix des croix et des tentations... Ce n'est qu'un moment à souffrir. Si nous pouvions aller passer huit jours dans le Ciel, nous en comprendrions le prix, nous ne trouverions point de croix assez fortes pour rassasier notre soif des souffrances. Il faut se placer dans une boîte d'épines, mais nous sommes si ennemis de ce qui nous contrarie que nous voudrions toujours être dans une boîte de coton. »[464]

« Nous devrions courir après les croix, comme l'avare court après l'argent. Il n'y a que les croix qui nous rassureront au jour du jugement. Quand ce

[463] *Ibidem*, p. 85, 86.

[464] *Ibidem*, p. 51-52. MONNIN a ainsi arrangé ce passage : « Si le Bon Dieu nous envoie des croix, nous nous rebutons, nous nous plaignons, nous murmurons, nous sommes si ennemis de tout ce qui nous contrarie, que nous voudrions toujours être dans un boite de coton ; c'est dans une boite d'épines qu'il faudrait nous mettre ». *Esprit*, p. 194.

J.-C. VIRET, relatant une digression à l'occasion d'un catéchisme sur le baptême, a noté : « Un jour, un petit enfant était dans une église (il) entendit dire que le chemin du Ciel était dans un buisson d'épines. L'enfant prit la chose à la lettre (et) se mit à marcher dans un buisson d'épines en disant : "Voilà le chemin du Ciel. Je veux y aller." Au bout de ce chemin (il y avait) un monastère. Cet enfant était tout piqué d'épines. Il demande à entrer dans ce monastère. (Il) dit au supérieur comme il avait passé dans les épines et qu'il lui demandait où était le paradis. Le supérieur était un saint, il lui dit : "Mon enfant allez dans cette chambre..." Donc il alla, mais à l'heure du dîner, le supérieur fit appeler cet enfant pour venir avec les autres. Quelle surprise ! l'enfant se trouva mort. Eh bien ! Il dit : "Cet enfant est au Ciel". » Cahier de Jean-Claude VIRET, 28 juillet 1848.

jour viendra, que nous serons heureux de nos malheurs, fiers de nos humiliations et de nos sacrifices. »[465] « Quel trésor pour le moment de la mort. »[466] « Qu'il fait bon mourir, quand on a vécu sur la croix ! »[467]

[465] *Esprit*, p. 196.
[466] LA BASTIE, p. 86.
[467] *Esprit*, p. 196.

15 - LE PÉCHÉ ET LE PÉCHEUR

Les instructions et les catéchismes du Curé d'Ars étant bien souvent une préparation des pèlerins à la confession, il n'est pas surprenant d'entendre le Saint parler du péché avec insistance. Le but du pèlerinage n'était-il pas la conversion de chacun ?

LE PÉCHÉ, ENNEMI DE NOTRE BONHEUR

> « Oh mes enfants, que nous sommes ingrats ! Le Bon Dieu veut nous rendre heureux, bien sûr ! Il ne nous a donné sa loi que pour cela. La loi de Dieu est grande, elle est large. Le roi David disait qu'il y trouvait ses délices et que c'était un trésor plus précieux pour lui que les plus grandes richesses. Il disait encore qu'il marchait dans un chemin spacieux, parce qu'il avait recherché les commandements du Seigneur. »[468]

Hélas ! Nous refusons le bonheur que Dieu nous offre. Ce refus, c'est le péché dans lequel il nous faut voir le mal par excellence, tant en ce qui concerne Dieu lui-même qu'en ce qui nous concerne personnellement.

> « Voyez, mes enfants, nous avons deux parties en nous-mêmes, et c'est notre âme qui est la plus noble. Oh ! Cette partie si précieuse de nous, et qu'on néglige tant ! On la laisse croupir dans le péché, et ce cadavre qui doit pourrir et dont on fait

[468] *Esprit*, p. 145-146.

> tant de cas ! On fait tout pour l'embellir, pour plaire, et l'âme gémit, souffre dans le péché. Une âme qui a coûté le sang d'un Dieu, la perdre pour le plaisir d'un moment, pour un désir de vengeance, une pensée d'orgueil, cette pauvre âme qui a tant coûté à Dieu ! Et vous la méprisez et vous l'avilissez pour contenter votre corps et ce cadavre qui doit bientôt mourir, dont on a tant soin. On a si peur de souffrir la moindre des choses ! Ô mon Dieu, quand il faudra paraître devant le Bon Dieu avec une âme couverte de péchés mortels, quel sera notre regret en voyant que nous nous sommes perdus pour si peu de chose. Et bien par notre faute, parce qu'on n'aura pas voulu quitter cette compagnie, cette occasion, cette habitude.
>
> Ah ! mon Dieu, si on réfléchissait bien aux tourments qu'on se prépare en vivant dans le péché, je trouve qu'il serait impossible de pouvoir pécher. On ne pourrait pas. Voyez, on ne pourrait pas, si on pensait bien que ce que notre (péché) a coûté à Dieu et qu'on souffre toute une éternité. Voyez, je trouve que si on pèche, c'est par défaut de réflexion, car on ne pourrait consentir à souffrir les feux de l'enfer, nous qui avons si peur de souffrir, et on pèche pour si peu de chose. »[469]

Là-dessus, le Curé d'Ars se plaisait à décrire l'avilissement auquel se voue le pécheur :

> « Celui qui vit dans le péché prend les habitudes et les formes des bêtes. La bête, qui n'a pas de raison,

[469] Marie GERMAIN et Mariette JACQUET, p. 11.

ne connaît que ses appétits ; de même l'homme qui se rend semblable aux bêtes perd la raison, et se laisse conduire par les mouvements de son cadavre. Il met son plaisir à bien boire, à bien manger et à jouir des vanités du monde, qui passent comme le vent. Je plains les pauvres malheureux qui courent après ce vent... Ils gagnent bien peu ! Ils donnent beaucoup pour un petit profit ; ils donnent leur éternité pour la misérable fumée du monde. »

« Mes enfants, que c'est triste quand une âme est en état de péché ! Elle peut mourir en cet état, et déjà tout ce qu'elle fait n'a point de mérite devant Dieu. C'est toujours le démon qui est si content quand une âme est dans le péché et qu'elle y persévère, parce qu'il pense quelle travaille pour lui, et que si elle venait à mourir, il l'aurait...[470] Dans le péché notre âme est toute galeuse, toute pourrie, elle fait regret. La pensée que le Bon Dieu la regarde devrait la faire rentrer en elle-même... Et puis, quel plaisir a-t-on dans le péché ? On n'en a point. On fait des rêves affreux... que le démon nous emporte, que nous tombons dans des précipices... Mettez-vous bien avec le Bon Dieu, ayez recours au sacrement de pénitence : vous dormez tranquille comme un ange. On est content de se réveiller la nuit pour prier le Bon Dieu... On n'a que des actions de grâces à la bouche ; on s'élève avec une grande facilité vers le Ciel, comme un aigle qui fend les airs. »[471]

[470] Dans le cahier de Marie GERMAIN et Mariette JACQUET, on lit : « Quand nous sommes tombés dans le péché, il pense : Au moins, s'il mourait à présent je l'aurais bien », parce qu'il sait combien l'homme sera heureux s'il meurt en état de grâce. », p. 13.
[471] *Esprit*, p. 152-154.

« Regardez, mes enfants, combien le péché dégrade l'homme. D'un ange créé pour aimer Dieu, il en fait un réprouvé, un démon qui le maudira toute l'éternité. Ah ! Si Adam, notre premier père, n'avait pas péché et si nous ne péchions pas tous les jours, nous serions extrêmement heureux ! Il n'y aurait point de malheureux sur la terre, on serait aussi heureux que les saints dans le Ciel. »

« En effet, mes enfants, c'est le péché qui attire sur nous la gelée, la grêle, tous les autres fléaux qui nous désolent. C'est le péché qui nous rend malheureux. Voyez mes enfants, une personne qui est en état de péché est toujours triste, ennuyée, dégoûtée de tout. Tandis que celle qui est en paix avec le Bon Dieu est toute contente, tout heureuse. »[472]

« Le péché mes enfants, nous empêche d'aller au Ciel... Oh ! Que le péché est un grand mal ! Le péché offense Dieu. Cependant nous sommes les enfants de Dieu, enfants de Dieu qui nous aime tant... Pourquoi l'offensons-nous ? Et quel est notre malheur en offensant Dieu ! Nous perdons le Ciel, le bonheur d'aimer Dieu pendant l'éternité... Oh ! Que le pécheur est malheureux, il perd la paix de son âme : il est déchiré par le remords, le chagrin,

[472] LA BASTIE, p. 27. L'Abbé MONNIN a ainsi démarqué ce passage : « Voyez, mes enfants, comme le péché dégrade l'homme : d'un ange créé pour aimer Dieu, il fait un démon qui le maudira pendant toute l'éternité. Ah ! Si Adam, notre premier père, n'avait pas péché et si nous ne péchions pas tous les jours, comme nous serions heureux ! Nous serions aussi heureux que les saints dans le Ciel. Il n'y aurait plus de malheureux sur la terre. Oh ! Que ce serait beau ! En effet, mes enfants, une personne qui est en état de péché est toujours triste. Elle a beau faire, elle est ennuyée, dégoûtée de tout ; tandis que celle qui est en paix avec le Bon Dieu est toujours contente, toujours joyeuse... O belle vie ! et belle mort ! » *Esprit*, p. 154-155.

les inquiétudes, il a peur de la mort… Oh ! Que le péché rend l'homme malheureux au moment de la mort ! “Va malheureux, lui dit Dieu, tu ne pourras plus me prier, ni m'aimer !” »

« Ah ! Prier Dieu, aimer Dieu, c'est tout le bonheur des saints sur la terre… Le péché lie l'homme avec ses liens honteux. Le démon l'entraîne. Vous voyez, mes enfants, comme l'homme devient misérable par le péché ! Et puis qu'en pense le Bon Dieu ? Le Bon Dieu ne peut voir le péché dans l'homme qu'avec répugnance, qu'avec horreur. L'âme dans le péché, c'est comme une charogne, une bête pourrie qu'on traîne par une forte chaleur d'été.[473] Elle sent mauvais, elle fait horreur, on n'ose s'en approcher… on s'en éloigne… on n'ose y penser… le cœur se soulève. Mes enfants, que font les démons, quand une âme est dans le péché ? Comme des léopards, des bêtes farouches, ils sont autour d'elle, attendent le moment de la mort, sa séparation d'avec son cadavre pour l'entraîner et la précipiter avec eux dans l'enfer. Oh ! Que l'homme est malheureux quand il vit et meurt dans le péché ! Quand cette âme pécheresse est dans les flammes de l'enfer, ils la persécutent, ils s'acharnent à la tourmenter. Ah ! Si on y pensait bien, pourrait-on commettre le péché ? Pour un petit moment de plaisir s'exposer à tant de peines ! Ne jamais aimer le Bon Dieu dans l'enfer… le haïr… Oh ! Mes enfants, quel malheur ! »[474]

[473] Réminiscence d'un ancien sermon manuscrit : « Une âme dans le péché est aussi horrible aux yeux de Dieu, qu'une charogne traînée pendant huit jours à la rigueur du soleil l'est aux yeux du monde. » *Sur le Péché mortel*, *Sermons*, t. IV, p. 338.

[474] Abbé RAYMOND, *Biographie manuscrite du Curé d'Ars*, derniers feuillets, archives d'Ars.

« Le péché est le plus grand malheur de l'homme. D'enfant de Dieu, il le rend enfant du démon... Oh ! Que l'homme est malheureux ! Je ne sais pas comment on peut commettre le péché qui nous rend hideux aux yeux de Dieu, défigure notre âme, lui donne la mort à cette âme si belle, si grande. Ah ! Que c'est beau une âme pure ! »

« En péchant, nous perdons le Ciel, nous contristons le Cœur de Dieu, qui nous a tant aimés. Il est plus peiné de notre malheur, de la perte immense que nous faisons en nous précipitant en enfer, que de l'injure que nous lui faisons... Rendre inutile le sang précieux de Notre Seigneur, perdre l'amitié d'un Dieu, ce beau Ciel... Oh ! Qu'au moment de la mort nous serons fâchés d'avoir mal vécu. »[475]

« N'oublions pas que nous aurons à rendre compte à Dieu de toutes les actions de notre vie. Rien ne sera oublié de ce que nous aurons fait. Nous avons toujours deux secrétaires, le démon qui écrit nos mauvaises actions pour nous accuser, et notre bon ange qui écrit les bonnes pour nous justifier au jour du Seigneur. Quand toutes nos actions nous seront présentées, qu'il y en aura peu d'agréables à Dieu, même parmi les meilleures ! Tant d'imperfection, tant de pensées d'amour propre, de satisfactions humaines, de plaisirs sensuels, de retours égoïstes qui s'y trouvent mêlés ! Elles ont bonne apparence ; mais elles n'ont que l'apparence. Comme ces fruits qui semblent plus jaunes et plus mûrs, parce qu'un ver les a piqués. »[476]

[475] LA BASTIE, p. 139-140.
[476] *Ibidem*, p. 50-51.

« Oh ! Mes enfants pour aller au Ciel, il faut quitter le péché pendant la vie ou aller avec le péché dans l'enfer, vous avez votre choix : choisissez, il n'y a pas de milieu, vous êtes libres, il faut pleurer ses péchés dans ce monde ou les pleurer dans l'autre. »[477]

LE PÉCHÉ, BOURREAU DU BON DIEU

« Le péché, mes enfants, est le bourreau du Bon Dieu et l'assassin de l'âme. C'est lui qui l'arrache au Ciel pour la précipiter en enfer ; si on y pensait bien, mes enfants, on aurait horreur du péché, on ne pourrait pas le commettre. Mais on n'y pense pas. »[478]

« Le péché donne la mort à Dieu et à notre âme, nous précipite du Ciel en enfer, rend inutile la passion de Notre Seigneur et tout ce qu'il a fait pour nous. Mais voyez, l'homme ne réfléchit pas ; s'il le faisait, il serait impossible qu'il pût commettre le péché. »[479]

« On ne réfléchit pas. Si on demandait à ceux qui travaillent le dimanche : "Que faites-vous ?" – "Nous crucifions le Bon Dieu". À une personne qui veut danser deux ou trois heures : "Que faites-vous ?" – "Nous crucifions le Bon Dieu". À un ivrogne : "Nous

[477] LA BASTIE, p. 144. J.-C. VIRET, *Cahiers*, 10 mars 1850.
[478] LA BASTIE, p. 46, L'Abbé MONNIN utilise, en l'arrangeant quelque peu, le début de ce texte : « Le péché est le bourreau du Bon Dieu et l'assassin de l'âme. C'est lui qui nous arrache du Ciel pour nous précipiter en enfer. Et nous l'aimons ! Quelle folie ! Si on y pensait bien, on aurait une si vive horreur du péché qu'on ne pourrait pas le commettre. » *Esprit*, p. 145.
[479] LA BASTIE, p. 144.

crucifions le Bon Dieu". Si nous pensions bien à cela, mes enfants, nous serions saisis d'horreur et il ne nous serait pas possible de faire le mal. »

« Eh bien ! Mes enfants, que nous a fait le Bon Dieu pour le chagriner ainsi, pour le faire mourir, lui qui nous a rachetés de l'enfer par sa mort et passion et qui tous les jours s'abaisse encore sur nos autels pour nous ? Oh ! Mes enfants, si nous pensions à l'amour que Dieu a pour nous, nous ne pourrions pas l'offenser. Mais nous ne réfléchissons pas. Nous commettons le péché, il semble que cela ne nous coûte rien. Nous en faisons un, deux, trois et nous disons à nous-mêmes : "Il ne nous coûte pas plus de le confesser vingt fois qu'une". Un jour viendra où ce Dieu qui est si patient aujourd'hui sortira de son anéantissement pour nous condamner en vainqueur. »

« Voyez, mes enfants, un chrétien qui commet un péché mortel fait autant de mal que tous les Juifs ensemble. Il crucifie de nouveau le Bon Dieu, il lui donne la mort. »

« Les saints, mes enfants, comprenaient bien la grandeur de l'outrage que le péché fait à Dieu. Voyez, il y en a qui ont passé leur vie à pleurer leurs péchés. Saint Bernard disait : "Seigneur, c'est moi qui vous ai attaché à la croix !" Saint Pierre pleura toute sa vie un mensonge, lui qui avait arrosé le plancher de ses larmes. Il pleurait encore à l'heure de la mort en se ressouvenant de son péché. »[480]

« Si on pouvait se damner sans faire souffrir Notre Seigneur, passe encore ! Mais on ne le peut pas. »[481]

« Par le péché nous méprisons le Bon Dieu, nous crucifions le Bon Dieu ! Que c'est dommage de perdre des âmes qui ont coûté tant de souffrances à Notre Seigneur ! Quel mal nous a fait Notre Seigneur pour le traiter de la sorte ? Oh que nous sommes insensés ! Le Bon Dieu nous appelle à lui et nous le fuyons ! Il veut nous rendre heureux et nous ne voulons point de son bonheur ! Il nous commande de l'aimer et nous donnons notre cœur au démon ! Nous employons à nous perdre un temps qu'il nous ménage pour nous sauver. Nous lui faisons la guerre avec les moyens qu'il nous a donnés pour le servir. Quand nous offensons le Bon Dieu, si nous regardions notre crucifix, nous entendrions Notre Seigneur nous dire au fond de l'âme : "Tu veux donc te mettre aussi du côté de mes ennemis ! Tu veux donc me crucifier de nouveau !" »

« Jetez les yeux sur Notre Seigneur attaché à la croix, et direz-vous : "Voilà ce qu'il en a coûté à mon

[480] *Ibidem*, p. 46-50- L'Abbé MONNIN a largement utilisé ce texte pour composer le chapitre de l'*Esprit* sur le péché : « Voyez : le malheur, c'est qu'on ne réfléchit pas. Si on disait à ceux qui travaillent le dimanche ; à une jeune personne qui vient de danser deux ou trois heures, à un homme qui sort ivre du cabaret : "Que venez-vous de faire ? Vous venez de crucifier Notre Seigneur !" Ils seraient tout étonnés : C'est qu'ils n'y pensent pas. Mes enfants ; si nous y pensions, nous serions saisis d'horreur ; il nous serait impossible de faire le mal. Car, que nous a fait le Bon Dieu pour le chagriner ainsi, pour le faire mourir de nouveau, lui qui nous a rachetés de l'enfer ? Il faudrait que tous les pécheurs, quand ils vont à leurs plaisirs coupables, rencontrassent sur le chemin, comme saint Pierre, Notre Seigneur qui leur dit : "Je vais à cet endroit où tu vas toi-même, pour y être crucifié de nouveau". Peut-être que cela les ferait réfléchir. Les saints comprenaient la grandeur de l'outrage que le péché fait à Dieu. Il y en a qui ont passé leur vie à pleurer leurs péchés. Saint Pierre a pleuré toute sa vie ; il pleurait encore à sa mort. Saint Bernard disait : "Seigneur, Seigneur c'est moi qui vous ai attaché à la croix !" » *Esprit*, p. 147-148.

[481] *Esprit*, p. 307.

Sauveur pour réparer l'injure que mes péchés ont faite au Bon Dieu !" À la vue de la croix, comprenez la malice du péché et la haine que nous devons en avoir. Rentrons en nous-mêmes ; voyons ce que nous avons à faire pour réparer notre pauvre vie ! »

« Le Bon Dieu nous dira à la mort : "Pourquoi m'as-tu offensé, moi qui t'aimais tant ?" Que c'est dommage ! Offenser le Bon Dieu, qui ne nous a jamais fait que du bien ! Contenter le démon, qui ne peut nous faire que du mal !... Quelle folie ! N'est-ce pas une vraie folie que de pouvoir goûter dès cette vie les joies du Ciel, en s'unissant à Dieu par l'amour, et de vouloir se rendre digne de l'enfer en se liant avec le démon ?... On ne peut pas assez comprendre cette folie ; on ne peut pas assez la pleurer. Il semble que les pauvres pécheurs ne veulent pas attendre la sentence qui les condamnera à la société des démons ; ils s'y condamnent eux-mêmes. »[482]

« Quand l'âme pécheresse est dans les flammes de l'enfer, les démons s'acharnent à la tourmenter. Ah ! Si on y pensait bien, pourrait-on commettre le péché ? Pour un petit moment de plaisir, s'exposer à tant de peines ! Ne jamais aimer le Bon Dieu dans l'enfer... le haïr... Oh ! Mes enfants, quel malheur ! Et encore par le péché, on crucifie Jésus-Christ. Oh ! Qu'il se rend coupable ! Celui qui irait poignarder son roi dans sa maison mériterait la mort, il serait condamné. Mais celui qui commet le péché, c'est comme s'il poignardait Jésus-Christ... Un Dieu Sauveur qui nous a tant aimés, qui a tant souffert,

[482] *Esprit*, p. 148-150.

qui est mort pour les pécheurs... Et l'offenser ! ... Le crucifier !... Comment peut-on commettre le péché ? Non, et si on y pensait bien, on ne pourrait commettre le péché. »

« Mais que le Bon Dieu est bon, mes enfants, qu'il est miséricordieux envers les pécheurs, quand ils se repentent et qu'ils sont fâchés d'avoir offensé un Dieu si bon. Il pardonne tous les péchés, quelque nombreux qu'ils soient et quand même ils sont bien grands. Voyez, mes enfants, nos péchés pardonnés n'existent plus... Oh ! que le Bon Dieu est bon pour les pécheurs !... Il n'en reste que le souvenir, pour s'en humilier et les détester puisqu'ils ont fait tant de mal à l'homme ! »[483]

LE PÉCHÉ VÉNIEL

Le chrétien, à vrai dire, ne commet pas habituellement de fautes graves.

« Il fera bien quelques fautes vénielles, mais il n'est jamais question de péchés mortels. Voyez, mes enfants, tous ces péchés véniels, il est bien facile de les effacer, comme en prenant de l'eau bénite, le "confesse à Dieu", l'acte de contrition, la Sainte Messe lorsqu'on l'entend les jours ouvrés, et tant d'autres qui ne me viennent pas à l'esprit, tout cela efface les péchés véniels. »

« Voyez, un bon chrétien ne devrait pas avoir besoin de se confesser que dans le temps de

[483] Abbé RAYMOND, *Biographie manuscrite du Curé d'Ars*, derniers feuillets, Archives d'Ars.

Pâques : il suffirait seulement que les autres jours et dimanches, pour faire la sainte communion, et pas plus. Ah ! Si nous savions ce que c'est que le péché, nous ne pourrions pas le commettre. »

« Voyez sainte Marguerite qui pleura toute sa vie pour avoir dit un petit mensonge à son père à l'âge de six ans. Elle tomba malade, elle pleurait toujours. Sa supérieure lui demanda : "Mais enfin, qu'avez-vous donc que vous pleurez tant ?" Elle lui répondit que c'était pour avoir dit un mensonge à son père à l'âge de six à sept ans. C'était pour s'excuser. On lui dit : "Oh ! Si ce n'est que çà, il n'y a pas de quoi tant vous affliger". "C'est bien grand chose, leur dit-elle. Ah ! Vous ne connaissez pas ce que c'est que le péché. Si vous le connaissiez, vous ne diriez pas que c'est peu de chose." Voyez, mes enfants, cette petite sainte, elle connaissait bien la grandeur du péché. Pour un mensonge qu'elle avait dit, elle pleura toute sa vie. Et nous, pour nos péchés abominables, nous ne pouvons verser une larme. Ah ! Si nous pensions au bonheur qui nous attend dans le Ciel, nous ne pécherions pas. C'est ce qui fait que Satan nous tourmente tant. Il nous prend de tous côtés parce qu'il sait le bonheur qu'il a perdu. Il voudrait nous entraîner dans sa chute. Ce qui doit bien nous consoler, c'est que Satan ne sait pas même les bonnes pensées que nous avons. Il peut les prévenir, mais il ne les sait pas. Il ne sait que celles qu'il a produites. Il ne sait pas non plus quand nous mourrons. C'est pour cela qu'il fait tout ce qu'il peut pour nous faire tomber. »[484]

[484] Marie GERMAIN et Mariette JACQUET, p. 12-13.

« Dans le monde on dit : "Est-ce un péché mortel ? Ah ! Ce n'est qu'un péché véniel."[485] Et certains s'accommodent aisément de ces manquements légers. Ils se mettent ainsi sur une pente dangereuse. Prenons garde ! Ils ne tomberaient pas, si vous voulez, dans de gros péchés mortels. »

« Les plus sages sont les moins pécheurs, mais leur vie est une chaîne de péchés véniels. Ils les accumulent les uns sur les autres. Ces personnes n'ont point de force. Quand elles sont tombées, elles restent dans cet état, le démon les tient-là. Au contraire, vous tomberiez 20 fois, 20 fois il faudrait vous relever. »[486]

Le pardon offert aux pécheurs

Le Curé d'Ars fait une guerre impitoyable au péché, mais il est plein de compassion pour les pécheurs. Il les invite à venir recevoir leur pardon. Il s'attriste en constatant avec un réalisme brutal l'état déplorable dans lequel ils se trouvent :

« Le cœur des méchants est une fourmilière de péchés. Il ressemble à un morceau de viande gâtée que les vers se disputent. »[487]

Sans doute, il est des pécheurs qui se convertissent :

« Nous donnons notre jeunesse au démon et nos restes au Bon Dieu qui est si bon qu'il veut bien encore s'en contenter.[488] Parmi les saints eux-

[485] LA BASTIE, p. 144.
[486] Marie GERMAIN et Mariette JACQUET, p. 10.
[487] *Esprit*, p. 48.
[488] LA BASTIE, p. 163.

mêmes il en est qui furent d'abord de grands pécheurs. Ils se sont finalement convertis. »

Malheureusement nombre de chrétiens ne veulent pas profiter du délai que Dieu leur laisse.

« Les pauvres pécheurs sont engourdis comme des serpents pendant l'hiver. »[489]

D'aucuns sont tellement habitués au péché qu'ils n'arrivent pas à en sortir :

« Les vieux pécheurs qui restent quarante ans, cinquante ans, loin de Dieu, oh ! à ceux-là, il est bien difficile de revenir. Ils se convertissent bien, mais ils retombent. Quand on a croupi quarante ans et cinquante ans dans le vice, quand on s'est roulé dans la fange du péché, il faudrait un miracle pour changer ces cœurs. Il y en a cependant, mais bien peu. »[490]

Un jour d'Ascension, le Curé disait :

« Je pensais, ce matin : Notre Seigneur est cependant monté au Ciel pour nous en ouvrir la porte à tous : mais il y en a qui la trouveront fermée par leur faute. On renvoie sa conversion, mais savons-nous si nous aurons le temps de demander pardon au Bon Dieu ? »[491]

De telles réflexions arrachaient au saint cette exclamation répétée :

[489] *ibidem*, p. 49.
[490] LA BASTIE, p. 27.
[491] *Ibidem*, p. 61.

« Non les pécheurs sont vraiment trop malheureux !... trop malheureux. »[492] « Ces pauvres pécheurs endurcis, qui passent leur vie loin de Dieu, qui viennent travailler à sa vigne quand ils ne peuvent plus faire autre chose, qui attendent pour quitter le péché que le péché les quitte... Oh ! Il faut bien les plaindre : lorsqu'on a croupi des années dans le mal, quand on s'est roulé tout à son aise dans la boue du péché il faut un miracle pour en sortir. Demandons pour eux ce miracle. »[493]

La prière pour la conversion des pécheurs

Le Curé vient d'indiquer là l'une des œuvres qu'il recommandait entre toutes. Elle permet en effet au chrétien de travailler pour Dieu, et il ne craignait pas d'affirmer :

« Il est plus avantageux de travailler pour Dieu que de régner avec Dieu. Gagner des âmes, les arracher des mains du démon, quelle belle vocation ! Il est vrai que tout le monde ne le peut pas, mais tous le peuvent par la prière. Rien n'est plus agréable au Bon Dieu que de prier pour la conversion des pécheurs. »[494]

« Un chose bien agréable à Dieu, c'est de prier pour la conversion des pécheurs, afin de ne pas rendre sa mort et passion inutiles. Rien n'afflige tant le Cœur de Jésus que de voir toutes ses souffrances perdues pour un si grand nombre ; c'est la plus belle prière, celle-là, car les justes peuvent persé-

[492] MONNIN, *Le Curé d'Ars*, t. II, p. 194.
[493] *Esprit*, p. 217-218.
[494] LA BASTIE, p. 145.

vérer ; les âmes du purgatoire iront au Ciel ; mais les pauvres pécheurs, qui n'y pensent pas ! Il y en a bien qui sont en ballant, un *Pater*, et un *Ave* suffiraient pour les décider ; que d'âmes vous pouvez convertir par vos prières ! Un jour, sainte Colette demandait la conversion de mille pécheurs ; elle s'effraya du grand nombre et demandait s'il n'y avait pas de la témérité. La Sainte Vierge lui apparut et lui montra la quantité d'âmes qu'elle avait converties par ses neuvaines. On peut s'offrir pendant huit ou quinze jours pour la conversion des pécheurs, on souffre le froid, la chaleur, on se prive de regarder quelque chose, d'aller voir quelqu'un qui ferait plaisir ; l'on peut faire une neuvaine, entendre la Messe, la semaine, dans cette intention, surtout dans les villes où l'on peut en entendre deux ou trois ; mais il y en a qui ne feraient pas cent pas pour aller à la Messe. Ceux qui font la sainte communion souvent peuvent faire une neuvaine de communions ; non seulement par cette sainte pratique on contribue à la gloire de Dieu, mais on s'attire un grand nombre de grâces. Notre Seigneur récompense la charité ; faire des prières en l'honneur de la mort et passion de Notre Seigneur et de Notre Dame des sept douleurs. »[495]

« Il semble que l'on perd pour soi le mérite,

[495] LA BASTIE, p. 56-57. L'Abbé MONNIN a fait ici d'évidents emprunts à LA BASTIE : « Rien n'afflige tant le cœur de Jésus que de voir toutes ses souffrances perdues pour un si grand nombre. Prions donc pour la conversion des pécheurs, c'est la plus belle et la plus utile des prières, car les justes sont sur le chemin du Ciel, les âmes du purgatoire sont sûres d'y entrer. Mais les pauvres pécheurs ! Les pauvres pécheurs ! Il y en a quelques-uns qui sont en suspens. Un *Pater* et un *Ave* suffiraient pour faire pencher la balance... Que d'âmes nous pouvons convertir par nos prières ! Celui qui tire une âme de l'enfer sauve cette âme et la sienne propre. Toutes les dévotions sont bonnes, mais il n'y en a pas de meilleure que celle-ci » *Esprit*, p. 312-313.

puisqu'on l'abandonne aux autres, mais croyez, au contraire, qu'il est double. Le Bon Dieu est trop généreux pour ne pas récompenser cette charité. Supposez que le pécheur soit damné, l'aurions-nous empêché de commettre qu'un seul péché mortel, nous aurions beaucoup fait et épargné encore bien des souffrances. Le Bon Dieu a tellement à cœur la conversion des pécheurs que nous ne pouvons rien faire qui lui soit plus agréable que d'y contribuer. Ne nous priverions-nous que de regarder, que d'un pas de plus ou de moins. Souvent on s'emporte contre les méchants, on les blâme ; au lieu de tant parler, il vaudrait mieux prier. Saint Cuse en voulait à un païen et à un chrétien parce que le premier avait corrompu le chrétien et que celui-ci avait été assez faible pour se laisser vaincre. Saint Cuse eut un songe dans lequel il vit le chrétien tout entortillé de serpents, qui tombait dans un précipice. Saint Cuse s'en réjouissait, alors il vit Notre Seigneur accompagné d'un ange, qui accourait vers le malheureux pour lui tendre la main et le débarrasser de ces reptiles. Notre Seigneur dit au saint : "Cuse, où est ta charité ? Si tu voyais un de tes frères tomber dans le précipice, tu l'y pousserais donc ? Il faut avoir de la compassion pour le pécheur et non de l'aigreur." »[496]

Qu'un saint ait ainsi besoin d'être rappelé à l'ordre par Notre Seigneur est exceptionnel. L'exemple qui suit est sans doute préférable :

« Une fois, saint François d'Assise priait dans les

[496] LA BASTIE, p. 150-151.

> bois : "Seigneur, disait-il, ayez compassion des pauvres pécheurs !" Notre Seigneur lui apparut et lui dit : "François, ta volonté est conforme à la mienne, je suis prêt à t'accorder tout ce que tu me demanderas." »[497]

Le Curé d'Ars savait par son ministère de confesseur jusqu'où pouvait aller la déchéance de certaines âmes.

> « Du moins, soupirait-il, si on n'offensait pas le Bon Dieu ! On l'offense tant que je ne sais pas pourquoi il ne nous écrase pas tous. S'il n'y avait pas là, à travers, quelques belles âmes pour arrêter son bras, nous serions bien tous perdus. Oh ! Vraiment on offense bien tant le Bon Dieu qu'on serait tenté de lui demander la fin du monde. »[498]

Une de ces belles âmes qui arrêtent le bras de Dieu nous est présentée :

> « Il y avait, ces jours derniers, une jeune personne de dix-huit ans à peine, qui est partie ce matin, elle est bien riche, ses parents ont, je crois, trois cent mille francs de rente. Elle s'est offerte en sacrifice au Bon Dieu pour la conversion des pécheurs. Elle porte sur elle une ceinture toute garnie de pointes de fer, ses parents n'en savent rien, elle est pâle comme une feuille de papier. C'est une belle âme qui est bien agréable au Bon Dieu, comme il y en a encore quelques-unes unes par là, à travers. »[499]

Le Curé d'Ars revenait souvent sur ce sujet. La Bastie a encore noté, dans une autre circonstance :

[497] *Esprit*, p. 313.
[498] LA BASTIE, p. 161.

« La sainte communion et le Saint Sacrifice de la Messe sont les deux actes les plus efficaces pour obtenir le changement des cœurs. Il y a aussi les neuvaines, surtout celles qui précèdent les quatre grandes fêtes de la Sainte Vierge. On obtient souvent par les neuvaines des grâces que l'on n'avait pu obtenir par d'autres prières, mais voilà, il faut prier avec un cœur pur. Qu'il y a de belles âmes qui obtiennent bien les conversions par leurs prières ! Sainte Colette avait toujours l'habitude de faire des neuvaines avant les fêtes, pour demander la conversion des pécheurs. Un jour elle demandait la conversion de mille, puis il lui vint dans la pensée que c'était peut-être trop ; mais la Sainte Vierge lui apparut et lui dit : "Ce n'est pas trop, regarde la quantité que tu as déjà obtenue !" »

« De temps en temps, on offre sa journée en sacrifice pour la conversion des pécheurs, on offre au Bon Dieu toutes les prières et les bonnes œuvres qu'on pourra faire, les souffrances, mépris, calomnies, tentations, enfin tout ce qu'il plaira au Bon Dieu de nous envoyer. Pour obtenir la conversion des pécheurs, on peut faire la quarantaine, s'offrir pendant quarante jours ; si l'on fait cette offrande on est sûr d'obtenir. »[500]

[499] *Ibidem*, p. 163-164. MONNIN reproduit avec quelques variantes ce fragment : « Il y avait ici une grande demoiselle des premières familles de France. Elle a à peine vingt trois ans. Elle est bien riche, bien riche ! Elle s'est offerte en sacrifice au Bon Dieu pour l'expiation des péchés et pour la conversion des pécheurs. Elle porte une ceinture toute garnie de pointes de fer ; elle se mortifie de mille manières ; ses parents n'en savent rien. Elle est pâle comme une feuille de papier. C'est une belle âme, bien agréable au Bon Dieu, comme il y en a encore par le monde : c'est ce qui empêche le monde de finir. » *Esprit*, p. 55-56.
[500] LA BASTIE, p. 149-150.

16 - LE RENONCEMENT À SOI-MÊME

Le renoncement à la volonté propre

Le Curé d'Ars avait pris à la lettre l'avertissement du Seigneur : « Si quelqu'un ne renonce pas à lui-même. Il ne peut être mon disciple ». Une telle consigne revenait sans cesse dans son enseignement.

> « Nous n'avons en propre que notre volonté ; c'est la seule chose que nous puissions tirer de notre fond pour en faire hommage au Bon Dieu. Aussi assure-t-on qu'un seul acte de renoncement à la volonté lui est plus agréable que trente jours de jeûne. »
>
> « Toutes les fois que nous pouvons renoncer à notre volonté pour faire celle d'un autre, lorsqu'elle n'est pas contre la loi de Dieu, nous acquérons de grands mérites, qui ne sont connus que de Dieu seul. Qu'est-ce qui rend la vie religieuse si méritoire ? C'est le renoncement de chaque instant à la volonté, cette mort continuelle à ce qu'il y a de plus vivant en nous. »
>
> « Tenez, j'ai souvent pensé que la vie d'une pauvre domestique qui n'a de volonté que celle de ses maîtres, si elle sait mettre à profit ce renoncement, peut être aussi agréable à Dieu que celle d'une religieuse qui est toujours en face de la règle. »
>
> « Dans le monde, à toute heure, on trouve à renoncer à sa volonté : on se prive d'une visite qui fait

> plaisir, on remplit une œuvre de charité qui ennuie, on se couche deux minutes plus tard, on se lève deux minutes plus tôt ; lorsque deux choses se présentent à faire, on donne la préférence à celle qui nous plaît le moins. »
>
> « J'ai connu de belles âmes dans le monde qui n'avaient point de volonté, qui étaient tout à fait mortes à elles-mêmes. C'est là ce qui fait les saints. Il n'y a que le premier pas qui compte dans cette voie de l'abnégation. Une fois on y est entré ça va tout seul et quand on a cette vertu on a tout. [501] Voyez ce bon petit saint Maur qui était si puissant auprès du Bon Dieu et si cher à son supérieur par sa simplicité et son obéissance. Les autres religieux étaient jaloux ; le supérieur leur dit : "Je vais vous montrer pourquoi j'estime tant ce cher petit frère". Il fit le tour des cellules ; tous avaient quelque chose à terminer avant d'ouvrir. Il n'y eut que saint Maur qui était à copier l'Ecriture sainte, qui laissa sur le champ son travail pour répondre à saint Benoît. »

Ce texte de l'*Esprit* reproduit de façon à peu près littérale un passage de Faure de La Bastie.[502] Mais la première source est plus complète. On y trouve ce complément :

> « Saint Louis de Gonzague demandait souvent à ses supérieurs des permissions qu'il pensait ne pas obtenir, afin d'avoir l'occasion de se renoncer. Ces demi-chrétiens trouvent toujours des objections pour se soustraire à cette sainte pratique : "Mais je

[501] *Esprit*, p. 348-351.
[502] LA BASTIE, p. 127-129.

ne puis... je n'ai pas". Ils tournent toujours autour du pot... »

« Il y avait un religieux qui avait toujours quelque chose à finir lorsque la cloche sonnait ; la sainte Vierge lui apparut et lui dit : "Sache que tu serais bien plus agréable si tu renonçais à ta volonté". Saint François de Sales, ce grand saint, laissait une lettre à moitié formée pour répondre à ceux qui venaient le consulter. » [503]

L'HUMILITÉ, EXPRESSION DU RENONCEMENT

L'obstacle majeur au renoncement à la volonté propre est l'orgueil. Aussi la pratique de l'humilité s'impose-t-elle au chrétien.

« Le Bon Dieu nous donne une grande leçon. Il a dit : "Celui qui ne se croit rien sera élevé." Voyez-vous, mes frères, la première des vertus c'est l'humilité, la seconde, l'humilité, la troisième l'humilité. Oh ! La belle vertu ![504] Les saints ne se croyaient rien, mais Dieu les estimait, il leur accordait tout ce qu'ils demandaient. Si nous nous connaissions, nous aurions horreur de nous-mêmes, nous mourrions tout de suite. Mais nous ne nous connaissons pas. »[505]

« Tout ce que nous avons est à Dieu. C'est Dieu qui

[503] *Ibidem*, p. 129-130.

[504] Réminiscence du sermon manuscrit *Sur l'Humilité* : « Saint augustin, nous dit : "Si vous demandez quelle est la première vertu d'un chrétien, je vous répondrai que c'est l'humilité ; si vous me demandez quelle est la deuxième, je vous dirai encore que c'est l'humilité..." ». *Sermons*, t. III, p. 163.

[505] On lit dans le recueil de MONNIN : « Jamais nous ne comprendrons notre pauvre misère. Ça fait frémir, rien que d'y penser ! Dieu ne nous en donne qu'un petit aperçu. Si nous nous connaissions à fond comme il nous connaît, nous ne pourrions pas vivre ; nous mourrions de frayeur. » *Esprit*, p. 330.

nous l'a donné ; à nous nous n'avons que le péché ! Il n'y a pas de quoi nous glorifier. Il faut bien demander à Dieu la vertu d'humilité ; il faut prier tout simplement et dire : "Mon Dieu, voilà une âme bien pauvre, qui n'a rien, qui ne peut rien, faites-moi la grâce de vous aimer, de vous servir, et de connaître que je ne suis rien". Il faut prier comme des enfants de quatre ans qui n'ont point de malice, qui disent tout à leur mère. Le Bon Dieu est notre père, il nous aime bien. Un père ne peut jamais vouloir du mal à ses enfants. St Ambroise a dit : "Celui qui vous loue se moque de vous" ; et c'est vrai ça, mes enfants, c'est vrai.[506] L'orgueilleux aime qu'on le loue. Il y en a qui repassent dans leur esprit les louanges qu'on leur a données ; ils nourrissent leur imagination. C'est mal, c'est un péché. Si on dit du mal d'eux, ils sont fâchés, ils y pensent. Mes enfants, ne craignez pas les humiliations, çà fait du bien, c'est nécessaire. Voyez les saints, ils ont été méprisés et Dieu les a élevés. Et Jésus-Christ a bien souffert des humiliations ; Il y en a qui sont contents quand on se recommande à leurs prières : ils se glorifient, ce sont des orgueilleux. Il y en a qui ne veulent pas faire de neuvaines pour d'autres personnes, parce qu'ils disent : "Si on n'obtient pas les grâces, on dira que je ne vaux rien". C'est de l'orgueil, c'est mal. »[507]

[506] LA BASTIE a noté : « Ceux qui nous humilient sont nos amis et non ceux qui nous louent. »(p. 65) La formule est reprise par MONNIN, p. 333.

[507] Cette constatation se trouve complétée par la réflexion formulée par le Curé d'Ars dans la même instruction : « J'ai remarqué qu'il y en a qui font des neuvaines pour obtenir des grâces, ils prient tout le jour ; on croirait des saints, mais s'ils n'obtiennent pas tout ce qu'ils veulent, ils se mettent en colère, ils laissent tout là et ne prient plus. Il ne faut pas faire comme ça mes enfants. »

« Ceux qui font du bien, qui ont quelques vertus, gâtent souvent cela par l'amour d'eux-mêmes et l'orgueil. Bonnes œuvres perdues ! Voyez-vous, mes enfants, nous mettons l'orgueil partout comme le sel. [508] On aime voir ses bonnes œuvres connues ; si l'on voit vos vertus, vous êtes contents ; si l'on s'aperçoit de vos défauts, vous êtes contristés. Je remarque cela dans un grand nombre de personnes ; si on leur fait observer un manquement, une faute, ça les inquiète, ça les ennuie. Les saints n'étaient pas comme cela, ils étaient peinés si leurs vertus étaient connues, et joyeux qu'on vît leurs imperfections. »[509]

« L'orgueil est ce maudit péché qui a chassé les anges du paradis et les a précipités dans l'enfer. Ce péché a commencé avec le monde. Voyez mes enfants, on pèche par orgueil de bien des façons. Une personne aura de l'orgueil dans ses habits, dans son langage, dans sa pose, jusque dans sa manière de marcher. Il y a des personnes qui, quand elles sont dans la rue marchent avec fierté et semblent dire au monde qui les voit : "Regarde comme je suis grande ; comme je suis droite, comme je sais bien marcher !" D'autres qui, quand

[508] Dans le sermon manuscrit *Sur l'orgueil* le Curé d'Ars avait écrit : « Nous pouvons même dire que ce péché se trouve partout, accompagne l'homme dans tout ce qu'il fait, et dit : c'est une espèce d'assaisonnement qui trouve partout sa place » *Sermons,* t. II, p 380.

[509] Instruction sur l'humilité, prononcée par le Curé d'Ars le 4 septembre 1853 et recueillie par le comte de St Bon et sa sœur. Mgr CONVERT, *Catéchismes du Saint Curé d'Ars*, p. 201-203.

Le dernier paragraphe se trouve dans le recueil de MONNIN : « Nous mettons l'orgueil partout comme le sel. Nous aimons à voir nos bonnes œuvres connues. Si l'on fait attention à nos vertus, nous sommes joyeux. Si l'on s'aperçoit de nos défauts, nous sommes tristes. Je remarque cela dans un grand nombre de personnes : si on leur dit quelque chose, ça les inquiète, ça les ennuie. Les saints n'étaient pas comme cela, ils étaient peinés si leurs vertus étaient connues et contents qu'on vît leur imperfection. » *Esprit*, p. 161-162.

elles font quelque chose de bien, n'ont jamais fini de le raconter, et si elles se manquent, elles sont désolées en pensant qu'on va avoir mauvaise opinion d'elles... D'autres qui sont bien fâchées d'être avec des pauvres lorsqu'elles rencontrent des personnes de connaissance ; elles cherchent toujours la compagnie des riches. Si par hasard, elles sont reçues chez les grands du monde, elles s'en vantent, elles en tirent vanité. Il y en a d'autres qui ont de l'orgueil en parlant ; elles examinent ce qu'elles vont dire, elles s'étudient au beau langage, et si elles se manquent d'un mot, elles sont bien fâchées, parce qu'elles ont peur qu'on se moque d'elles. Ah ! Mes enfants, une personne humble n'est pas ça. Qu'on se moque d'elle, qu'on l'estime, qu'on la loue, qu'on la laisse de côté, ça lui est bien égal. Tenez mes enfants, si vous voulez connaître quand une personne est orgueilleuse, écoutez-la parler ; c'est toujours elle qui parle ; elle ne parlera que d'elle, elle aura toujours mieux fait que les autres ; il n'y a qu'elle qui fait bien ; elle blâme toutes les actions des autres, espérant par là faire ressortir les siennes. »

« Mes enfants, il y a encore des personnes qui font de grandes aumônes pour se faire estimer : pas ça ! Ces personnes ne retireront aucun fruit de leurs bonnes œuvres. Au contraire, leurs aumônes tournent en péché... »

« Une personne orgueilleuse croit que tout ce qu'elle fait est bien fait ; elle veut dominer sur tous ceux qui ont affaire à elle ; elle a toujours raison ;

> elle croit toujours son sentiment meilleur que celui des autres... Ce n'est pas ça ! Une personne humble et instruite, si on lui demande son sentiment, le dit bonnement ; après quoi elle laisse parler les autres. Qu'ils aient raison, qu'ils aient tort, elle ne dit plus rien. Saint Louis de Gonzague, quand il était écolier et qu'on lui reprochait quelque chose, ne cherchait jamais à s'excuser ; il disait ce qu'il pensait, et il ne s'inquiétait plus de ce que pensaient les autres. S'il avait tort, il avait tort, s'il avait raison, il se disait : "J'ai bien eu tort d'autres fois".»[510]

Pour notre part, que nous sommes insensés !

> « Nous n'avons rien de nous-mêmes que le péché, et encore nous avons de l'orgueil. Saint Augustin ne pouvait comprendre comme l'orgueil pouvait trouver place dans le cœur de l'homme, à la vue de sa profonde misère. Il ne peut faire le bien sans le secours de Dieu. »[511]

Le seul moyen de tirer partie de notre misère, c'est de s'humilier.

> « L'humilité est comme une balance ; plus elle s'abaisse d'un côté et plus on est élevé de l'autre. »[512]

> « Hélas ! On ne conçoit pas comment et de quoi une si petite créature que nous peut s'enorgueillir... Le diable apparut un jour à saint Macaire, armé

[510] *Esprit*, p. 122.
[511] LA BASTIE, p. 127.
[512] LA BASTIE, p. 14-20. Et *Esprit*, p. 333.

d'un fouet comme pour le battre, et lui dit : "Tout ce que tu fais, je le fais ; tu jeûnes, moi, je ne mange jamais. Tu veilles, moi, je ne dors jamais. Il n'y a qu'une chose que tu fais et que je ne puis faire." "Eh quoi donc ?" "M'humilier," répondit le diable et il disparut. »[513]

« Il y a des saints qui mettaient le démon en fuite en disant : "Que je suis misérable !" » [514]

L'humilité est vérité :

« On est ce qu'on est devant Dieu ; puis pas plus ! »[515]

Aussi bien les saints se montraient-ils particulièrement clairvoyants :

« Les saints se connaissaient mieux que les autres, c'est pourquoi ils étaient humbles. Ils entraient dans de grandes confusions en voyant que Dieu se servait d'eux pour faire des miracles. Saint Martin était un grand saint et se croyait un grand pécheur. Il attribuait à ses péchés tous les maux qui arrivaient de son temps. »[516] « Mes enfants, les saints

[513] *Ibidem*, p. 334. *Sermons*, t. III, p. 167-168. MONNIN, p. 152.
[514] *Esprit*, p. 335. Réminiscence du sermon manuscrit sur l'humilité, où on lit : « Quand saint Antoine était tombé », il ne faisait que s'humilier profondément devant le Bon Dieu, en disant : « Hélas ! Seigneur je ne suis qu'un misérable pécheur ! De suite le démon prenait la fuite ». *Sermons*, t. III, p. 167. Le Curé d'Ars fidèle au principe qu'il énonçait, répliquait aux missionnaires qui louaient son activité pastorale : « Quand vous êtes là, ça va encore : Mais quand je suis tout seul, je ne vaux rien. Je suis comme les zéros qui n'ont de valeur qu'à côté des autres chiffres. » *Esprit*, p. 33 – Philippe Erlanger a signalé ce propos de Richelieu : « J'étais un zéro qui en chiffres, signifie quelque chose quand il y a un nombre devant lui. L'historien ajoute : le nombre, c'était le souverain ». *Le Figaro*, Novembre 1975.
[515] *Ibidem*, p. 328.
[516] *Ibidem*, p. 334.

étaient tellement morts à eux-mêmes qu'ils s'embarrassaient peu qu'on fût de leur avis. On dit dans le monde : "Oh ! Les saints étaient simples !" Oui, ils étaient simples pour les choses du monde, mais pour les choses de Dieu, ils s'y entendaient. Ils ne comprenaient rien aux choses du monde, bien sûr ! Parce qu'elles leur paraissaient de si peu d'importance qu'ils n'y faisaient pas attention. »[517]

Finalement l'humilité conduit au vrai bonheur.

LE DÉTACHEMENT DES BIENS DE CE MONDE

Le renoncement à soi-même entraîne nécessairement le détachement des biens de la terre.

> « Le bon chrétien ne fait pas de cas des biens de la terre ; il s'en sauve comme un rat qui sort de l'eau. »[518]

L'amour de Dieu est le seul bien qui compte.

> « En dehors du Bon Dieu, voyez-vous, mes enfants, rien n'est solide, rien, rien ! Si c'est la vie, elle passe, si c'est la fortune elle s 'écroule, si c'est la santé, elle est détruite, si c'est la réputation, elle est attaquée. Nous allons comme le vent... Tout s'en va à grand train, tout se précipite. Ah ! Mon Dieu, mon Dieu, qu'ils sont donc à plaindre ceux qui mettent leur affection dans toutes ces choses ! Ils l'y mettent parce qu'ils s'aiment trop, mais ils ne s'aiment pas d'un amour raisonnable. Ils s'aiment avec

[517] *Esprit*, p. 163.
[518] *Esprit*, p. 47.

l'amour d'eux-mêmes et du monde, en se cherchant, en cherchant les créatures plus que Dieu. C'est pourquoi ils ne sont jamais contents jamais tranquilles, ils sont toujours inquiets, toujours tourmentés, toujours bouleversés. »

« Voyez mes enfants, le bon chrétien parcourt le chemin de ce monde, monté sur un beau char de triomphe, ce char est traîné par les anges et c'est Notre Seigneur qui le conduit, tandis que le pauvre pécheur est attelé au char de la vie, et le démon est sur le siège, qui le force d'avancer, à grands coups de fouet. »[519]

Autre image, amenée par la constatation :

« Nous n'avons pas le cœur assez libre ni assez pur de toute affection terrestre. Prenez une éponge bien sèche et bien propre ; trempez-la dans la liqueur, elle se remplira jusqu'à ce qu'elle dégorge. Mais si elle n'est pas sèche et propre, elle n'emportera rien. De même quand le cœur n'est pas libre et dégagé des choses de la terre, on a beau le tremper dans la prière, il n'en emportera rien. »[520]

Nos modèles, auxquels il faut toujours revenir, les saints :

« Ils n'étaient pas attachés aux biens de la terre ; ils ne songeaient qu'à ceux du Ciel. Les gens du monde, au contraire, ne songent qu'au temps présent. »

« Un bon chrétien fait comme ceux qui vont dans les pays étrangers amasser de l'or ; ils ne pensent

[519] *Esprit*, p. 65-66.
[520] *Esprit*, p. 48.

point à y demeurer, et n'ont rien plus à cœur que de revoir leur patrie, une fois leur fortune faite. Il faut encore faire comme les rois. Quand ils vont être détrônés, ils envoient leurs trésors en avant ; ces trésors les attendent. De même un bon chrétien envoie toutes ses bonnes œuvres à la porte du Ciel ! »

« Le Bon Dieu nous a mis sur la terre pour voir comment nous nous y conduirons et si nous l'aimerons ; mais personne n'y reste. Un homme qui avait été condamné à cent ans de galères en est revenu, dit-on. À son retour, tout le monde avait disparu ; il ne reconnaissait plus que les maisons. »

« Si nous y réfléchissions, nous élèverions sans cesse nos regards vers le Ciel, notre véritable patrie. Mais nous nous laissons emporter deçà delà par le monde, les richesses, les jouissances de la matière, et nous ne songeons pas à l'unique chose qui devrait nous occuper. »

« Un saint vint un jour au marché pour voir si dans cette grande foule de gens il trouverait quelqu'un qui pensât au salut de son âme. Il ne trouva personne. Pauvre monde ! Pauvres gens du monde ! Ils ne suivent pas le milieu de la route. Ils font comme les ânes qui prennent toujours le bord. »

« Voyez les saints : comme ils étaient détachés du monde et de la matière ! Comme ils regardaient tout cela avec mépris ! Un religieux ayant perdu ses parents se trouvait maître de grands biens. Lorsqu'on lui apprit la nouvelle : “Combien y a t-il de temps, dit-il, que mes parents sont morts ? Trois semaines, lui répondit-on. Dites-moi si une personne qui est morte peut hériter ? Non assurément. Eh bien ! Je ne puis hériter de ceux qui sont morts il y a trois semaines, moi qui suis mort depuis vingt ans." Il y avait un saint qui possédait pour tout bien le livre des Évangiles. On le lui demanda : "Prenez, dit-il, je vous donne celui qui m'a appris à tout donner". Ah ! Les saints comprenaient le néant, la vanité de ce monde et le bonheur de tout quitter pour cette belle récompense du Ciel. »

« Il y a deux sortes d'avares : l'avare du Ciel et l'avare de la terre. L'avare de la terre ne porte pas sa pensée plus loin que le temps, il n'a jamais assez de richesses, il amasse... il amasse toujours. Mais quand le moment de la mort viendra, il n'aura rien. Je vous l'ai souvent dit : c'est tout comme ceux qui font de trop grosses provisions pour l'hiver : quand la récolte suivante arrive, ils ne savent plus qu'en faire, ça ne sert qu'à les embarrasser. De même, quand la mort vient, les biens ne servent qu'à embarrasser. Nous n'emportons rien, nous laissons tout. »

« Que diriez-vous d'une personne qui entasserait dans la maison des provisions qu'elle serait obligée de jeter, parce qu'elles pourriraient, et qui laisserait des pierres précieuses, de l'or, des diamants qu'elle pourrait conserver, emporter avec elle partout où elle irait, et qui feraient sa fortune ? Eh bien ! mes enfants, nous faisons pourtant ainsi : nous nous attachons à la matière, à ce qui doit finir et nous ne pensons pas à acquérir le Ciel, le seul véritable trésor. »

« Un bon chrétien, un avare du Ciel, fait fort peu de cas des biens de la terre ; il ne pense qu'à embellir son âme, qu'à amasser ce qui doit le contenter toujours, ce qui doit toujours durer. Voyez les rois, les empereurs, les grands de la terre : ils sont bien riches, sont-ils contents ? S'ils aiment le Bon Dieu, oui, mais autrement non, ils ne sont pas contents. Moi je trouve qu'il n'y a rien de si à plaindre que les riches, quand ils n'aiment pas le Bon Dieu. »

« Les saints n'étaient pas attachés aux biens comme nous, ils étaient attachés à ce qui doit les contenter pendant toute l'éternité. »

« Allez de monde en monde, de royaume en royaume, de richesse en richesse, de plaisir en plaisir, vous ne trouverez pas votre bonheur. La terre entière ne peut pas plus contenter une âme immortelle qu'une pincée de farine, dans la bouche d'un affamé, ne peut le rassasier. »

« Lorsque les apôtres eurent vu Notre Seigneur monter au Ciel, ils trouvaient la terre si triste, si vile, si méprisable, qu'ils couraient après les supplices qui devaient les en arracher au plus tôt, pour les réunir à leur bon Maître. La mère des Macchabées qui vit mourir ses sept enfants, et qui mourut sept fois leur disait pour les encourager : "Regardez le Ciel..." »

« Notre Seigneur récompensait la foi des saints en leur montrant sensiblement le Ciel. Il y en a qui se promenaient en paradis. Saint Etienne, pendant qu'on le lapidait, voyait le Ciel ouvert sur la tête.

Saint Paul y fut ravi et déclara ne pouvoir donner une idée de ce qu'il avait vu. Sainte Thérèse vit le Ciel, et comme elle dit, tout sur la terre ne lui sembla plus que de l'ordure. »

« Mais nous, hélas ! Nous ne sommes que matière. Nous rampons sur la terre et nous ne savons pas nous élever en haut. Nous sommes trop lourds, trop pesants. La terre est un pont pour passer l'eau. »

« Un mauvais chrétien ne peut comprendre cette belle espérance du Ciel, qui console et anime un bon chrétien. Tout ce qui fait le bonheur des saints lui paraît dur, incommode. »

« Voyez mes enfants, ces pensées consolantes : avec qui serons-nous dans le Ciel ? Avec Dieu qui est notre Père, avec Jésus-Christ qui est notre frère, avec la sainte Vierge qui est notre mère, avec les anges et les saints qui sont nos amis. »

« Un roi disait avec regret à ses derniers moments : "Il faut donc que je quitte mon royaume pour aller dans un pays où je ne connais personne !" C'est qu'il n'avait jamais pensé au bonheur du Ciel. Il faut dès à présent s'y faire des amis, afin de les retrouver après la mort, et nous n'aurons pas peur, comme ce roi, de ne connaître personne. »[521]

Notons que cette dernière image était particulièrement familière au Curé d'Ars. Il l'avait empruntée au recueil dont il s'était servi lorsqu'il composait son lointain *Sermon sur les grandes vérités*. Il y évoquait :

[521] *Esprit*, p. 249.

> « Ce roi dont nous parle l'Ecriture dans l'ancien Testament, lequel, se voyant sur le point de quitter la vie et tous ses biens, disait : "Ah il faut donc que je meure ! Que je laisse tous ces grands biens, mes parterres et mes beaux jardins, pour aller dans un pays où je ne connais personne." »[522]

La réflexion s'était imprimée dans la mémoire du pasteur. Elle reviendrait à diverses reprises sur ses lèvres. Le recueil de La Bastie en fait foi :

> « Rappelons-nous ce prince qui disait : "Je vais donc mourir, aller dans un pays où je ne connais personne". »[523]

On a vu comment cela avait été transposé dans *L'Esprit*. Le comte de Saint Bon et sa sœur, auditeurs occasionnels du Curé d'Ars ont consigné ce qu'ils ont retenu d'une instruction donnée le 4 septembre 1853. Mgr Convert ayant eu communication de leur texte l'a publié.[524] Une fois de plus le saint parle du salut et comme on le verra, la pensée du Ciel l'amène tout naturellement à reprendre la vieille image. Pour faire son salut, il faut avoir le courage de se détacher des biens de ce monde.

> « Vous désirez être riches, mes enfants : voyez, si vous aviez cent mille francs de rentes, c'est comme si vous aviez quarante sous... dix sous, ce n'est rien du tout... Les riches sont malheureux, les pauvres aussi, tout le monde est malheureux. L'empereur n'est pas plus heureux que moi, à quoi sert d'être

[522] *Sermon sur les grandes vérités*, t. 1, p. 27.
[523] LA BASTIE, p. 154.
[524] Mgr CONVERT, *Catéchisme du Saint Curé d'Ars*. E. VITTE, 1927, *Sur le Détachement des biens de ce monde*, p. 196-200.

riche ? On ne mange pas deux fois, on ne dort pas deux fois par nuit, quand on a mangé une fois, eh bien ! On en assez.

Il faut penser au Ciel, c'est là que nous serons heureux, que nous aimerons Dieu. Il faut ne chercher que Dieu seul, ne désirer que Dieu. Voyez les saints : saint Louis de Gonzague, saint Paul, saint Stanislas, ils ont tout quitté pour le Bon Dieu. Ah ! Qu'ils étaient heureux ! Voyez les carmélites, les sainte Claire, qu'elles sont heureuses ; elles ne pensent qu'à aimer et à servir Dieu. Si vous cherchez Dieu, vous le trouverez ; à la mort il vous dira : tu m'as cherché, eh bien, me voilà ! Mais au lieu de cela, attachés à la terre, vous voulez vous enrichir. On ne voit que des voleurs, les marchands volent, les ouvriers volent, le monde est plein de voleurs. Les maîtres volent leurs domestiques, ils les trompent sur leurs gages. Les domestiques volent leurs maîtres : ils ne font rien, si on ne les voit pas.

Mais vous dites : "Nous voulons avoir quelque chose pour laisser à nos enfants". Il y avait un homme bien riche qui avait amassé beaucoup d'argent et il disait : "J'ai bien peur que mon garçon ne mange tout ce que j'ai amassé". Voilà ! Et puis il faut s'en aller ; il vaudrait mieux leur donner la crainte de Dieu, en faire de bons chrétiens. Mes enfants, le temps passe bien vite. On est malheureux en ce monde, mais c'est vite fini ! Quand vient le moment de la mort, quel regret on a de dire : "J'aurais pu employer mon temps à gagner le Ciel et je ne l'ai pas fait ! Quel affreux malheur !" »

« Il faut penser au Ciel. Quand un pécheur va mourir, il est ennuyé parce qu'il va dans un endroit où il ne connaît personne, au lieu qu'un bon chrétien a des amis en paradis : tous les saints sont ses amis. »

« Il faut penser au Ciel. Là-haut, c'est chez nous. Ici, nous sommes à l'hôtel comme en passant. Quand on est hors de chez soi, on pense toujours à y retourner. Eh bien ! Le Ciel c'est chez nous. Les riches peuvent bien aller en paradis ; les pauvres aussi, s'ils savent supporter leur misère avec patience ; mais les riches doivent faire des bonnes œuvres et des aumônes. »

« Voyez mes enfants, il faut bien penser au Ciel, nous sommes sur la terre pour ça, pour aimer Dieu et le servir. On ne reste ici qu'un moment, puis on s'en va dans son éternité. Sur la terre on est bien mal, c'est vrai ; on fait là comme on peut, mais ça ne dure pas. Dans cinquante ans, on ne trouvera personne de nous autres ici ; nous serons tous loin. L'homme de Bourg qui avait passé cent deux ans dans les galères, eh bien ! Quand il revint, il ne reconnut plus personne. Bourg n'y était plus. La terre y était, les maisons n'avaient pas changé, mais les habitants n'y étaient plus. La terre ne bouge pas, les maisons restent bien mais les hommes s'en vont, laissent la place à d'autres. Il faut mépriser la terre ; c'est de la poussière, ça n'est rien. Il faut faire comme ce négociant qui change du papier qui n'a pas de valeur contre de l'argent qui en a. C'est un bien périssable contre un bien solide. Mes enfants, c'est la même chose, il faut donner la terre qui n'est rien, contre le Ciel. Le démon fait ce qu'il peut pour nous perdre. Il est malheureux, il a tout perdu. Eh bien ! il est jaloux de voir qu'on va prendre sa place, alors il est là comme un furieux. Il faut bien prier la Sainte Vierge, mes enfants. Il ne sert de rien d'être riche. Les riches n'emportent rien dans l'autre monde, ils n'emportent que ce qu'ils ont, et qu'est-ce qu'ils ont ? Leurs bonnes œuvres. »

« Il y avait par là un homme qui aimait bien l'argent ; il avait un plein tiroir d'or et puis un voleur vint ; et il mit la main dessus, il prit tout, il emporta tout. »

« Du côté de chez nous, il y avait un homme, c'était un avare. Il tomba malade. Le curé alla le voir. Il lui dit : "Trinquons et parlons de la guerre Monsieur le Curé." – "Vous avez donc du vin ?" – "Allez voir à la cave." Elle était pleine de vin. Il lui dit : "Allez voir dans mon grenier." Il était rempli de blé partout. "Ah ! Mon Dieu, encore une année, encore une année !" Eh bien ! non, il a fallu partir, laisser tout ça. Il était ennuyé ; il voulait finir de manger ses provisions ; mais il n'en eut pas le temps. Il était ennuyé ! Il était ennuyé ! S'il avait été bon chrétien, il aurait regardé tout ce qui est sur la terre comme rien du tout. »[525]

Autre réflexion, puisée, celle-là, à une autre source, mais qui va dans le même sens :

[525] *Ibidem.*

« Un avare mourant à qui son confesseur présenta un crucifix pour le porter à la contrition de ses péchés se mit à dire : "Si ce Christ était en or, il vaudrait bien tant". »[526]

Le Curé d'Ars avait noté ce trait dans son ancien *Sermon sur le délai de la conversion*. Il le citerait plus tard. On le retrouve dans le cahier de Faure de La Bastie, qui nous montre les mauvais chrétiens :

« Ils sont tout terrestres, tout abrutis, et ne pensent qu'au chose du temps, comme cet avare qu'on administrait un jour ; lorsqu'on lui présentait le Christ qui était en argent il dit : "Ce Christ pèse bien tant d'onces" ».[527]

L'Abbé Monnin a repris le texte :

« Comme cet avare qu'on administrait un jour ; lorsqu'on lui présenta à baiser un crucifix d'argent : "Voilà une croix, dit-il, qui pèse bien dix onces" ».[528]

« Quand on considère tout ce que les saints ont fait pour sauver leur âme, et que nous faisons si peu de choses, presque rien, comment pouvons-nous espérer d'aller au Ciel ? Ah ! C'est qu'ils comprenaient mieux que nous l'importance et la valeur de leur âme et qu'ils aimaient le Bon Dieu un peu mieux que nous. Voyez mes enfants, il faut réfléchir que nous avons une âme à sauver et une éternité qui nous attend. »

[526] *Sermon sur le délai de la conversion*, t. I, p. 380.
[527] Cahier de FAURE DE LA BASTIE, p. 35.
[528] *L'Esprit*, p. 108.

« Le monde, les richesses, les plaisirs, les honneurs passeront, mais le Ciel et l'enfer ne passeront jamais. Prenons garde ! Les saints n'ont pas tous bien commencé mais ils ont tous bien fini. Nous avons mal commencé, finissons bien et nous irons un jour les rejoindre dans le Ciel. »[529]

[529] Cahier de FAURE DE LA BASTIE, p. 162, 163. La dernière partie de ce passage est reproduite dans l'*Esprit* : « Voyez mes enfants, il faut réfléchir que nos avons une âme à sauver et une éternité qui nous attend. Le monde, les richesses, les plaisirs, les honneurs passeront ; le Ciel et l'enfer ne passeront jamais. Prenons donc garde ! Les saints n'ont pas tous bien commencé, mais ils ont tous bien fini. Nous avons mal commencé, finissons bien, et nos irons les rejoindre un jour dans le Ciel » p. 63.

17 - LA PRIÈRE ET LES SACREMENTS

Les deux cris de l'homme

On note dans le recueil de La Bastie :

> « Il y a deux cris dans l'homme, le cri de la prière et celui du péché ».[530]

Dans le recueil de l'abbé Monnin, cette réflexion est ainsi transposée :

> « Il y a deux cris dans l'homme : le cri de l'ange et le cri de la bête. Le cri de l'ange c'est la prière, le cri la bête c'est le péché ».[531]

Et le Curé d'Ars continue :

> « Ceux qui ne prient pas se courbent vers la terre, comme une taupe qui cherche à faire un trou pour se cacher. Ils sont tout terrestres, tout abrutis, ils ne pensent qu'aux choses du temps. Dans le Ciel, s'il y avait un jour sans adoration, ce ne serait plus le Ciel ; et si les pauvres damnés, malgré leurs souffrances, pouvaient adorer, il n'y aurait plus d'enfer. Hélas ! Ils avaient un cœur pour aimer Dieu, une langue pour le bénir : c'était leur destinée. Et maintenant ils sont condamnés à le maudire pendant toute l'éternité. S'ils pouvaient espérer qu'une fois ils prieront seulement pendant une minute, ils attendraient

[530] LA BASTIE, p. 36.
[531] *Esprit*, p. 108.

cette minute avec une telle impatience que cela adoucirait leurs tourments. »[532]

La prière, union avec Dieu

«Voyez mes enfants, le trésor d'un chrétien n'est pas sur la terre, il est dans le Ciel. Eh bien ! Notre pensée doit aller où est notre trésor. L'homme a une belle fonction, celle de prier, d'aimer. Vous priez, vous aimez : voilà le bonheur de l'homme sur la terre. La prière n'est autre chose qu'une union avec Dieu... Dans cette union intime, Dieu et l'âme sont comme deux morceaux de cire fondus ensemble ; on ne peut plus les séparer.[533] C'est une chose bien belle que cette union de Dieu avec sa petite créature. C'est un bonheur qu'on ne peut comprendre. »

« Nous avions mérité de ne pas prier; mais Dieu, dans sa bonté, nous a permis de lui parler. Notre prière est un encens qu'il reçoit avec un extrême plaisir. Mes enfants vous avez un petit cœur, mais la prière l'élargit et le rend capable d'aimer Dieu. » [534]

« La prière élève l'âme, fait descendre le Bon Dieu jusqu'à nous ; il se penche vers l'âme qui prie, il lui

[532] *Ibid.*, p.108-109. « Dans le Ciel, s'il y avait un mois sans prière, l'enfer serait au Ciel, et si les pauvres damnés, malgré leurs souffrances, pouvaient prier, il n'y aurait plus l'enfer. Ils avaient un cœur pour aimer Dieu et une langue pour le louer : c'était leur destinée, et maintenant ils sont condamnés à le maudire pendant l'éternité ; si seulement ils pouvaient espérer de le prier une minute, ils attendraient ce moment avec impatience ; elle leur aiderait à endurer leurs tourments cruels, mais non. » LA BASTIE, p. 124.
MONNIN a fait, pour composer ce passage, divers emprunts à FAURE DE LA BASTIE. « Ceux qui ne prient pas se courbent vers la terre, comme une taupe qui cherche à faire un trou pour s'y rentrer. Ils sont tout terrestres, tout abrutis, ils ne pensent qu'aux choses du temps » LA BASTIE, p. 35

[533] Le Curé d'Ars reprendra cette image à propos de la communion eucharistique. *Esprit*, p. 105.

[534] *Esprit*, p. 105.

sourit comme une mère a son enfant qui lui tend les bras. » [535]

« La prière élève notre âme vers Dieu comme un ballon s'élève dans l'air. Une âme qui prie s'élève sans cesse en haut ; on voit ces âmes pieuses toutes spirituelles... Il faut, le matin offrir de suite son cœur à Dieu, ses actions, son esprit, tout soi-même pour ne servir qu'à sa gloire ; dans la journée, de temps en temps, un *pater* et *ave* pour la conversion des pécheurs, pour les âmes du purgatoire : mon Dieu ayez pitié de moi ! Comme un enfant qui dit à sa mère : "Donnez-moi un morceau de pain. Donnez-moi la main !"[536] Les âmes pures sont saisies par la présence de Dieu, comme Saint-Louis de Gonzague ; le sang lui montait de suite à la tête, l'union était si grande que le Bon Dieu s'emparait de lui. » [537]

« Aimer Dieu : oh que c'est beau ! Il faut le Ciel pour comprendre l'amour ! La prière aide un peu, parce que la prière, c'est l'élévation de l'âme jusqu'au Ciel. »[538]

[535] LA BASTIE, p. 124. MONNIN à tiré de ce passage le paragraphe de l'*Esprit* : « Le matin, il faut faire comme l'enfant qui dans son berceau : dès qu'il ouvre les yeux, regarde vite par la maison s'il voit sa mère. Quand il la voit, il se met à sourire ; quand il ne la voit pas, il pleure » *Esprit*, p. 45.

[536] LA BASTIE, p. 36. Dans le même recueil, le thème est repris : « Un bon chrétien, en s'éveillant, donne son cœur à Dieu, renouvelle les promesses de son baptême. Oh ! Que cette première action lui est agréable ! - Il faut lui offrir toujours sa journée, remercier son saint ange gardien, lui demander sa protection de bon ange qui est resté là, à côté de nous, pendant notre sommeil, pour nous garder. » LA BASTIE, p. 56.

L'Abbé MONNIN a utilisé ces différents textes : « Il faut, dès le matin, en s'éveillant, offrir à Dieu son cœur, son esprit, ses pensées, ses paroles, ses actions, tout soi-même pour ne servir qu'à sa gloire ; renouveler les promesses de son baptême, remercier son ange gardien, lui demander sa protection, à ce bon ange qui est resté à côté de nous pendant notre sommeil. Il y a des bons chrétiens qui ont l'habitude de se dire : « je ferais aujourd'hui tant d'actes d'amour de Dieu, tant de sacrifices, j'aime bien ça. » *Esprit*, p. 338-339.

[537] LA BASTIE, p. 94-95. MONNIN a retenu le commencement de ce passage : « la prière dégage notre âme de la matière ; elles élèveront le feu qui gonfle les ballons. » *Esprit* p. 44.

[538] *Esprit*, p. 21.

« Celui qui ne prie pas est comme une poule ou une dinde, qui ne peuvent s'élever dans les airs. Si elles volent un peu, elles retombent bientôt et grattant la terre, elles s'y enfoncent, s'en couvrent la tête et semblent ne prendre plaisir qu'à cela. Celui qui prie, au contraire, est un aigle intrépide, qui plane dans l'air et semble toujours vouloir se rapprocher du Soleil. Voilà le bon chrétien sur les ailes de la prière ! L'homme qui est en grâce avec Dieu n'a pas besoin qu'on lui apprenne à prier, il connaît la prière naturellement, parce qu'il connaît ses besoins. »[539]

La prière, source de lumière et de force

« On manque ses prières du matin et du soir, on ne prie pas pour demander les lumières du Saint Esprit. Oh ! Que nous en avons besoin, mes enfants, pour connaître notre pauvre misère ! Plus on prie ; mieux on connaît ses petites fautes. »[540]
« Nous ne faisons rien par nous-mêmes. Nous avons besoin de la grâce qui est un don de Dieu, que nous ne pouvons obtenir que par la prière et les sacrements. Oui, mes enfants, celui qui ne prie pas n'a point de force et est bientôt perdu. La grâce de Dieu nous fait marcher, nous soutient et nous est nécessaire comme les béquilles à celui qui n'a pas l'usage de ses jambes… Si vous priez bien, vous êtes sûr d'obtenir. Voyez, lorsqu'on fait une retraite ou un jubilé, on est plein de bons désirs, on se sent portés à beaucoup prier. »[541]

[539] *Ibid.*, p. 339-340.
[540] LA BASTIE, p. 55-56.
[541] *Ibid.*, p. 130-132.

> « Là, Dieu nous a donné la parole pour établir nos rapports avec lui. La parole est grande et faible tout à la fois, grande par ce qu'elle produit, faible puisqu'elle n'est qu'un son. La Parole a créé le monde, la Parole fait descendre Dieu sur la terre à la consécration ; la Parole fait d'un damné un élu par l'absolution ; lorsque le prêtre vous dit : "Je vous absous," toute votre âme est purifiée, vos idées sont toutes changées. Oh ! Quel bonheur ! Prier un Dieu, nous, pauvres et chétives créatures, qui l'avons tant de fois offensé et qu'il veut bien souffrir à ses pieds et à qui il commande de prier. Il y a la prière vocale et la prière mentale. Cette dernière est l'entretien avec Dieu et la méditation tant recommandée ; mais les gens des campagnes ne peuvent guère méditer et d'autres aussi.
>
> La première chose, et que tout le monde peut faire, c'est de se proposer, le matin, la pratique d'une vertu ; et se pénétrer de la présence de Dieu, l'union avec Dieu. » [542]

Voici un exemple pour montrer quel secours on peut attendre de la prière.

> « La prière qui nous donne la force et chasse le démon c'est comme quelqu'un à qui l'on dirait : "Tenez, voilà les gendarmes, faites-vous accompagner, car le lieu que vous avez à traverser est dangereux". Il n'en veut pas, il s'embarque seul, est assailli par des voleurs. »

[542] *Ibid.*, p. 92-93.

> « Des messieurs allaient dans un pays où il fallait traverser une tribu barbare et même se faire accompagner par quelques-uns des leurs et pour se faire épargner, l'un d'eux quitte ses compagnons et s'embarque seul, il est attaqué. »
>
> « Ayons donc toujours les armes à la main. Faisons-nous des amis dans le Ciel ; envoyons des bonnes œuvres devant nous, invoquons les saints, n'arrivons pas à la porte de l'éternité les mains vides. » [543]

Ceux qui abandonnent la prière n'ont pas à s'étonner s'ils se trouvent dès lors incapables de vaincre. Dans un lointain sermon, le Curé d'Ars avait posé la question :

> « Dites-moi, depuis quel temps est-ce que vous ne résistez plus aux tentations ? N'est-ce pas depuis que vous laissez vos prières, ou que vous ne les faites que par habitude, par routine, ou pour vous débarrasser. » [544] « On ne peut ignorer le sort déplorable auquel se vouent ces piètres baptisés. Il n'y a de malheureux que les mauvais chrétiens qui abandonnent la prière et croupissent dans le péché. »[545]

La prière, source du bonheur

> « La prière, voilà tout le bonheur de l'homme sur la terre. Ô belle vie ! Belle union de l'âme avec Notre Seigneur ! L'éternité ne sera pas assez longue pour comprendre ce bonheur. La vie intérieure est un bain d'amour dans lequel l'âme se plonge. Elle est

[543] LA BASTIE, p. 153-154.
[544] *Sur les ennemis de notre salut*, *Sermons*, et p. 251.
[545] *Ibidem*, p. 337.

comme noyée dans l'amour. Dieu tient l'homme intérieur comme une mère tient la tête de son enfant dans ses mains pour la couvrir de baisers et de caresses. »

« Plus on prie et plus on veut prier. C'est comme un poisson qui nage sur la surface de l'eau, va ensuite se plonger dedans jusqu'au sein des mers. L'âme s'abîme, se plonge dans l'amour de son Dieu, comme quand on vide le contenu d'un tonneau dans un autre, on se sert d'une machine qui va de l'un à l'autre ; de même, l'épanchement du Cœur de Jésus dans notre cœur. »

« Oh ! Heureuse vie, prier, adorer un Dieu, se nourrir d'un Dieu... Les âmes pieuses éprouvent une si grande douceur parfois dans la prière que le langage humain ne peut l'exprimer, parce que l'âme tend à sa fin et est dans un centre qui est Dieu, pour lequel elle est créée. Aussi le temps ne dure pas dans la prière : je ne sais pas si l'on peut désirer le Ciel ; voilà, il y a des moments que le Bon Dieu permet pour nous faire désirer le Ciel, notre fin. Comme le poisson qui est dans un petit ruisseau se trouve bien parce qu'il est dans son élément ; mais il est encore mieux dans l'océan... »[546]

« Mes enfants, vous avez un petit cœur, mais la prière l'élargit et le rend capable d'aimer Dieu. La

[546] LA BASTIE, p. 93-94. L'Abbé MONIN cite isolément certains fragments de ce passage : « plus l'on prie plus l'on veut prier. C'est comme un poisson qui nage d'abord à la surface de l'eau, qui plonge ensuite et qui va toujours plus avant. L'âme qui se plonge, s'abîme, se perd dans les douceurs de la conversation avec Dieu.» *Esprit*, p. 44. « Le temps ne dure pas dans la prière. Je ne sais pas si on peut désirer le Ciel. Oh ! Oui, le poisson qui nage dans un petit ruisseau se trouve bien, parce qu'il est dans son élément ; mais il est encore mieux dans la mer. » *Esprit*, p. 44.

prière est un avant-goût du Ciel, un écoulement du paradis. Elle ne nous laisse jamais sans douceur. C'est un miel qui descend dans l'âme et adoucit tout. Les peines se fondent devant une prière bien faite, comme la neige devant le soleil. »

« La prière fait passer le temps avec une grande rapidité et si agréablement qu'on ne s'aperçoit pas de sa durée. Tenez, quand je courais la Bresse, dans le temps que les pauvres curés étaient presque tous malades, je priais le Bon Dieu le long du chemin. Je vous assure que le temps ne me durait pas. On en voit qui se perdent dans la prière comme le poisson dans l'eau, parce qu'ils sont tout au Bon Dieu.[547] Dans leur cœur il n'y a pas d'entre deux. Oh que j'aime ces âmes généreuses ! Saint François d'Assise et Sainte Colette voyaient Notre Seigneur et lui parlaient comme nous nous parlons. Tandis que nous, que de fois nous venons à l'église sans savoir ce que nous devons faire et ce que nous voulons demander ! Et pourtant quand on va chez quelqu'un, on sait bien pourquoi on y va... Je pense souvent que lorsque nous venons adorer Notre Seigneur, nous obtiendrions tout ce que nous voudrions, si nous le lui demandions avec une foi bien vive et un cœur bien pur. Mais voilà ! ... Nous sommes sans foi, sans espérance, sans désirs et sans amour. »[548]

« Le Bon Dieu n'a pas besoin de nous : s'il nous commande de prier, c'est qu'il veut notre bonheur et que

[547] D'après l'Abbé MONNIN le Curé d'Ars prolonge cette image : « il faut, quand on prie, ouvrir son cœur à Dieu comme le poisson quand il voit venir la vague. » *Esprit*, p. 66.
[548] *Esprit*, p. 106-108.

> notre bonheur ne peut se trouver que là. Lorsqu'il nous voit venir, il penche son cœur bien bas vers sa petite créature, comme un père qui s'incline pour écouter son petit enfant qui lui parle. » [549]

Il semble que la nature trouve sa joie à célébrer la gloire de Dieu, mais l'homme ne peut pas trouver ailleurs le bonheur qu'il cherche.

> « Une fois, j'allais voir un malade ; c'était au printemps ; les buissons étaient remplis de petits oiseaux qui se tourmentaient la tête à chanter. Je prenais plaisir à les écouter et je me disais. "Pauvres petits oiseaux, vous ne savez pas ce que vous dites. Que c'est dommage ! Vous chantez les louanges de Dieu." » [550]

Les saints, heureusement nous font une fois de plus la leçon.

> « Posséder Dieu, c'est le bonheur des bonheurs. Ce bonheur fait oublier tout le reste. Comme ce saint dont je lisais la vie, il y a quelques jours, qui était demeuré en extase depuis le mardi gras jusqu'au jour de Pâques, il était revenu juste pour la résurrection. Ce bonheur fait aussi oublier la souffrance. Une fois, le vent avait emporté la peau d'ours dont saint Siméon était couvert. Ne le voyant plus bou-

[549] *Ibid.*, p. 44-45. Ce paragraphe se trouve textuellement dans le recueil de LA BASTIE, p. 95.

[550] *Ibid.*, p. 38-39. Chez J.-C. VIRET on trouve avec quelques variantes la même relation : « Oh mes enfants un jour j'allais à Mizérieux voir un malade, je passais devant un endroit, c'était un beau jour. J'entendis le chant des oiseaux qui chantaient les louanges de Dieu, c'était agréable, je me dis en moi-même que ces petits oiseaux faisaient de ramage ; je me dis : "Dans le Ciel, tous les saints et saintes chantent tous ensemble que l'on sera heureux quand on y sera". Ô mes enfants, sur la terre, on désire toujours, mais dans le Ciel on ne désire plus rien, on est content, et c'est pour toujours. » *Cahier,* 24 nov. 1849.

ger sur sa colonne, on monta voir ; on le trouva gelé. On le plongea dans l'eau chaude pour le faire revenir : "Pourquoi ne m'avez-vous pas laissé, dit-il, j'étais si heureux !" »[551]

« Il sort de la prière une douceur savoureuse, comme le jus qui découle d'un raisin bien mûr. »[552]

« La prière est une rosée embaumée, mais il faut prier avec un cœur bien pur pour sentir cette rosée. »[553]

Trop rares sont ceux qui sont capables de goûter pareille réjouissance. Nous prions mal le plus souvent :

« Quand on fait ses prières, on est toujours si pressé. On les fait en courant. En rangeant son ménage, sans attention, à la bourdifaille, ou plutôt il faut dire qu'on est pressé de se débarrasser du Bon Dieu comme une pierre sous son soulier. »[554]

« Il y en a qui ont l'air de dire au Bon Dieu : Je m'en vais vous dire deux mots pour me débarrasser de vous. »[555]

La prière du Seigneur

« Nous avons commencé le *pater* : ces beaux mots : Notre père qui est aux cieux, notre père, notre Sauveur. Nous devrions souvent dire cela. Quel est

[551] *Esprit*, p. 342. LA BASTIE a fourni à l'Abbé MONNIN le début de ce paragraphe : « Posséder son Dieu Oh ! C'est le bonheur des bonheurs c'est un avant-goût du Ciel ; pour une âme pure, il n'est sorte de douceurs qu'elle goûte » LA BASTIE, p. 36.
[552] *Ibid.*, p. 44.
[553] *Ibid.*, p. 43.
[554] LA BASTIE, p. 166.
[555] *Esprit*, p. 107.

votre père ? C'est Dieu. Oh que cela est consolant ! Que votre règne arrive ! C'est le Règne de la grâce dans notre cœur. Notre pain quotidien il y a deux nourritures, celle de l'âme et celle du corps que produit la terre. Mon père, c'est Dieu, mon bien, c'est le Ciel... »

« Que le pauvre pécheur est malheureux de ne pas aimer un Dieu qui nous aime tant ! S'il était possible d'avoir des peines dans le Ciel, ce serait le regret d'être resté loin de Dieu.

Oh heureuse vie que celle d'une âme qui est pour recevoir et servir Dieu ! Oh ! Mon âme, que tu es heureuse ! Si on y réfléchissait, on se perdrait dans cet abîme d'amour.

Le Bon Dieu a dit : "Tout ce que vous me demanderez, je vous le donnerai". Ne vous laissez pas succomber à la tentation. Si nous manquons si souvent aux belles résolutions que nous formons, c'est parce que nous comptons trop sur nous-mêmes. De nous-mêmes, nous ne pouvons rien ; il ne faut jamais cesser de nous munir de la grâce, dire au Bon Dieu : "Je ne puis rien de moi-même, je ne puis rien que vous donner ma volonté qui est de vous aimer : la voici ! Oh ! Mon Dieu, soutenez-moi, faites tout !"

Pardonnez-nous nos offenses, comme nous les pardonnerons. Comment pourrions-nous ne pas pardonner et ne pas aimer notre prochain en contemplant la bonté du Cœur de Jésus ! Nous ne pouvons pas l'attrister davantage qu'en ayant des sentiments de haine, de vengeance, pour le prochain. Un bon chrétien ne peut qu'excuser ses frères et les pardonner quand il jette les yeux sur sa profonde misère. Notre Seigneur apparut à Saint-Augustin et lui dit qu'il priait beaucoup pour ses bourreaux, lorsqu'ils le flagellaient. Si nous savions combien le Bon Dieu nous aime nous mourions de plaisir. »[556]

Les sacrements

« Pour se préparer à la réception des sacrements il faut prier. »[557]

Le Curé d'Ars aimait souligner le lien qu'il voyait entre la prière et les sacrements, ces :

> « Sacrements qui sont les canaux par lesquels le Bon Dieu nous donne ses grâces. »[558]
>
> « Il y a deux choses pour faire son salut : la prière et les sacrements. Tous ceux qui sont devenus saints ont fréquenté les sacrements et on élevé leur âme à Dieu par la prière. »[559]

Maladroitement, le catéchiste indiquait la raison de l'importance exceptionnelle qu'il accordait aux sacrements :

[556] LA BASTIE, p. 96-100. L'Abbé MONNIN a ce bref commentaire du *Pater* : « Notre Père qui êtes aux Cieux. Ah ! Que c'est beau, mes enfants, d'avoir un père dans le Ciel ! Que votre règne arrive ! Si je fais régner le Bon Dieu dans mon cœur, il me fera régner avec lui dans sa gloire. Que votre volonté soit faite ! Il n'y a rien de si doux que de faire la volonté de Dieu, et rien de si parfait... Pour bien faire les choses, il faut les faire comme Dieu veut, en toute conformité avec ses desseins... » (Le commentaire de ce verset, tant dans le recueil de LA BASTIE que dans celui de l'Abbé MONNIN a trouvé place plus loin, au chapitre sur la communion) *Esprit*, p. 109.
[557] LA BASTIE, p. 55.
[558] *Ibidem*, p. 123.
[559] LA BASTIE, p. 35. Dans un ancien sermon, le Curé D'Ars avait écrit : « Reconnaissons-le, tous ceux qui auront le grand bonheur d'aller au Ciel seront choisis parmi ceux qui fréquentent les sacrements, et jamais parmi ceux qui ne font ni Pâques ni confession.» *Sur la tiédeur*, t. III, p. 243.

> « Tous les sacrements, disait-il, celui surtout de l'Eucharistie sont un surcroît de grâce où Notre Seigneur est là, caché, qui attend que nous venions le visiter et lui faire nos demandes. »[560]

Cela dit, rares sont, dans les notes des auditeurs du Curé d'Ars, les informations générales sur les sacrements. Nous trouvons seulement le relevé de la distinction classique :

> « Mes enfants vous savez que l'on donne les sacrements en sacrements des morts et en sacrements des vivants. Les sacrements des morts sont le baptême et la pénitence. Les sacrements des vivants sont les cinq autres sacrements. – Pourquoi appelle-t-on sacrements des vivants ? Parce qu'il faut avoir la vie de la grâce pour les recevoir. – Pourquoi appelle-t-on sacrements des morts ? – C'est parce que notre âme est morte aux yeux de Dieu. On ne parle pas du corps, on ne parle que de l'âme qui est morte aux yeux de Dieu par le péché mortel. Il faut que l'âme soit pure, c'est-à-dire sans aucun péché mortel qui donne la mort à notre âme. Voyez mes enfants, les sacrements des vivants fortifient notre âme et les sacrements des morts rendent la vie à notre âme, qu'elle a perdue par le péché. »[561]

Indications sommaires. Par contre, les instructions et catéchismes s'attarderont plus ou moins longuement sur les sacrements pris un par un, le baptême, la pénitence, l'Eucharistie, et l'Ordre. Quelques mots seulement seront réservés au mariage.

[560] LA BASTIE, p. 53.

[561] Cahier de Marie GERMAIN et Mariette JACQUET, p. 28. Texte où se retrouve le passage du *sermon sur l'absolution... Sermons*, t. III, p. 82.

« Voyez, mes enfants, le Bon Dieu a donné à chacun notre place. C'est à nous de suivre notre chemin, c'est-à-dire notre vocation. Les uns sont pour être prêtres ou religieux ou dans le célibat ou enfin dans le mariage. »[562]

Hélas ! Ce sacrement est trop souvent profané. À ce propos, le Curé d'Ars s'interroge :

« D'où vient qu'il y a tant de gens mauvais et malheureux ? C'est que le grand nombre embrasse cet état sans être appelés. On se prépare pendant dix ans pour être prêtre et on entre dans le mariage indifféremment, en s'y préparant par le péché... Comme il arrive souvent que l'on ne prie pas pour demander sa vocation et qu'au contraire on commet de gros péchés, le Bon Dieu permet qu'on se trompe. Le Bon Dieu, en nous appelant à telle ou telle vocation, nous donne l'abondance de grâces pour bien en remplir les fonctions ; si nous manquons cette vocation, nous sommes dépourvus de ces grâces et il est alors très difficile de se sauver. »[563]

Ce thème trouve un développement plus marquant dans les pages très incorrectes de Jean-Claude Viret :

« Voyez, mes enfants, quand vous voudrez prendre un état de vie, il vous faut bien prier le Bon Dieu

[562] Le Curé d'Ars n'était pas arrivé alors à se libérer totalement du rigorisme moral que ses éducateurs lui avaient inculqué. Les notes de LA BASTIE lui font tenir un langage qui semble encore quelque peu influencé par son ancien sermon sur le mariage (*Sermons*, t. I, p. 168). « C'est bien là où il y a le moins de saints, on n'en canonise pas souvent ; on voit bien des veufs ou des veuves, mais pas d'autres. Quelques-uns par là, au travers, qui vivent comme frères et sœurs ; il y en a bien qui vont au purgatoire.» LA BASTIE, p. 118. Réminiscence de *Instructions chrétiennes pour les jeunes gens*, de l'Abbé HUMBERT, p. 41.
[563] LA BASTIE, *ibidem*.

qu'il vous éclaire pour ne pas vous tromper. C'est très important, cela dépend de votre bonheur. Ne vous engagez point dans un état sans avoir bien pris toutes les précautions. Si vous manquez votre vocation, ce sera bien difficile pour vous sauver. Voyez, mes enfants, chacun n'est pas appelé à la même vocation, mais priez le Bon Dieu qu'il vous éclaire : les uns sont appelés au mariage, d'autres sont appelés à l'état religieux. Faites bien attention ! Si vous êtes appelés à l'état du mariage, préparez-vous bien, ne faites pas comme ceux qui se marient par la passion et le désordre, le Bon Dieu ne les bénit pas, ils sont malheureux. C'est déjà un enfer dans ce monde, ils se disputent, ils se souhaitent la mort, voilà la suite de ces mariages qui ont été contractés par le libertinage, ils sont bien malheureux. Ô mes enfants prenez bien garde quand vous voudrez prendre un état de vie. D'autres sont appelés à l'état religieux et d'autres sont appelés au célibat. Voyez, mes enfants, quand on a manqué sa vocation, c'est bien difficile de se sauver. Ceux qui sont appelés au mariage, qu'ils se marient ; comme ceux qui sont appelés à l'état religieux, il faut qu'ils le fassent ; et ceux qui sont appelés au célibat et ceux qui sont appelés à l'état ecclésiastique, il faut qu'ils le fassent. Chacun aura les grâces de son état. Mais le tout, c'est de bien choisir l'état. Que le Bon Dieu vous éclaire, qu'il vous fasse la grâce de bien connaître votre vocation ! Cela dépend de votre bonheur en ce monde et de votre salut ; mais, mes enfants, si vous manquez votre vocation, ce sera bien difficile de vous sauver… Ô mes enfants, si vous êtes appelés au mariage, le Bon Dieu vous

> donnera ses grâces pour vous conduire dans cet état, comme ceux qui sont appelés à l'état religieux et à l'état ecclésiastique. Si chacun suit bien sa vocation, il lui sera bien plus aisé de se sauver. Cela dépend de votre bonheur en ce monde et le paradis dans l'autre. »[564]

Ce texte qui figure dans le cahier de La Bastie se trouve complété par un fragment d'instruction transcrit par l'abbé Raymond :

> « Dans le monde, mes frères, on ne pense qu'à se divertir. Cependant, on ne peut pas offrir une danse en expiation des fautes de sa pauvre vie. On ne peut pas dire : "Mon Dieu, je vous offre ce rigodon pour expier mes péchés". Voyez, mes frères, les personnes qui entrent dans un bal laissent leur ange gardien à la porte et c'est un démon qui le remplace ; en sorte qu'il y a bientôt dans la salle autant de démons que de danseurs. Il faut avoir perdu la tête pour aller à la danse, quand on sait que la danse peuple les enfers. J'ai vu un vieillard qui allait à la danse avec son bâton et ses lunettes. Quelle pitié ! Un autre allait voir danser avec un enfant à la main. Et je pensais : "Il conduit tout cela en enfer". Voyez, mes frères, Notre Seigneur ne dit pas : "Bienheureux ceux qui rient ! Bienheureux ceux qui dansent !" Il dit, au contraire : "Bienheureux ceux qui pleurent ! Bienheureux ceux qui souffrent !" »[565]

Les chrétiens ne se rendent pas compte des grâces qu'ils pourraient obtenir pour leur sanctification ; s'ils savaient

[564] J.-C. VIRET, *Cahiers*, à la fin du recueil, sans date.
[565] Abbé RAYMOND, *Vie*, évêché de Belley, cahier 8, p. 80.

profiter de ce que le Sacrifice de la Messe met à leur disposition.[566] Ils ne pensent pas non plus au soulagement que procure aux âmes du purgatoire l'offrande de la sainte victime.

> « Mes enfants, vous vous rappelez l'histoire que je vous ai déjà racontée de ce saint prêtre qui priait pour son ami ; apparemment Dieu lui avait fait comprendre qu'il était en purgatoire. Il lui vint en pensée qu'il ne pouvait rien faire de mieux que d'offrir le Saint Sacrifice de la Messe pour son âme. Quand il fut au moment de la consécration, il prit l'hostie entre ses doigts et dit : "Père saint et éternel, faisons un échange. Vous tenez l'âme de mon ami qui est en purgatoire, et moi je tiens le corps de votre Fils qui est entre mes mains ; eh bien ! Délivrez mon ami et je vous offre votre Fils avec tout le mérite de sa mort et passion." En effet, au moment de l'élévation, il vit l'âme de son ami, toute rayonnant de gloire qui montait au Ciel. Eh bien ! mes enfants, quand nous voulons obtenir quelque chose du Bon Dieu faisons de même. Offrons-lui son Fils bien aimé avec tous les mérites de sa mort et passion. Il ne pourra rien nous refuser.

L'exemple proposé apparaît déjà dans le sermon manuscrit *Pour la Commémoration des morts*.

> « Un saint prêtre ayant appris la mort de son ami qu'il aimait uniquement pour le Bon Dieu ne trouva point de moyen plus efficace pour sa déli-

[566] « Voyez, il ne faudrait qu'une Messe bien entendue pour faire des saints. Voyez saint Augustin, après une Messe bien entendue, s'enfonça dans un désert toute sa vie parce qu'il comprenait de quelle importance il était de bien entendre ce Saint Sacrifice » Cahier de Marie GERMAIN, p. 2. La pensionnaire de la Providence qui a noté cela a fait une confusion en inscrivant ici le nom de saint Augustin.

vrance que d'aller promptement offrir le Saint Sacrifice de la Messe. Après avoir consacré le corps adorable de Jésus-Christ, il le prit entre ses mains et, levant les mains et les yeux au Ciel : "Père éternel, dit-il, voilà que je vous offre le corps, l'âme de votre très cher Fils. Ô Père éternel, rendez-moi l'âme de mon ami, qui souffre dans les flammes du purgatoire ! Ô mon Dieu, je suis libre de vous offrir ou non votre Fils, vous pouvez m'accorder ce que je vous demande ! Mon Dieu, faisons un échange : délivrez mon ami et je vous donnerai votre Fils ; ce que je vous présente vaut infiniment mieux que ce que je vous demande." Cette prière fut faite avec une foi si vive, qu'à l'instant même il vit l'âme de son ami sortir du purgatoire et monter au Ciel. »[567]

Une méthode pour suivre la Messe

Le Curé d'Ars avait été lui-même éclairé par la lecture d'un sermon de Chevassu et il empruntait à ce dernier tout un enseignement.

« La meilleure manière d'entendre la Sainte Messe, c'est de s'unir au prêtre dans tout ce qu'il dit, de le suivre dans toutes ses actions autant qu'on le peut et de tâcher de se pénétrer des plus vifs sentiments d'amour et de reconnaissance, et en suivant cette méthode nous pouvons distinguer trois parties dans le Saint Sacrifice de la Sainte Messe. La première partie depuis le commencement jusqu'à l'offertoire, la deuxième depuis l'offertoire jusqu'à la

[567] *Esprit*, p. 121-122. *Sermons, Commémoration des morts*, t. IV, p. 175-176.

consécration. La troisième depuis la consécration jusqu'à la fin. »[568]

« Je dis mes frères que depuis le commencement jusqu'à l'offertoire nous devons nous comporter comme des pénitents qui sont pénétrés de la plus vive douleur de leurs péchés. Depuis l'offertoire jusqu'à la consécration nous devons nous conduire comme des ministres qui doivent offrir Jésus-Christ à Dieu son Père, et lui faire le sacrifice de tout ce que nous sommes, c'est-à-dire nos corps, nos âmes, nos biens, notre vie et notre éternité. Depuis la consécration, nous regarder comme des personnes qui viennent participer au corps adorable et au sang précieux de Jésus-Christ et par conséquent faire tous nos efforts pour nous rendre digne de ce bonheur. »[569]

Trois exemples sont alors proposés :

« Le premier c'est celui du publicain qui vous apprendra ce que vous devez faire au commencement de la Sainte Messe ; le deuxième est celui du bon larron qui vous apprendra comment vous devez vous comporter pendant la consécration ; le troisième, le centurion qui vous guidera pendant la sainte communion. »[570]

Voici d'abord le publicain :

« Le publicain se tenait au bas du temple, baissant

[568] *Sermon sur la Sainte Messe.* Ce sermon date de la période rigoriste de la vie du Curé d'Ars. Aussi devons-nous noter ce qu'il y a d'outré dans l'ajout qui trouve place ici, à la suite du texte emprunté à CHEVASSU « Ce qu'il faut bien vous faire remarquer que si nous étions distraits volontairement pendant une de ces parties, nous commettrions un péché mortel, ce qui doit nous porter à bien prendre garde de ne pas laisser aller notre esprit à des choses étrangères, c'est-à-dire qui n'ont pas rapport au St Sacrifice de la Messe. » Cf. GENET, p. 339 et suite.

[569] *Ibidem*, p. 5-6.

[570] *Ibidem*, p. 6.

les yeux contre terre, n'osant regarder l'autel, se frappant la poitrine. Vous voyez donc, mes frères, qu'il ne faisait pas comme les chrétiens qui entrent dans nos églises avec un air fier et arrogant.[571] Voyez votre publicain qui se croit indigne d'être dans le temple... Il est donc bien éloigné de ces chrétiens de nom qui ne sont jamais assez bien placés, qui se mettent seulement à genoux sur une chaise, qui à peine baisseront-ils la tête criminelle pendant l'élévation, qui s'étendent sur une chaise ou se croisent les jambes.[572] Nous ne disons rien de ces gens qui ne devraient venir à l'église que pour y pleurer leurs péchés, qui n'y viennent que pour insulter un Dieu humilié et méprisé par les vains étalages de vanité dans l'intention d'y attirer les yeux du monde... Hélas ! Mes frères si les chrétiens avaient le bonheur d'assister à la Messe avec les mêmes dispositions que le publicain, que de grâces, que de biens nous obtiendrions, nous sortirions aussi chargés des biens du Ciel que les abeilles après avoir trouvé des fleurs plus qu'elles n'en voulaient.

Nous devons surtout nous tenir dans de grands sentiments d'humilité... c'est ce que le prêtre doit vous

[571] Le Curé d'Ars reprend ici un thème qui lui est familier. Il l'a déjà traité plus haut et il semble le développer avec des termes de son cru. « En effet, si vous prenez la peine de voir entrer ces chrétiens qui ont peut-être plus de péchés sur la conscience qu'ils n'ont de cheveux sur la tête, vous les voyez, dis-je, entrer avec un air de dédain ou plutôt avec une espèce de mépris de la présence de Dieu, ils prennent de l'eau bénite à peu près comme ils prendraient un bassin d'eau pour se laver les mains venant de travailler, ils le font pour la plupart sans dévotion et sans penser que l'eau bénite prise avec bien du respect efface nos péchés véniels et nous dispose à bien entendre la Sainte Messe. »

[572] Plus tard, dans ce catéchisme, le Curé d'Ars tiendrait à peu près le même langage : « Il y en a qui entrent dans l'église comme sur une place publique regardant tout le monde et de tous côtés ; ils entendent la Messe debout ou bien couchés sur une chaise... » LA BASTIE, p. 166-167.

inspirer lorsqu'il descend de l'autel pour le *confiteor*, en s'inclinant profondément, qui tenant la place de Jésus-Christ même, semble se charger de tous les péchés de ses paroissiens. »[573]

Second exemple : le bon larron.

« Le bon larron nous instruira de la manière de nous conduire pendant la consécration et l'élévation de la Ste Hostie, qui est le temps où nous devons nous comporter (comme des ministres) qui doivent s'offrir à Dieu en sacrifice avec Jésus-Christ »[574]

« Voyez-vous, mes frères, comme cet heureux pénitent se comporte dans le temps même de son supplice. Voyez comment il ouvrit les yeux de l'âme pour reconnaître son libérateur. Il est attaché à la croix, il ne lui reste plus que son Cœur et sa langue de libres. Voyez avec quel empressement il offre à Jésus-Christ l'un et l'autre, il lui donne tout ce qu'il pouvait lui donner, il lui consacre son Cœur par la foi et l'espérance, il lui demande humblement une place en paradis... Il lui consacre sa langue en publiant son innocence et sa sainteté. Hélas ! Mes Frères si dans cet heureux moment de la consécration nous avions le bonheur d'être animés d'une foi vive, une seule Messe suffirait pour nous arracher de quelques mauvaises (actions) que nous faisions et pour faire de nous de vrais pénitents. »[575]

[573] *Sermon sur la Sainte Messe*, p. 7-8.

[574] On lit dans CHEVASSU : « Nous considérer comme ministres de cet auguste sacrifice. » Cf. GENET, p. 348.

[575] *Sermon sur la Sainte Messe*, p. 10. Le Curé d'Ars ajoute : « Pourquoi est, me direz-vous, que nous assistons à tant de Messes et que malgré cela nous sommes toujours les mêmes ? Hélas ! Mes frères, c'est que nous y sommes présents que de corps et que notre esprit n'y est nullement et que nous y venons plutôt achever notre réprobation avec les mauvaises dispositions avec lesquelles nous y assistons. »

Troisième exemple : le "centenier".

> « Nous avons dit que le centenier nous servirait d'exemple quand nous avons le bonheur de communier ou spirituellement ou corporellement... l'exemple de ce centenier est si admirable que l'Eglise prend plaisir à nous le remettre sous les yeux chaque jour à la Sainte Messe. "Seigneur dit cet humble serviteur, je ne suis pas digne que vous veniez dans ma maison, mais dites seulement une parole et mon serviteur sera guéri." Ah ! Si le Bon Dieu voyait en nous cette même humilité, cette même connaissance de notre néant, avec plaisir et avec abondance de grâces le Bon Dieu ne viendrait-il pas dans nos cœurs ! »[576]

Les trois exemples proposés par le Curé d'Ars à la suite de Chevassu n'entraînent malheureusement qu'une faible troupe d'hommes de bonne volonté.[577]

> « La plupart des gens du monde n'entendent la Sainte Messe qu'en pharisiens, en mauvais larrons, en Judas... Remarquez bien, mes frères, que parmi ceux qui furent témoins de la mort de Jésus-Christ sur la Croix, il y en avait de trois sortes : les uns qui ne faisaient que passer devant la croix sans s'arrêter et sans entrer dans les sentiments d'une véritable douleur. D'autres s'approchaient du lieu du supplice en considérant toutes les circonstances de

[576] *Ibidem*, p. 13-14.

[577] Le Curé d'Ars déplorait souvent dans ses catéchismes le comportement sans ferveur de nombre de chrétiens à la Messe. On lit dans le cahier de Marie GERMAIN, p. 1-2 : « Eh bien ! mes enfants, le Bon Dieu qui est toujours présent sur nos autels avec ses mains pleines de grâces qui ne sait pas à qui les distribuer. Il semble nous dire : demandez-moi donc, je l'accorderai. Et nous, au milieu de toutes ces grâces, nous sortons aussi pauvres de grâces que nous sommes entrés. Pourquoi cela ? Parce que nous sommes venus vaguement, nous n'avons pas formé nos demandes et pris des résolutions fortes. »

la passion de Jésus-Christ, mais ce n'était que pour s'en moquer... Enfin un petit nombre venait verser des larmes amères de voir exercer tant de cruauté sur le corps de leur Dieu et leur Sauveur. Voyez à présent de laquelle de ces trois sortes de personnes vous êtes.

Je ne vous parlerai pas de ceux qui n'y viennent que la moitié du temps, qui pendant ce temps vont trouver un voisin pour boire bouteille, laissons-les de côté parce que ce sont des personnes qui vivent comme si elles étaient sûres qu'elles n'ont point d'âme à sauver, elles ont perdu la foi et par là tout est perdu. Mais parlons de ceux qui viennent ordinairement. »[578]

À ceux-là le Curé d'Ars fournissait, en se laissant toujours guidé par Chevassu, l'indication des offrandes par lesquelles ils devaient s'associer à l'oblation de Jésus-Christ :

« Nous lui devons trois victimes pendant la Messe : nos corps, nos esprits et nos cœurs. »

Bien entendu, il insistait fortement sur la dernière offrande :

« Je dis que nous lui devons consacrer notre cœur, que c'est l'offrande qui lui est le plus agréable, puisque c'est notre cœur qu'il nous demande avec tant d'instance : "Mon fils, donnez-moi votre cœur," nous dit-il. »

[578] Le Curé d'Ars continue de démarquer CHEVASSU. Il nous faut redire que plusieurs passages de ce sermon portent la marque du rigorisme moral et des tendances jansénistes dont le pasteur n'était pas alors libéré. « Combien, s'exclame-t-il, qui ne font point de difficultés de regarder, tourner la tête, de rire et de causer, d'y dormir comme dans leur lit et peut-être encore bien mieux ! Hélas ! Que de chrétiens qui sortent de l'église avec peut-être plus de 30 et 40 péchés mortels de plus que quand ils y sont entrés. »

18 - LES COMMANDEMENTS DE DIEU

> « Les commandements de Dieu sont les enseignements que le Bon Dieu nous donne pour suivre la route qui conduit au Ciel, comme les plaques que l'on pose au commencement des routes et des rues, qui en donnent le nom.[579] Le Bon Dieu nous a donné trois fois ses commandements ; il les a d'abord mis dans nos cœurs, qui étaient la loi naturelle ; voyant qu'on ne la suivait plus, il l'a redonné sur le Mont Sinaï ; puis enfin la loi de grâce et d'amour, qui est bien plus facile ; car dans l'ancien testament, il était bien plus difficile de se sauver. Voyez, mes enfants, maintenant le Bon Dieu a tout changé, non pas la loi, mais la récompense et l'obéissance à la loi. Autrefois il disait : "Si vous faites cela, vous vivrez longtemps, vous prospérerez". Maintenant il promet au bon chrétien la vie éternelle.»[580]

Ces propos, dans les catéchismes du Curé d'Ars sont bien sommaires. Les commandements de Dieu n'y apparaissent que lorsqu'il est question de leur violation par les différentes catégories de péchés. Les anciens sermons les évoquent de façon également concrète. Ainsi tel sermon de vendredi saint, formule-t-il cet examen de conscience :

> « Mais, me direz-vous, comment pourrons nous connaître que nous suivons Jésus-Christ ? – Mes

[579] L'Abbé MONNIN a repris ce texte : " Les commandements de Dieu sont les enseignements que Dieu nous donne pour suivre la route du Ciel, comme les écriteaux qu'on pose à l'entrée des rues et au commencement des chemins pour en indiquer les noms ». *Esprit*, p. 30-31.

[580] LA BASTIE p. 79.

> frères, rien de plus facile à savoir. C'est lorsque vous observez fidèlement les commandements. Il nous est ordonné de prier Dieu soir et matin avec un grand respect : eh bien ! le faites-vous à genoux, avant de travailler, dans le désir de plaire à Dieu et de sauver votre âme ? Ou bien, au contraire, le faites-vous par habitude, par routine, sans penser à Dieu, sans songer que vous êtes en danger de vous perdre ?... Les commandements de Dieu vous défendent de travailler le saint jour du dimanche. Eh bien ! Voyez si vous êtes fidèles, si vous avez passé saintement ce jour, à prier, à vous confesser de vos péchés, crainte que la mort ne vous surprenne dans un état capable de vous conduire en enfer. Examinez la manière dont vous avez assisté à la Sainte Messe... Les commandements de Dieu défendent de jurer : voyez quelles paroles sont sorties de votre bouche, consacrée à Dieu par le saint baptême ; examinez si vous avez juré le nom de Dieu, si vous n'avez point dit de mauvaises paroles, etc. Le Bon Dieu vous a donné par un commandement d'aimer vos père et mère, et le reste... »[581]

La liste demeure incomplète. Ailleurs figure une énumération plus longue et plus détaillée qui vise à établir que :

> « Si le Bon Dieu nous ordonne de garder fidèlement ses commandements, ce n'est que pour notre bonheur. »[582]

> « Si dans le premier commandement, le Bon Dieu nous ordonne de l'aimer, de le prier et de nous atta-

[581] *Le Péché renouvelle la passion de Jésus-Christ, Sermons* t. I, p. 445-446.
[582] *Sur le premier Commandement de Dieu, Sermons*, t. III, p. 13.

cher qu'à Lui, et si nous devons le prier soir et matin, et souvent dans la journée... n'est-ce pas là le plus grand de tous les bonheurs pour nous ?

Si nous passons au deuxième, qui nous défend toute sorte de jurements, de blasphèmes, d'imprécations et de malédictions et toute sorte de colère... dites-moi, mes frères, qui sont ceux qui sont les plus heureux ou de ceux qui se livrent à tous ces excès de colère, d'emportements et de malédictions, ou de ceux qui, dans tout ce qu'ils font ou disent, montrent cette égalité d'humeur, cette bonté, et qui s'étudient continuellement à faire la volonté des autres ? Nous voyons donc que ce commandement ne contribue qu'à nous rendre heureux nous-mêmes et ceux qui sont avec nous.

Si nous venons au troisième, qui nous ordonne de passer saintement le jour du dimanche, en cessant toutes sortes de travail manuel pour ne nous occuper que de ce qui regarde le service de Dieu et le salut de notre âme ; dites-moi, Mes Frères, n'est-ce pas pour notre bien ? ... N'est-ce pas là déjà un moyen pour notre bonheur ?

Si nous passons au quatrième, qui ordonne aux enfants d'honorer leurs parents, de les aimer, de les respecter et de leur souhaiter et procurer tous les biens dont ils sont capables : dites-moi, n'est-ce pas une chose juste et raisonnable ? Des parents qui ont tant fait pour leurs enfants ! N'est-il pas juste que ces mêmes enfants les aiment et leur donnent toutes les consolations dont ils sont capables ? ... Si ce même commandement ordonne aux parents d'avoir bien soin des âmes de leurs enfants et leur dit qu'un jour ils en rendront un compte rigoureux, n'est-ce pas une chose juste ? ... Disons mieux, mes frères, si ce commandement était bien observé, le Ciel ne descendrait-il pas sur terre par la paix et le bonheur que nous y goûterions ?

Si nous passons au cinquième commandement qui nous défend de faire tort à notre prochain dans ses biens, sa réputation et sa personne, n'est-ce pas une chose bien juste, puisque nous devons les aimer comme nous-mêmes, et une chose en même temps, bien avantageuse pour nous, puisque Jésus-Christ nous dit que le bien d'autrui n'entrera pas dans le Ciel ? Vous voyez que ce commandement n'a rien de dur, puisque par lui nous nous assurons le Ciel.

Si nous passons au sixième commandement, qui nous défend toute impureté dans les pensées, les désirs et les actions ; n'est-ce pas pour notre paix et notre bonheur que le Bon Dieu nous défend toutes ces choses ? Si nous avons le malheur de nous livrer à quelqu'un de ces mauvais péchés infâmes, votre pauvre âme n'est-ce pas comme dans un enfer ? Vous voyez donc que ce commandement ne nous est donné que pour notre bien et notre repos, même dans ce monde. »[583]

Là-dessus, sans mentionner les quatre derniers commandements, le Curé fait une digression pour rappeler les principaux commandements de l'Église, puis il conclut :

[583] *Ibidem*, p. 14-17.

> « Oui, mes frères, quand même une personne serait maîtresse de la moitié du monde, si elle ne fait pas consister tout son bonheur à bien observer les commandements, elle ne sera que malheureuse. Voyez, mes frères, lequel était le plus heureux de saint Antoine dans son désert, livré à toutes les rigueurs de la pénitence ou de Voltaire, dans tous ses biens et ses plaisirs, et comme nous dit saint Paul, dans son abondance et sa crapule. »[584]

Se souvenant de cet enseignement, où l'accent de ses sermonnaires familiers se reconnaît presque à chaque ligne, le Curé d'Ars traiterait dans ses catéchismes des commandements et l'on y retrouverait les traces de son langage d'autrefois.

Malheureusement, les notes que nous possédons sont très incomplètes. Elles donnent les leçons sur le deuxième dans le chapitre sur la prière. Le troisième, le quatrième commandement, le sixième est abordé dans le chapitre sur la pureté. Les autres ont fait ou devaient faire l'objet des quelques anciens sermons[585]; il en a été question dans le catéchisme. Les notes des auditeurs n'en ont point gardé le souvenir. Le cahier de Marie Germain et Mariette Jacquet reste la source principale où puiser les éléments de l'enseignement du saint sur les deuxième et quatrième préceptes du décalogue. La Bastie et Monnin à sa suite nous documentent sur le premier, le cinquième et le sixième. Nous retiendrons particulièrement ici ce qui concerne les jurements et les blasphèmes, puis ce qui a

[584] *Ibidem*, p. 17-18.

[585] Mentionnons, pour ce qui a rapport avec le sixième et neuvième commandement, *Le Sermon sur la pureté* (t. III, p. 321) et *Sur l'Impureté* (t. II, p. 284) ; pour ce qui concerne le 7° et le 8° commandements, *Les Sermons sur la restitution* (t. III, p. 371) et *Sur le Mensonge* (t. II, p. 286).

trait à l'obligation du repos dominical, les devoirs des parents envers leurs enfants et ceux des enfants envers leurs parents. Le dernier chapitre traitera de la pureté et du vice impur.

Des jurements et des blasphèmes

Dans les sermons manuscrits, on en trouve un *Sur le deuxième Commandement de Dieu*. Il traite des jurements et blasphèmes de la façon la plus concrète, en étalant toute une série d'exemples. D'autre part, les sermons sur la colère, sur les devoirs des parents fournissent au catéchiste l'occasion d'aborder au passage le même thème.

> « Il est bien étonnant que le Bon Dieu soit obligé de nous faire un commandement pour nous défendre de profaner son saint Nom. Cependant, malgré la grandeur de ce péché, son "horribilité" et sa noirceur, y a-t-il un péché plus commun que le jurement, les blasphèmes, les imprécations et les malédictions ? N'a t-on pas la douleur de voir sortir même de la bouche des enfants qui à peine savent le Notre Père, ces sortes de jurements, capables d'attirer toutes sortes de malheurs sur une paroisse ? »[586]

Faute particulièrement détestable,

> « C'est lorsqu'on ajoute au jurement des serments d'exécration, ce qui fait trembler. Comme les malheureux qui disent : "Si ce que je dis n'est pas vrai, je veux bien ne jamais voir la face de Dieu". D'autres disent : "Si ce n'est pas vrai, je veux perdre ma

[586] *Sur le deuxième Commandement de Dieu, Sermons*, t. II, p. 216-217.

place dans le paradis ! Que le Bon Dieu me damne ! Ou que le démon m'emporte !" Combien d'autres qui ont toujours le démon à la bouche ! "Ah ! Le diable d'enfant, le diable de bête ou d'ouvrage ! Que tu crèves donc une fois, tant tu m'ennuies." Combien d'autres qui sont toujours après dire : "Oh, ma foi, oui... Oh ma foi, non... Ah ! Matin d'enfant !" ou bien encore : "Pardi ! Pardi !" »[587]

« Il y a encore des pères et des mères et des maîtres et maîtresses qui ont à tout moment à la bouche ces paroles : "Ah ! Charogne d'enfants ! Ah ! Bête d'enfants, que tu crèves donc une fois tant tu me tourmentes !... Je voudrais que tu sois aussi loin que je suis près !" Le Bon Dieu ne vous punira donc pas une fois ! ... et en prononçant le B... et le F..., ceci à rapport aux malédictions. »[588]

« Si une bête en travaillant ne va pas comme ils veulent, ils la maudissent ou la donnent au démon. Il y en a qui, quand le temps est mauvais, disent : Maudit temps, maudite pluie ! Ah ! Maudit froid ! »[589]

« On blasphème en disant : "Ah ! S... n... de D " Cela fait horreur. » [590]

« Il y a encore ces jurements déguisés en disant : « S...di » ; c'est comme si on disait S... Dieu ! » [591]

« Je sais bien que peu se permettent ces sortes de

[587] *Ibidem*, p. 221-222.
[588] *Ibidem*, p. 225.
[589] *Ibidem*, p. 235.
[590] *Ibidem*, p. 231.
[591] *Ibidem*, p. 236, note.

> jurements. Les jurements les plus ordinaires sont ceux-ci : Ma foi ! En conscience ! Mon Dieu oui, mon Dieu non ! Parbleu, Morbleu Mâtin. »[592]
>
> « C'est un blasphème de dire que Dieu n'est pas puissant et de le traiter indignement, comme en disant : "Malgré Dieu ! S... D... ! S... N..." »[593]

Ces derniers exemples sont des vestiges du rigorisme moral de l'époque. On peut s'étonner toutefois d'entendre le Curé d'Ars parler comme il le fait des jurements, des blasphèmes, des malédictions. Certes les sermonnaires qu'il avait en mains n'étaient pas totalement étrangers à l'inspiration de ses propos. Il lisait dans le *Catéchisme des peuples* :

« À la moindre chose qui vous inquiète, vous vous laisser aller à des malédictions. "Que la malédiction t'étouffe !" La malédiction que vous désirez leur tombera bien dessus.[594] Vos enfants vous les donnez au diable : que la peste te crève ! » Ou encore dans Bonnardel : « Pères et mères n'avez-vous pas maudit vos enfants ? Ne leur avez-vous pas dit quelquefois : que n'êtes-vous morts ! »[595] Le même Bonnardel écrivait : « Vous donnez votre enfant au démon et le démon le rendra désobéissant, revêche, vicieux comme lui. »[596] Il demandait : « N'avez-vous pas maudit votre ouvrage, les instruments de votre métier, vos bestiaux, vos terres, vos champs et même les saisons ? »[597] Le Curé d'Ars avait retenu les indications données par l'explication du *Catéchisme de l'Empire* : « Les jurements déguisés sont de

[592] *Ibidem*, p. 258.
[593] *Sur la Colère, Sermons*, t. III, p. 362.
[594] *Catéchisme des peuples*, II, p. 76. Cf. GENET, op. cit., p 382.
[595] *Carême*, de BONNARDEL, p. 88. Cf. GENET, p. 386.
[596] BONNARDEL, *Instructions familières*, t. II, p. 74. Cf. GENET, p. 386.
[597] *Carême*, de BONNARDEL, p. 89. Cf. GENET, p. 400.

deux espèces : les uns sont les jurements mêmes avec quelques changements dans les termes : au lieu de dire : par le nom sacré de Dieu, par Dieu, par la mort de Jésus-Christ, on disait : sacredi, pardi, mardi ».[598] Les chrétiens doivent s'en abstenir. « Qu'ils évitent même de dire : "Ma foi", "en vérité" ; ce ne sont point des jurements, mais beaucoup de personnes croient que ceux qui s'expriment ainsi font un serment. »[599]

Nous avons là évidemment les sources où le Curé d'Ars a puisé, mais celles-ci demeuraient relativement réservées. Le langage des sermons est autrement brutal. Sans façon il se fait concret. Les exemples qu'on y trouve sont pris sur le vif et livrés tels quels. Se scandalise qui veut ! Les auditeurs, en tous cas, savent à quoi s'en tenir. Le pasteur les a avertis.

Au reste, ses catéchismes de la période de la maturité auront encore le même accent.

En témoignent les notes de cette écolière de la Providence qui rapporte tout crûment sur le deuxième commandement :

> « Il y en a beaucoup qui jurent le nom du Bon Dieu et il y a des personnes qui jurent devant leurs enfants et les enfants l'apprennent et ils font comme leurs parents. Il faut penser comme ils sont malheureux. Ils se damnent et font damner leurs enfants en même temps. Pensez donc ! Ceux qui dissent : "S... N... de D... ! Sacrée charogne !" Passons, et il y en a qui ne se contentent pas d'un juron, un seul à la fois, mais il y en a mille à la fois,

[598] *Explication du catéchisme de l'Empire*, p. 205-206. Cf. GENET, p. 400.
[599] *Ibidem*. Cf. GENET, p. 369 et 382.

comme "Mille N...de D... ! Mille noms de nom !" Ah que c'est abominable ! »

« Et puis il ne faut pas dire : "Ma foi ! Mon Dieu, oui ! Mon Dieu non ! parbleu, morbleu ! pardié !" Toutes ces choses ne doivent pas se dire, et pourtant il y en a qui ne se font pas scrupule de dire ces choses, mais c'est bien mal fait, et vous ne savez pas comment on doit s'accuser de ces péchés. On dit : "Mon père, je m'accuse d'avoir dit des paroles grossières". Cela ne suffit pas. Il faut les distinguer. »[600]

« Il y a aussi des personnes qui disent des injures à leurs enfants. Il y en a qui disent : "Poison d'enfant ! Je voudrais que tu crèves, tu ne me feras pas tant d'embarras que tu me fais. Je serais plus tranquille que je ne suis pas." »[601]

Dans son sermon sur le deuxième commandement, le Curé d'Ars complète ainsi son exposé :

« Il y aurait encore à vous parler des vœux que l'on fait. Il faut bien prendre garde de ne jamais faire des vœux sans consulter. Il y a des personnes qui, quand elles sont malades, se vouent à tous les saints et ensuite ne se mettent pas en peine d'accomplir leurs vœux. Il faut encore voir si vous les avez bien faits comme il faut, c'est-à-dire en état de grâce... Hélas que de péchés se commettent dans ces vœux ! Ce qui loin de plaire au Bon Dieu, ne peut que l'offenser. »[602]

[600] Cahier de Marie GERMAIN et Mariette JACQUET, p. 6.
[601] *Ibidem*, p. 7-8.
[602] *Sur le deuxième Commandement de Dieu*, *Sermons*, t. II, p. 237.

Les notes de Marie Germain et Mariette Jacquet développent plus longuement ce point d'enseignement :

> « On ne doit jamais faire des vœux à la légère. Il y a des personnes qui font vœu de dire le chapelet tous les jours. Voilà un vœu qu'il ne faut pas faire, parce que bien souvent on s'expose à ne pas le remplir et à faire un grand péché mortel. D'autres qui ont fait vœu d'aller à tous les saints. Eh bien ! Personne ne peut aller à tous les saints ou bien il faut aller dans le Ciel et on ne peut pas aller dans le Ciel. Voilà un vœu qu'il ne faut pas faire. Il y en a qui font vœu de ne jamais aller dans telle maison, et quand l'occasion se présente, ils y vont tout de même. Voilà un vœu qui est violé. Il y en a qui font vœu de dire les sept psaumes de la pénitence tous les soirs. Comment voulez-vous qu'un domestique qui a travaillé tout le jour, qui est épuisé de fatigue, puisse dire les sept psaumes de la pénitence, car à peine peut-il faire sa prière, et lorsqu'il fait sa prière, il se jette sur son lit, il ne pense pas à dire ces psaumes. »
>
> « Une autre personne alla chez saint François de Sales et lui demanda pour faire un vœu. Saint François de Sales lui dit : "Je ne vous conseille pas des vœux car vous ne pourrez pas les remplir..." Cette personne lui dit : "Vous avez bien fait vœu de dire votre chapelet tous les jours". Le saint lui dit : "Oui, mais je suis sûr de le remplir et vous ne le rempliriez pas. Moi je ne vous le conseille pas." Vous pensez bien, les saints sont bien sûrs de remplir les vœux qu'ils font, mais

nous n'en sommes pas sûrs ; ainsi ne faisons pas de vœux ! »[603]

LE REPOS DOMINICAL

« Mes enfants, nous allons voir le quatrième commandement qui est de sanctifier les dimanches. Voyez, mes enfants, l'on peut beaucoup ramasser ce jour-là, on peut s'enrichir pour le Ciel. C'est comme une personne qui va chez un grand du monde pour lui demander. Il le mène dans son bureau, devant une armoire ; il lui dit : "Prenez ce qu'il vous faudra". Si cette personne veut s'enrichir, elle prend beaucoup, elle est à la source. C'est comme chez nous. Nous avons un Monsieur extrêmement riche. Quand Monsieur le Curé allait le voir, il le menait dans son cabinet, droit vers son coffre, et lui disait de prendre ce qu'il voudrait de l'argent pour ses pauvres. S'il en voulait beaucoup, il en prenait beaucoup, s'il en veut peu, il en prend peu. »

« De même un bon chrétien s'enrichit beaucoup le jour du dimanche, parce que c'est un jour de bénédiction. Mais ces pauvres chrétiens perdent beaucoup ce jour-là, parce qu'ils ne sanctifient pas le jour du Seigneur. »[604]

La sanctification du dimanche comporte la participation à l'assemblée dominicale. Nous ne revenons pas là-dessus dans ce chapitre. Il en a été question dans le chapitre sur

[603] Cahier de Marie GERMAIN et Mariette JACQUET, p. 7.
[604] *Ibidem*, p. 1.

le Sacrifice de la Messe. Nous retenons seulement ici ce qui concerne l'obligation du repos dominical.

> « Il y a beaucoup de personne qui pèchent sur ce commandement. Il y en a qui, le dimanche, ils fauchent, ils travaillent la vigne. Lorsque c'est pour le temps des moissons, ils moissonnent du matin au soir. Ils ne vont pas même à la Messe ; pour vendanger, ils font de même. Il ne faut pas faire cela, il faut que lorsqu'il fait mauvais temps, demander la permission à son pasteur et le pasteur vous dise : "Oui, faites-le, si vous en avez besoin". Mais si on peut mieux faire, on le laisse. »[605]

> « Il y avait une fois une femme qui était venue trouver son curé pour lui demander de ramasser ses foins, le dimanche. – "Mais, lui dit le Curé, ce n'est pas nécessaire ; votre foin ne risque rien". Cette femme insista, disant : "Vous voulez donc que je laisse périr ma récolte". C'est elle qui mourut le soir même... Elle était plus en danger que sa récolte. »[606]

> « Voyez mes enfants dans ces pays il n'y a point de religion, mais dans mon pays, lorsqu'on voulait faire la moindre petite chose, on le demandait à son pasteur, mais jamais on ne charriait le dimanche dans ces pays ; si on avait tant soit peu de religion, on ne charrierait pas comme l'on fait. »

> « Le troisième commandement de Dieu nous

[605] *Ibidem*, p. 8.

[606] *Esprit*, p. 93-94 ; L'Abbé MONNIN utilise ici le cahier des écolières de la Providence. On y lit : « Il y avait une femme qui demandait pour ramasser le dimanche. Son pasteur lui dit que non, qu'il n'était pas nécessaire. Cette femme lui dit : "Mais Monsieur il faut donc laisser gâter la récolte !" Et cette femme mourut le même soir. Ainsi vous voyez bien qu'on ne l'a pas laissée gâter. » Marie GERMAIN et Mariette JACQUET, p. 8.

> défend de travailler le dimanche. Eh ! Voyez ! Que de péchés l'on commet contre ce commandement ! Il y en a qui renvoient tout au dimanche, comme de préparer la faux, le volant, le manger des bêtes. Et puis il y en a qui travaillent bien le samedi pour avoir de quoi travailler le dimanche. »[607]

Dans les cahiers de J.-C. Viret, le Curé fait allusion à l'exemple des artisans de Rodriguez à propos d'un repos dominical :

> « Un jour, il nous disait la conduite de deux cordonniers ; l'un travaillait le dimanche et ne pouvait pas faire pour ses besoins ; l'autre, au contraire avait une famille et ne travaillait jamais le dimanche, et il était bien ; et l'autre ne savait pas comment il pouvait faire, puisqu'il ne travaillait pas le dimanche. »[607bis]

> « Vous travaillez, vous travaillez, mes enfants, mais ce que vous gagnez ruine votre âme et votre corps. Si on demandait à ceux qui travaillent le dimanche : "Que venez-vous de faire ?" Ils pourraient répondre : "Je viens de vendre mon âme au démon, de crucifier Notre Seigneur et de renoncer à mon baptême. Je suis pour l'enfer. Il faudra pleurer toute une éternité pour rien..." Quand j'en vois qui charrient le dimanche, je pense qu'ils charrient leur âme en enfer.

> Oh ! Comme il se trompe dans ses calculs celui qui se démène le dimanche, avec la pensée qu'il va gagner plus d'argent ou faire plus d'ouvrage ! Est-

[607] *Ibidem*.
[607bis] Cahier, sans date, à la fin du recueil.

ce que deux ou trois francs pourront jamais compenser le tort qu'il se fait à lui-même en violant la Loi du Bon Dieu ? Vous vous imaginez que tout dépend de votre travail ; mais voilà une maladie, un accident... il faut si peu de chose ! Un orage, une grêle, une gelée. Le Bon Dieu a tout sous la main ; il peut se venger comme il veut ; les moyens ne lui manquent pas. N'est-ce pas toujours lui qui est le plus fort ? Ne faut-il pas qu'il reste le Maître à la fin ?...

Travaillez non pour la nourriture qui périt, mais pour celle qui demeure dans la vie éternelle. Que vous revient-il d'avoir travaillé le dimanche ? Vous laissez bien la terre telle qu'elle est quand vous vous en allez, vous n'emportez rien. Ah ! Quand on est attaché à la terre, il ne fait pas bon s'en aller ! Notre premier but est d'aller à Dieu ; nous ne sommes sur la terre que pour cela...

Mes frères, il faudrait mourir le dimanche et ressusciter le lundi. Le dimanche, c'est le bien du Bon Dieu ; c'est son jour à Lui, le jour du Seigneur. Il a fait tous les jours de la semaine ; il pouvait tous les garder ; il vous en a donné six, il ne s'est réservé que le septième. De quel droit touchez-vous à ce qui ne vous appartient pas ? Vous savez que le bien volé ne profite jamais. Le jour que vous volez au Seigneur ne vous profitera pas non plus. Je connais deux moyens bien sûrs de devenir pauvre[608] : c'est de travailler le dimanche et de prendre le bien d'autrui.

[608] *Esprit*, p. 92-95.

Voyez mes enfants, sanctifiez bien les jours du dimanche et les jours de fêtes. Ne faites pas comme ceux qui travaillent le dimanche. Le Bon Dieu ne les bénira pas. Voulez-vous faire tomber votre maison, eh bien ! Travaillez le dimanche. Voyez mes enfants ? Le Bon Dieu s'est réservé le dimanche pour le prier et pour vous reposer. Voyez mes enfants, dans un village voisin on disait un jour : "Voyez, les gens d'Ars ne travaillent pas le dimanche". Ils disaient ça pour se moquer des gens d'Ars : laissez-les se moquer de vous ; à la fin de l'année, vous serez aussi avancés que ceux qui travaillent le dimanche. »[609]

DEVOIRS DES PARENTS ENVERS LEURS ENFANTS

Dans les sermons manuscrits, le Curé d'Ars, évidemment inspiré par ses auteurs habituels, revient à diverses reprises à ce sujet, important entre tous pour la vie chrétienne de ses paroissiens. Et nous constatons une fois de plus, à divers détails qui marquent d'évidentes réminiscences, combien il était resté imprégné par ses anciennes lectures.

À vrai dire les notes prises sur ce chapitre sont rares ; le cahier des filles de la Providence qui les contient ne comporte même pas une leçon traitant *ex professo* de tels devoirs. C'est à l'occasion de son exposé sur le baptême que le catéchiste, débordant le sujet, a longuement rappelé cette partie des obligations des parents, de la mère surtout, dans la période qui précède la naissance des enfants et leurs premières années.

[609] J.-C. VIRET, *Cahiers*, à la fin du recueil, sans date.

Les vieux sermonnaires insistaient là-dessus. L'enseignement du Curé d'Ars s'en ressentait.

Le *Sermon sur les devoirs des parents envers leurs enfants* s'exprime ainsi :

> « Je dis qu'une mère enceinte qui veut conserver son enfant pour le Ciel, doit éviter deux choses ; la première, de porter des fardeaux trop lourds et de lever les bras pour prendre quelque chose, ce qui pourrait nuire à son enfant et le faire périr. La seconde à éviter, c'est de prendre des remèdes qui pourraient fatiguer son enfant, et de se mettre dans des accès de colère, ce qui pourrait souvent l'étouffer. Les maris doivent passer sur beaucoup de choses sur lesquelles ils ne passeraient pas dans un autre temps ; s'ils ne le font pas par rapport à la mère, qu'ils le fassent par rapport à ce pauvre enfant. »[610]

Le cahier de Marie Germain et Mariette Jacquet fait écho à la leçon :

> « Mes enfants, il faut bien tâcher de ne pas faire mettre vos mères en colère lorsqu'elles sont enceintes, parce qu'une colère peut faire périr un enfant. Il y a des fois des hommes si barbares qui font monter leurs femmes dans des voitures de voyage traînées d'un côté et de l'autre. Ces personnes font mal de le faire parce qu'elles s'exposent à se faire mal, mais elles s'en embarrassent bien ! Il y en a qui sont contentes que leurs enfants ont péri. Mes enfants,

[610] *Devoirs des parents envers leurs enfants*, *Sermons*, t. III, p. 310.

> si ces mères avaient bien de la religion, elles se donneraient bien garde. Elles font dire des Messes pour que leurs enfants reçoivent le baptême. »[611]

> « Les mères doivent prendre toutes les précautions possibles pour que leurs enfants ne meurent pas sans baptême. Il y a des mères qui sont si méchantes ! Elles se mettent dans des colères épouvantables, portent des gros faix et lèvent les bras en l'air pour prendre un paquet. Mes enfants elles sont coupables parce qu'elles priveront un enfant de voir Dieu pendant une éternité. Voyez, une colère étouffe un enfant dans le sein de sa mère. L'on en verra un grand nombre qui, au jour du jugement, demanderont à leurs pères et mères, surtout aux mères qui ne se donnent pas plus garde de donner la mort à son enfant que rien. Elles sont contentes mêmes qu'ils périssent. Voyez quel regret pour ces parents, lorsque ces enfants viendront lui demander le Ciel ! Ils lui diraient : "Malheur ! C'est vous qui êtes cause que je ne verrai jamais Dieu !" »[612]

Le sermonnaire précisait :

> « Ne laissez jamais passer plus de vingt quatre heures sans baptiser vos enfants. Si vous le faites, vous vous rendez coupables, à moins que vous n'ayez des raisons sérieuses. »[613]

[611] Cahier de Marie GERMAIN et Mariette JACQUET, p. 17. *Sermon sur les devoirs des parents envers leurs enfants*, p. 308.
[612] Cahier de Marie GERMAIN et Mariette JACQUET, p. 15. Le Curé d'Ars ajoute : « Il est vrai, mes enfants que ces petits enfants ne souffriront pas comme des damnés, puisqu'ils n'ont commis aucun péché que le péché originel qu'ils apportent en venant au monde. Ils souffrent seulement la privation de la vue de Dieu, qui est bien assez grande. Dieu est juste il punit à proportion du mal. »
[613] Cahier de Marie GERMAIN et Mariette JACQUET, p. 16.

Le cahier des orphelines formule la même obligation :

> « Il ne faut pas laisser l'enfant plus de vingt quatre heures sans le faire baptiser. Autrement, vous péchez grièvement. »[614]

Parmi les devoirs des parents envers leurs enfants nouveau-nés, il en est un auquel le sermonnaire et le Curé d'Ars à sa suite attachent une particulière importance :

> « Il ne faut pas faire coucher vos enfants avec vous avant qu'ils aient deux ans ; si vous le faites, vous commettez un péché. Toutes les fois que vous faites coucher vos enfants avec vous avant qu'ils aient deux ans, vous offensez le Bon Dieu. Hélas ! Combien de pauvres enfants la mère trouve étouffés le matin et combien de mères sont présentes auxquelles ce malheur est arrivé ! Et quand même le Bon Dieu vous en aurait préservés, vous n'êtes pas moins coupables que si, chaque fois que vos enfants qui ont couché avec vous, vous les aviez trouvés étouffés le matin. »

Les écolières de la Providence ont noté pour leur compte :

> « Vous savez que c'est un gros péché mortel de faire coucher les enfants avec soi avant qu'ils n'aient un an accompli. Combien de ces pauvres enfants qui ont été trouvés morts, qui ont été étouffés par leurs parents, et d'autres qui sont tombés du lit, se sont cassé la jambe, la cervelle ! Les parents disent : "Mon enfant est malade, il est mort, c'est bien malaisé, l'on sait bien qu'il faut souffrir pour

[614] Cahier de Marie GERMAIN et Mariette JACQUET, p. 18.

mourir !" Ils ont étouffé leurs enfants, la nuit, sur eux. Mesure-ton les graves conséquences que la mort de tel enfant, même baptisé, peut entraîner ? »

« Peut être que cet enfant aurait été un bon prêtre. Il aurait conduit quantité d'âmes au Bon Dieu ; chaque jour, en célébrant la Sainte Messe, il aurait rendu plus de gloire à Dieu que les anges et les saints tous réunis ensemble dans le Ciel. Il aurait tiré plus d'âmes du purgatoire que les larmes et les pénitences de tous les solitaires réunis auprès du tribunal de Dieu. Comprendrez-vous maintenant le malheur de laisser périr un enfant même baptisé ? Si la mère de saint François Xavier, qui a été un si grand saint, qui a tant converti d'idolâtres l'avait laissé périr, hélas ! Que d'âmes en enfer, qui, au jour du Jugement, lui reprocheraient d'avoir été cause de leur malheur, parce que cet enfant était suscité de Dieu pour les convertir ! Vous laissez périr cette fille qui peut-être se serait donnée au Bon Dieu ; par ses prières et ses bons exemples elle en aurait conduit un grand nombre au Ciel. »

À ce langage de l'ancien sermon répond celui du catéchisme :

« Voyez mes enfants, si la mère de saint François Régis n'avait pas eu d'humanité, que son enfant soit péri jeune, combien d'âmes aurait-elle ravi au Bon Dieu, que son fils convertit ! Il était si embrasé de l'amour divin qu'il convertissait des royaumes entiers. Voyez la mère de saint Bernard, qui avait quatre enfants qui furent tous saints, le père et la mère. Voyez les prêtres qui vont dans l'étranger qui convertissent tant d'âmes au Bon Dieu ; si leurs mères n'avaient pas eu d'humanité, que leurs enfants soient péris tout jeunes, combien d'âmes auraient-elles ravies au Bon Dieu ! Peut-être, ces pauvres enfants qui sont morts, il y en a combien qui auraient été prêtres, d'autres religieux et religieuses. »[615]

Il est des mères qui vont jusqu'à mettre délibérément à mort leurs propres enfants.

« Mes enfants, on peut dire que les bêtes ont plus d'humanité que les personnes. Tenez, voyez, je vis un jour un chat qui avait des petits. Il les prenait les uns après les autres pour ne pas leur faire mal. Eh bien ! Mes enfants, les mères ne prennent pas tant de précautions. Un jour, il y avait une femme qui jetait son enfant dans les communs, on le trouvait quelque temps après, tout pourri. Une autre, le jeta dans la rivière, une autre le noya dans un seau d'eau ; une autre, tout près de chez nous, il n'y a pas longtemps que ça arriva. Elle avait deux petites, elle en assomma une à coups de pierres, elle la jeta dehors. Cette femme était si tourmentée qu'elle ne pût dormir la nuit. Le lendemain, elle alla encore voir sa petite. Elle n'était pas encore finie. On la poursuivit bien et je ne sais si on l'a pris.

Voyez mes enfants, quelle cruauté, une cruauté que les bêtes n'ont pas. Voyez cette ourse qui avait

[615] Cahier de Marie GERMAIN et Mariette JACQUET, p. 18.

> des petits. Les chasseurs les poursuivaient bien. Elle mit ses petits sous elle, afin que la balle ne leur fit point de mal. Elle aime mieux recevoir les coups que de les voir recevoir à leurs enfants. C'est une amitié grande pour une bête. On peut dire que les bêtes ont plus d'humanité que les mères. »[616]

À la vérité, tel n'est pas, il s'en faut, le comportement de toutes les mères. Et les pères, en général, lorsque les enfants leur sont donnés, se dépensent généreusement pour les élever.

> « Il n'est pas nécessaire, constate le Curé d'Ars dans un second *Sermon manuscrit sur les devoirs des parents*, de vous montrer l'obligation où vous êtes d'avoir soin de vos enfants, c'est-à-dire de les nourrir, de les entretenir puisque les païens et les idolâtres s'en acquittent pareillement. J'aurais plutôt envie de vous dire de ne pas tant leur prodiguer d'affaires, et que vous feriez beaucoup mieux de faire quelque bonne œuvre de plus pour leur attirer les bénédictions du Ciel. »[617]

[616] *Ibidem*, p. 18-19. La leçon continue : « Voyez cet autre exemple de cette mère qui avait trois enfants. Elle avait un soldat pour l'ennemi. Elle sut que le soldat dit qu'il ne voulait pas "se marier" avec elle puisqu'elle avait des enfants. Elle prit ses trois enfants, les tua tous. Elle fit dire au soldat qu'elle n'avait plus d'enfants. Le soldat dit : "Je ne la veux pas. Je ne veux pas une femme si cruelle." Cette femme voyant cela eut peur qu'on la dénonçât. Elle vend tout ce qu'elle avait et s'embarque pour l'étranger. Elle entra dans un vaisseau. Au milieu de la mer, le vaisseau s'arrêta. Celui qui le conduisait ne savait pas à quoi attribuer cela. Il demanda au Bon Dieu de lui faire connaître si c'était ses péchés qui empêchaient que le vaisseau n'aille. Il se mit en prière et dans le moment il entendit une voix crier : "Marie ! Marie !" Et cependant Marie est un beau nom. Cette femme entend la voix et dit : "C'est moi qui m'appelle Marie". Celui qui conduisait la barque lui dit : "Ou vous ou moi, nous sommes coupables de péché. Nous allons le voir. Nous descendrons dans la barquette. Je vais descendre le premier. Si elle bouge je suis coupable. Si elle ne bouge pas, vous descendrez à votre tour." Il descendit. Elle ne bougea pas. La femme descendit et la barquette tourna sens dessus dessous, jeta la femme dans la mer, et la chaloupe continua son train. Vous voyez, mes enfants, que le mal ne demeure pas impuni... ».

[617] *Devoirs des parents*, *Sermons*, t. IV, p. 368.

Que ne leur apprennent-ils d'abord à prier ?

> « Hélas ! Mes frères ; il y a des enfants qui ont neuf ou dix ans qui ne savent par encore leur prière entière. Dites-moi, pères et mères, quel jugement peut-on porter de vous, sinon que vous avez moins de soin de vos pauvres enfants, c'est-à-dire de leurs pauvres âmes, que vous avez soin de vos bêtes que vous tenez dans vos écuries. »[618]

Le Curé d'Ars parle à des paysans et ses images sont celles qui leur sont particulièrement familières.

Les parents, non seulement omettent d'apprendre la prière aux enfants, mais ne leur donne à ce propos aucun bon exemple. Les pères en particulier se montrent négligents.

> « Combien de fois vos enfants vous ont vu vous jeter sur votre lit, si j'osais dire, comme un cheval sur son fumier, sans faire aucun signe de chrétien. »[619]

Trop souvent même ces pères sans dévotion contrecarrent l'effort que font encore leurs femmes pour habituer les enfants à prier.

> « Il est rapporté dans l'Histoire qu'il y avait une mère qui tâchait d'élever ses enfants autant bien qu'elle pouvait. Mais comme le père n'avait point de religion, il gâtait tout ce que la mère faisait. Un jour que l'enfant se trouvait un peu de mauvaise humeur et faisait sa prière, son père se trouvait de

[618] *Ibidem*, p. 370.
[619] *Ibidem*, p. 375.

> passer, il se lève et court sauter à son cou, en lui disant : "N'est-ce pas, mon père, quand je serai grand comme toi, je ne ferai point de prière ?" »[620]

Nous lisons cela dans le texte du vieux sermon. Les écolières de la Providence ont entendu le Curé tenir le même langage :

> « Il y avait un père de famille qui n'était pas vertueux. Son fils était un jour à côté de sa mère qui lui faisait faire sa prière. Cet enfant voit arriver son père, se jette à son cou en lui disant : "Mon père, quand je serai grand comme vous, je ne ferai aussi point de prière". »[621]

Les mauvais exemples donnés par les parents entraînent presque irrésistiblement les enfants au mal.

> « Mes enfants, dit le Curé d'Ars dans un de ses catéchismes, l'autre jour j'ai trouvé deux petits garçons qui allaient au champ. Il y en avait un qui avait trois vaches et l'autre gardait des cochons. Voilà que leurs bêtes allaient trop vite ; ils se mirent à jurer le nom du Bon Dieu. Ça faisait trembler. Je demandai à une femme à qui ces enfants appartenaient. Cette femme me répondit : "C'est bien difficile que les enfants ne jurent pas puisque les parents en font de même". Oh ! C'est abominable. Tâchons donc de ne pas faire comme eux si nous voulons jouir du bonheur éternel. »[622]

[620] *Ibidem*, p. 376.
[621] Cahier de Marie GERMAIN et Mariette JACQUET, p. 8.
[622] *Ibidem*, p. 7.

Le catéchiste faisait allusion à un épisode récent. Mais comment ne pas mentionner ici ce passage du sermon d'autrefois :

> « Hélas ! Mes frères quel jugement peut-on porter contre ces pères et mères, quand on entend jurer les enfants, sinon que l'on pense : "Voilà un enfant qui appartient à des parents qui n'ont pas de religion". »[623]

Tous les mauvais exemples donnés aux enfants pouvaient être ainsi passés en revue. À ce père ivrogne qui prétend donner de bons conseils à son enfant, un défi est lancé :

> « Comment osez-vous tenir de tels propos à votre enfant, tandis qu'il n'y a peut-être pas encore huit jours qu'il vous a vu venir du cabaret, plein de vie, avec bien moins de raison qu'une de vos bêtes qui est à l'écurie, dans une fureur semblable à celle d'un lion qui court dévorer tout ce qui se présente devant lui ? »[624]

À vrai dire, c'est dans le premier des anciens semons seulement qu'il nous faut désormais aller puiser pour connaître la suite de la leçon. Nous en retenons au moins ce qui concerne les devoirs des parents à l'égard de leurs enfants lorsque ceux-ci sont en âge de fonder à leur tour un foyer.

> « Une mère commencera à dire à sa fille qu'une telle s'est mariée avec un tel, qu'elle a bien trouvé un bon parti ; qu'il faudrait bien qu'elle ait le même bonheur. »[625]

[623] *Sur les devoirs des parents*, *Sermons*, t. IV, p. 388.
[624] *Ibidem*, p. 377.
[625] *Devoirs des parents envers leurs enfants*, *Sermons*, t. III, p. 317.

Les mères donnent alors des conseils bien imprudents.

> « Elles diront qu'il ne faut pas paraître sauvage, qu'il faut faire bonne grâce à tout le monde, qu'il faut penser à faire des connaissances pour s'établir. Combien de mères ou de pauvres pères aveugles disent à leur enfant : "Si tu es gentille ou si tu fais bien cela, je te laisserai aller à la foire de Montmerle ou à la vogue ; c'est-à-dire, si tu fais bien toujours ce que je voudrais, je te traînerai en enfer". »[626]

> « Vous voulez, ma mère, s'exclame le Curé, que votre fille fasse des connaissances. Ne vous inquiétez pas tant, elle en fera bien ! »

Si le prédicateur fait ici, à son habitude, des emprunts à ses sermonnaires, l'allusion à la foire de Montmerle est bien de lui. Cette foire qui se tenait à quelques lieues d'Ars, dans laquelle la renommée locale voyait volontiers une occasion de libertinage, lui paraissait particulièrement périlleuse. Il y revenait, en rappelant aux parents leur proposition imprudente :

> « Vous avez peut-être oublié le jour où vous avez dit à votre garçon ou à votre fille : si tu veux aller à la foire de Montmerle, tu peux bien y aller, tu reviendras de bonne heure. Votre fille vous a dit que ce serait comme vous vouliez. Va seulement, tu ne sors jamais, il faut bien que tu aies un moment de plaisir. »[627]

Le Curé sans doute a donné d'autres avis. À sa fille qui les lui rappelle, la mère réplique :

[626] *Ibidem*, p. 318.
[627] *Ibidem*, p. 322.

« "Eh ! Bon Dieu, que tu es bonne, ma fille, d'écouter M. Le Curé ; il faut bien qu'il nous dise quelque chose ; c'est son gagne pain, l'on en prend ce que l'on veut et on laisse le reste à d'autres."[628] "Laisse dire M. le Curé, pars toujours, sois sage, reviens de bonne heure et sois tranquille !" Ceci est très bien, ma mère, mais écoutez : un jour, je me trouvai de passer auprès d'un gros feu, je pris une poignée de paille bien sèche, je la jetai dedans en lui disant de ne pas brûler ; ceux qui furent témoins de cela me dirent, en se moquant de moi : "Vous avez beau lui dire de ne pas brûler, cela n'empêchera pas qu'elle brûle". "Et comment, leur ai-je répondu, puisque je lui dis de ne pas brûler ?" Qu'en pensez-vous ma mère ? Vous y reconnaissez vous ? N'est-ce pas que vous avez dit à votre fille d'être bien sage, lorsque vous lui donniez la permission de partir ? »[629]

L'apologue n'a pas été assez parlant pour la femme entêtée. Elle prend la défense de sa fille et du garçon qui l'entraîne.

« "Mais, me direz-vous, ils sont sages". Oui, sans doute, riposte ironiquement le Curé, ils sont sages. La charité doit nous le faire croire. Mais dites-moi, ma mère, étiez-vous bien sage, lorsque vous étiez dans le même cas que votre fille ? »[630]

Devoirs des enfants envers leurs parents

« Un enfant qui veut savoir s'il est dans le droit chemin n'a qu'à voir s'il aime ses parents et s'il les assiste

[628] *Ibidem*, p. 319.
[629] *Ibidem*, p. 324.
[630] *Ibidem*, p. 325.

dans leurs besoins. Si vous voyez ces enfants charitables, prévenants, aller au devant de leurs parents, dites : “Ces enfants sont dans le chemin du Ciel”. Mais si vous voyez ces enfants revêches, arrogants, le Bon Dieu ne les bénit pas ; tout va de travers. »

« Voyez les enfants, tout ce que vos pauvres parents ont fait pour vous : surtout ces pauvres mères qui sont des fois une partie de la nuit en l'air pour les consoler. Eh bien ! Mes enfants, ils ne s'ennuient pas, au contraire, si ces pauvres parents pouvaient souffrir la peine plutôt que de la voir souffrir à leurs enfants, ils le feraient de bon cœur, tant ils les aiment.

Voyez, mes enfants lorsqu'ils sont malades, que des Messes, des voyages ils font pour demander leur guérison ! Tenez, une femme vint hier qui me dit : “Monsieur le Curé, je viens de perdre tous mes enfants”. Cette pauvre femme me dit qu'elle était inconsolable. Elle me dit : “Ils ont fait une belle mort !” – “Eh bien ! je lui dis, il ne faut pas vous tourmenter”. – “Eh ! Bien, oui, mais je suis trop fâchée de la mort de mes enfants”. Voyez mes enfants, c'est une tendresse grande, c'est trop aimer ses enfants. Voyez mes enfants les parents se perdent pour leurs enfants, pour leur ramasser du bien. Voyez cet exemple que je vous ai souvent cité : ce père qui avait trois enfants ; il leur avait ramassé de grands biens, mais c'était tout du bien mal acquis. Ce pauvre homme tombe malade ; il pensait en lui-même : “Tout ce bien que j'ai, est tout du bien mal acquis. Il faudrait bien penser à restituer. Mais si je restitue, mes enfants n'auront rien.”

Mes enfants, la maladie fait faire des réflexions.

Voilà que l'on dit à Monsieur l'abbé que cet homme était dangereusement malade. Monsieur l'abbé dit : "Je sais un remède qui le guérira parfaitement". Quand cet homme le sut, il dit : "Faites-le vite venir !" Monsieur le Curé arrive : "Vous êtes donc malade !" "Oui, Monsieur." "Eh bien ! je vais vous donner un remède bien facile. Vous avez trois garçons. Vous allez faire l'un votre héritier." "Oui Monsieur." "Eh bien ! faites-le venir, mon ami." "Vous désirez bien que votre père guérisse ? Eh bien ! Vous ne craignez pas de faire tout ce que vous pouvez pour sa santé". "Non, Monsieur, je donnerais tout mon bien, s'il le fallait." "Il ne faut pas tant d'affaires. Il faut seulement prendre une chandelle, l'éclairer. Mettez votre bras dessus seulement deux minutes, le suc de graisse qui dégouttera, vous le mettrez sur la plaie de votre père." "Cela suffit, que mon père garde son bien ! Je vais me faire estropier ! Je ne suis pas si fou !"

Monsieur l'abbé lui dit : "Faites venir le second ! Vous le ferez votre héritier." "Eh bien ! mon ami, votre père veut vous faire son héritier, vous ferez bien un remède qui est bien facile, pour sa santé ?" "Je ferai tout ce que je pourrai." "C'est de mettre brûler votre bras pendant deux minutes sur une chandelle et le suc qui tombera, vous le mettrez sur la plaie de votre père. Ce n'est pas grand chose." "Est-ce que mon père perd la tête de penser que je vais m'estropier pour lui faire plaisir ? Qu'il garde son bien !"

Monsieur l'abbé lui dit : "Eh bien ! Monsieur, vous consentiriez d'aller brûler une éternité pour enrichir vos enfants et eux ne veulent pas consentir à se faire brûler deux minutes pour vous guérir". Le père pense un moment et dit : "Vous avez bien raison, monsieur, faites venir le notaire. Je veux rendre mon bien à qui il appartient." Le notaire arrive. Cet homme range ses affaires et mourut en marque de bon chrétien. Mes enfants, cet homme consentait à être damné pour enrichir ses enfants. C'était une amitié grande, une amitié mal placée. »

« Tout va bien tandis que les parents sont encore jeunes, qu'ils peuvent travailler. Mais qu'ils deviennent vieux, ses enfants les rebutent. Ils ne peuvent plus les souffrir. Ils se les renvoient les uns aux autres. Ces pauvres parents ne savent à qui se rendre. On peut dire qu'ils sont comme un chien dans un jeu de quilles. Je ne conseillerai jamais à une personne de donner les biens à leurs enfants avant la mort, parce qu'il y a des enfants qui sont si méchants qu'ils regardent même la vie à leurs pauvres parents. »

« Tenez, j'ai vu un homme, il y a à peu près trois semaines ; il me dit qu'il avait donné ses biens à son fils de main à main. Eh bien ! Ce pauvre homme n'osait pas prendre à manger. Sa belle fille le regarde des yeux en dessous. Ce pauvre homme me dit : "Je préfèrerai manger mon pain sec pour éviter les disputes". »

« Voyez, mes enfants, ces pauvres parents, qui sont

tout accablés par les infirmités de la vieillesse, se voient encore méprisés par ses propres enfants. On ne peut pas le dire sans verser des larmes. Et puis les parents ainsi méprisés les maudissent. »

« Avant qu'ils soient au monde, tandis que ces enfants prévenants attirent la bénédiction sur la maison, les parents les aiment, les bénissent et les consacrent à la Sainte Vierge, font dire des saintes Messes pour qu'ils reçoivent le baptême et aussitôt qu'ils sont au monde, leur donne des médailles, les mettent sous la protection de Marie. Comment voulez-vous que le Bon Dieu ne bénisse pas ces enfants ! Il bénit les parents et les enfants, et on ne peut pas s'empêcher de pleurer quand on prouve la tendresse que les parents ont pour eux et de voir leur ingratitude, leur indifférence si grande. Ces pauvres parents aimeraient mieux souffrir que de voir souffrir leurs enfants. »

« Il y a une pauvre femme qui vint un jour me demander l'aumône, et moi, je lui dis : "Vous feriez bien mieux de servir un maître que de demander l'aumône." – "Eh ! bien oui, me dit-elle, mais, j'ai une troupe d'enfants ; prenant un gage je ne puis pas les nourrir petitement." Cette pauvre femme me dit qu'elle allait à une porte demander et lorsqu'on ouvrait la porte, elle s'en sauvait se cacher derrière la maison, tant c'était humiliant. Eh bien ! elle préférait être humiliée pour avoir soin de ses enfants. Quel est l'enfant qui ferait cela pour ses parents ? Il n'y en a pas un. Il dirait : "Eh bien qu'ils travaillent, qu'ils fassent comme moi !"

Croyez-vous mes enfants, que l'on peut faire, lorsqu'on est vieux, comme étant jeune ? Il s'en faut de beaucoup. »

« Il y a des fois des enfants mal instruits qui leur disent des gros mots. Ils les appellent sales. Et qu'étiez-vous à quatre mois ? Vous étiez bien sales, on peut dire que vous étiez dans la saleté. Vos parents vous gardaient bien lorsqu'ils vous avaient. S'ils vous avaient laissés, que seriez-vous devenus ? Vous auriez péri dans votre saleté. »

« Ah mes enfants, que c'est triste, ces pauvres parents qui se privent de leur habillement pour vêtir leurs enfants ! Combien voit-on des enfants qui ne sont habillés que des affaires de leurs parents ! Ces enfants auront le cœur si dur que de les mépriser et même de leur regarder ce qu'ils mangent quand ils ne peuvent plus travailler. C'est bien comme un saint dit qu'un père, une mère nourriront plutôt des enfants que des enfants un père, une mère. Voyez, il y a des enfants qui tourmentent leurs parents jusqu'à ce qu'ils lui ont donné tout ce qu'ils ont. Aussitôt qu'ils y ont, ils méprisent ces pauvres parents. »

« Tenez, je vais vous citer un exemple que je vous ai déjà cité : c'était un père qui avait une troupe d'enfants. Il les aimait beaucoup, il leur donna son bien, il ne pensait pas que ses enfants le mépriseraient. Au bout de quelque temps, ces enfants commencèrent à lui faire mauvaise grâce. C'était à celui qui pourrait s'en débarrasser. Ils se le renvoyaient les uns aux autres en se disant : "Garde-le, toi, je l'ai assez gardé". Eh bien mes enfants, cela fait-il pas trembler de voir des enfants mépriser leurs parents de cette manière ! Les parents les maudissent, les donnent au démon et puis, ils tombent dans le désespoir et vont s'ensevelir dans l'enfer pour l'éternité. Ne soyons pas de ce nombre. »[631]

631 Marie GERMAIN et Mariette JACQUET, p. 2-6.

19 - LA PURETÉ DE L'ÂME

Les prérogatives de l'âme pure

« Il n'y a rien de si beau qu'une âme pure ! Si on le comprenait, on ne pourrait pas perdre la pureté. L'âme qui est dégagée de la matière, des choses de la terre et d'elle-même. C'est pourquoi les saints maltraitaient leur corps. C'est pourquoi ils ne lui accordaient pas ce qui était nécessaire, pas même de se lever cinq minutes plus tard, de se chauffer, de manger quelque chose qui fît plaisir... Voilà ! Ce que le corps perd, l'âme le prend et ce que le corps prend, l'âme le perd. »

« La pureté vient du Ciel ; il faut la demander à Dieu. Si nous la demandons, nous l'obtiendrons. Il faut bien prendre garde de la perdre. Il faut fermer notre cœur à l'orgueil, à la sensualité et à toutes les autres passions... comme quand on ferme les portes et les fenêtres pour que personne ne puisse entrer.

Quelle joie pour l'ange gardien chargé de conduire une âme pure ! Mes enfants quand une âme est pure, tout le Ciel la regarde avec amour !

Les âmes pures formeront le cercle autour de Notre Seigneur. Plus on aura été pur sur la terre, plus on sera près de Dieu dans le Ciel. Lorsque le cœur est pur, il ne peut se défendre d'aimer, parce qu'il a retrouvé la source de l'amour qui est Dieu. "Heureux, dit Notre Seigneur, ceux qui ont le cœur pur, parce qu'ils verront Dieu !" »

« Mes enfants, on ne peut pas comprendre le pouvoir qu'une âme pure a sur le Bon Dieu. Ce n'est pas elle qui fait la volonté de Dieu, c'est Dieu qui fait sa volonté. Voyez Moïse, cette âme si pure ! Lorsque Dieu voulait punir le peuple juif il lui disait : "Ne me prie pas, parce qu'il faut que ma colère éclate contre ce peuple". Néanmoins Moïse priait et Dieu épargnait son peuple ; il se laissait fléchir, il ne pouvait résister à la prière de cette âme si pure. Ô mes enfants, une âme qui n'a jamais été souillée par ce maudit péché, obtient tout ce qu'elle veut du Bon Dieu. Pour conserver la pureté, il y a trois choses : la présence de Dieu, la prière et les sacrements. Il y a encore la lecture des livres saints ; elle nourrit l'âme. »

« Que c'est beau une âme ! Notre Seigneur en fit voir une à sainte Catherine. Elle la trouva si belle qu'elle dit : "Seigneur, si je ne savais pas qu'il n'y a qu'un Dieu, je croirais que c'en est un".[632] L'image de Dieu se réfléchit dans une âme pure comme le soleil dans l'eau... »

« Nous connaissons le prix de notre âme aux efforts que le démon fait pour la perdre. L'enfer se ligue contre elle, le Ciel pour elle... Oh ! Quelle est grande !

[632] Ce paragraphe reproduit textuellement un passage du catéchisme du 11 octobre 1855 transcrit dans le cahier de LA BASTIE p. 139-140. C'est une réminiscence d'un ancien sermon manuscrit : « Nous lisons dans la vie de Sainte Catherine de Sienne, que le Bon Dieu lui ayant fait voir en esprit une âme dans la grâce... ». *Sur le péché mortel*, *Sermons*, t. IV, p. 337.

Pour avoir une idée de notre dignité, il faut nous rappeler souvent le Ciel, le calvaire et l'enfer. »

« Si nous comprenions ce que c'est qu'être enfant de Dieu, nous ne pourrions pas faire le mal, nous serions comme des anges sur la terre. Être enfant de Dieu, ô belle dignité ! »

« C'est quelque chose de beau d'avoir un cœur, et, tout petit qu'il est, de pouvoir s'en servir pour aimer Dieu ! Qu'il est honteux pour l'homme de descendre si bas, lui que Dieu a placé si haut !...

Notre Seigneur a toujours distingué les âmes pures. Voyez saint Jean, le disciple bien aimé qui a reposé sa tête sur sa poitrine ! Sainte Catherine était pure ; aussi elle se promenait souvent en paradis. Lorsqu'elle mourut, des anges enlevèrent son corps et le portèrent sur le mont Sinaï, là où Moïse avait reçu les commandements de la loi. Dieu a fait voir par ce prodige qu'une âme pure lui est agréable, qu'elle mérite que son corps même, qui a participé à sa pureté, soit enseveli par les anges. »

« Dieu contemple avec amour une âme pure. Il lui accorde tout ce qu'elle demande. Comment résisterait-il à une âme qui ne vit que pour lui, par lui et en lui ? Elle le cherche et Dieu se montre à elle ; elle l'appelle et Dieu vient : elle ne fait plus qu'un avec lui ; elle enchaîne sa volonté. Une âme pure est toute puissante sur le Cœur si bon de Notre Seigneur. »

« Une âme pure est auprès de Dieu un enfant

auprès de sa mère : il la caresse, l'embrasse, et sa mère lui rend ses caresses et ses embrassements. »[633]

Le Curé d'Ars a consacré tout ce catéchisme aux prérogatives de l'âme pure. Il devait revenir bien des fois sur ce thème. Ainsi, à propos de la parabole des ouvriers de la vigne :

« Quels sont les ouvriers de la première heure ? C'est saint Louis de Gonzague, saint Stanislas Kotska, sainte Colette... Tous ceux qui sont entrés dans la vigne par le saint baptême et n'en sont jamais sortis, puisqu'ils ont conservé leur innocence... Heureuses âmes qui peuvent dire au Bon Dieu : "Seigneur, je vous ai toujours appartenu !" ... Ah ! Qu'il est beau, qu'il est grand de donner à Dieu sa jeunesse ! Quelle source de joie et de bonheur ! »[634]

Ailleurs, l'exposé s'orne des plus aimables métaphores :

« Comme une belle colombe blanche, qui sort du milieu des eaux et vient secouer ses ailes sur la terre, l'Esprit Saint sort de l'océan infini des perfections divines et vient battre des ailes sur les âmes pures, pour distiller en elles le baume de l'amour... Le Saint Esprit repose dans une âme pure comme sur un lit de roses. Il sort d'une âme où réside le Saint Esprit une bonne odeur comme celle de la vigne quand elle est en fleurs. »[635]

« Les bons chrétiens sont comme des oiseaux qui

[633] *Esprit*, p. 70-76.
[634] *Ibidem*, p. 212.
[635] *Ibidem*, p. 34-35.

ont de grandes ailes et de petites pattes, et qui ne se posent jamais, parce qu'ils ne pourraient plus s'élever et qu'ils seraient pris. Aussi, ils font leurs nids sur la pointe des rochers, sur le toit des maisons, dans les lieux élevés. De même le chrétien doit toujours être sur les hauteurs. Dès que nous rabaissons nos pensées vers la terre, nous sommes pris. »[636]

« Une âme pure est comme une belle perle. Tant qu'elle est cachée dans un coquillage, au fond de la mer, personne ne songe à l'admirer. Mais si vous la montrez au soleil, cette perle luit et attire les regards. C'est ainsi que l'âme pure, qui est cachée aux yeux du monde, brillera un jour devant les anges, au soleil de l'éternité. L'âme pure est une belle rose, et les trois personnes divines descendent du Ciel pour en respirer le parfum. »[637]

Toutes ces notes figurent dans le recueil de l'abbé Monnin. Elles trouvent du reste un écho dans le cahier des écolières de la Providence.

« Mes enfants, il n'y a rien de si beau que la pureté et rien de si horrible que l'impureté.[638] Ceux qui sont purs, tout le Ciel les contemple et les admire, au lieu qu'il voit avec horreur les impudiques. Mais ceux qui ont le cœur pur sont si beaux ! On peut dire que le Bon Dieu ne peut rien leur refuser.

636 Ibidem, p. 35-36.
637 *Ibidem*, p. 36.
638 Cahier de Marie GERMAIN et Mariette JACQUET, p. 13, 14. Dans son sermon manuscrit *Sur l'Impureté*, le Curé d'Ars déclare : « Je vais vous montrer autant qu'il me sera possible toute "l'horribilité" de ce crime ». *Sermons*, t. III, p. 285. Il emploiera le même mot pour souligner la gravité du sacrilège. Aussi bien l'impureté est-elle « une espèce de sacrilège, puisque notre cœur étant le temple du Saint Esprit, notre corps étant un membre de Jésus-Christ, nous faisons véritablement le membre d'une prostituée ». *Sermons, ibidem*.

Voyez sainte Colette elle était si pure que le Bon Dieu lui obtenait tout ce qu'elle lui demandait... »

« Voyez mes enfants, le Bon Dieu ne peut pas résister à un cœur bien pur. Cette vertu lui plaît tant qu'il n'a pas permis qu'on ne l'accuse jamais sur cette vertu, ni même ses disciples, parce qu'il n'y a rien de si horrible que l'impureté. On l'a traité d'hypocrite, séducteur, enfin de toutes sortes de péchés. Mais jamais sur cette vertu. »[639]

« Notre corps est un vase de corruption ; il est pour la mort et pour les vers, pas plus ! Et pourtant nous nous appliquons à le satisfaire plutôt qu'à enrichir notre âme qui est si grande qu'on ne peut rien imaginer de plus grand, non, rien, rien ! Car nous voyons que Dieu, pressé par l'ardeur de sa charité, n'a pas voulu nous créer semblable aux animaux ; il nous a créés à son image et ressemblance, voyez-vous ! Oh que l'homme est grand. Et combien il s'avilit quand il cède à l'impureté. »

L'impureté

« L'impureté pourrit l'âme et le corps. Un saint dit qu'une âme qui se laisse aller à l'impureté ressemble à une charogne qu'on a traînée huit jours sur les chemins à la rigueur du soleil. Voyez ce que ça semble. Eh bien ! Allez donc vous présenter à Notre Seigneur avec une âme toute sale, vous verrez la récompense que vous recevrez. Le Bon Dieu pourrait-il s'y reconnaître dans cette âme ? Je vous ai

[639] *Esprit*, p. 64.

déjà dit plusieurs fois que nous étions tous comme de petits miroirs dans lesquels Dieu se contemple. Mais oui ! On ne fait pas attention à cela, on ne voit partout que tirepillage, que saletés, surtout dans ce temps où l'on travaille dans les champs. On entend que de mauvaises paroles. Ah voilà ! Ah voilà ! On ne pense pas qu'il faudra paraître devant Dieu et rendre compte de toutes ses actions. Si on y pensait bien, on ne ferait pas tant de mauvaises choses. »

« Mes enfants, voilà ce qu'il faut faire quand le démon vient vous entraîner dans le péché. Surtout l'impureté. Eh bien ! dites-lui : "Non, je ne veux pas t'écouter. Va-t'en ! Dans huit jours tu reviendras." Au bout des huit jours à d'autres huit jours, et ainsi de suite. Vous prierez le Bon Dieu de vous donner la force de combattre, et de cette manière, on vivra toujours saintement.

Mais à présent, on ne pense qu'à se divertir, et surtout les filles. On les verra passer des nuits entières au cabaret, entendre toutes sortes de chansons. Elles semblent un foyer toujours brûlant. Elles ont des yeux étincelants. Tenez, voyez mes enfants, rien qu'à voir une personne, on connaît si elle est bien pure. Vous voyez dans ses yeux un air de candeur, de modestie, qui porte en Bon Dieu, au lieu que ceux qui sont impurs, vous voyez en eux un air tout enflammé. Voyez, mes enfants, Satan impur se met dans leurs yeux pour faire tomber les autres dans le péché. »[640]

[640] *Ibidem*, p. 14-15.

« Voyez mes enfants, je m'en vais un peu vous parler sur le sixième commandement. Je sais bien qu'il y en a qui le tourneront en ridicule et en raillerie. Mais peu importe pourvu que je fasse mon devoir, c'est ce qu'il faut. Nous allons donc dire quelques mots sur ce maudit péché d'impureté qui fait horreur d'y penser. Les démons ne peuvent pas même le commettre, tant il leur fait horreur. Mais, mes frères, pour vous faire comprendre combien ce péché est mauvais et combien il fait injure à Dieu, il faut savoir ce que c'est qu'un chrétien. Voyez mes frères, nous sommes créés à l'image de Dieu pour aller régner un jour dans le Ciel ; et si nous avons le malheur de commettre ce maudit péché d'impureté, nous devenons les remparts des démons. Voyez, mes frères, une âme qui se sera traînée dans toutes sortes de péchés impurs, on peut dire que cette personne est semblable à des cochons pourris. Cette personne ose-t-elle venir se prosterner devant le Dieu trois fois saint ? Des mains qui auront fait des touchements sales oseront-elles venir joindre les mains devant nos autels pour prier ? Des lèvres qui auront fait des baisers sales pourront-elles venir baiser la croix ? Notre langue qui aura prononcé des paroles sales osera-t-elle venir bouger à l'église pour prier ? Nos yeux qui auront fait combien de regards sales sur des personnes, sur des bêtes, oseront-elles venir lever les yeux sur le crucifix, regarder ce bon Jésus ? Non, mes frères, ces personnes n'oseront paraître avec le péché d'impureté devant celui qui est la sainteté même. Eh ! Mes frères, si elles ont encore la force de venir paraître devant nos autels, elles sont bourrelées, tourmentées, mais elles ne

> font pas mieux. Elles sont si tellement pourries, infectées par ce péché sale qu'elles n'en sortiront pas. Elles ont beau se tourmenter, elles retomberont toujours. Tenez, mes frères, je vais faire une comparaison des personnes qui commettent ce péché. Voyez une grosse pièce de joli drap et videz de l'huile dessus. Vous aurez beau laver cette pièce, l'huile reparaîtra toujours. De même une personne impure a beau se tourmenter et dire : "Je ne veux plus commettre ce péché," elle retombe toujours. Voyez, une fois qu'elles ont croupi... »[641]

La phrase est restée inachevée mais ce qui vient d'être dit en livre suffisamment le sens. Enlisés dans leur péché, les luxurieux n'arrivent pas à se dégager de la boue dans laquelle ils se sont laissés glisser.

Les danses, péril prochain d'impureté

On sait que le Curé d'Ars marquait une particulière rigueur aux danses dans lesquelles il voyait une occasion presque fatale du péché. Il se référait ici à saint François de Sales, qui pourtant s'était montré plus nuancé dans son jugement.

> « En parlant des danses, St François de Sales disait qu'elles étaient comme les champignons, que les meilleurs ne valaient rien.[642] Les mères disent

[641] Marie GERMAIN et Mariette JACQUET, p. 32.

[642] St François de Sales écrit : « Je vous dis des danses, Philothée, comme les médecins disent des potirons et champignons : les meilleurs ne valent rien ; disent-ils et je vous dis que les meilleurs bals ne sont guère bons. Si néanmoins il faut manger des potirons, prenez garde qu'ils soient bien apprêtés ; si par quelque occasion de laquelle vous ne puissiez pas vous bien excuser, il faut aller au bal, Philotée, prenez garde que votre danse soit bien apprêtée... Dansez peu et peu souvent, Philotée, car en faisant autrement vous vous mettrez en danger de vous y affectionner... » *Introduction à la vie dévote*, chapitre "Des bals et passe-temps loisibles, mais dangereux".

bien : "Oh je veille sur mes enfants". Elles veillent sur leur toilette mais elles ne peuvent pas veiller sur leur cœur. Voyez mes enfants, les personnes qui entrent dans une salle de danse laissent leur ange gardien à la porte, un démon le remplace ; en sorte que ce n'est plus qu'une réunion de démons. Ceux qui font danser dans leur maison se chargent d'une responsabilité terrible devant Dieu ; ils sont responsables de tout le mal qui se fait, des mauvaises pensées, des médisances, des calomnies, des vengeances et de tout le mal qui se fait. Ah ! S'ils comprenaient bien cette responsabilité, ils ne feraient pas danser.

Tout comme ceux qui font de mauvais écrits, de mauvais tableaux, de mauvaises statues, ils sont responsables de tout le mal que ces objets produiront pendant tout le temps qu'ils dureront, ça fait bien trembler. »[643]

[643] LA BASTIE, p. 161, 162. L'Abbé MONNIN a repris, avec quelques variantes, le texte de LA BASTIE : « En parlant des danses, saint François de Sales disait qu'elles étaient comme les champignons, que les meilleurs ne valent rien. Les mères disent bien : "Oh je veille sur mes filles". Elles veillent sur leur toilette, mais elles ne peuvent pas veiller sur leur cœur. Ceux qui font danser dans leur maison se chargent d'une responsabilité terrible devant Dieu. Ils sont responsables de tout le mal qui se fait, des mauvaises pensées, des médisances, des jalousies, des haines, des vengeances... Ah ! S'ils comprenaient bien cette responsabilité, ils ne feraient jamais danser... Tout comme ceux qui font de mauvais écrits, de mauvais tableaux et de mauvaises statues ; ils sont responsables de tout le mal que ces objets produiront pendant le temps qu'ils dureront... Oh ! ça fait trembler ». *Esprit*, p. 62-63.

INDEX DES NOMS PROPRES[1]

A

B

[1] Ne sont pas mentionnés les noms rencontrés très souvent comme : Ars, Curé d'Ars, Vianney, Dieu, Jésus, Christ, Esprit-Saint, Marie, etc. Pour les thèmes traités par le Curé d'Ars, on se reportera à la table des matières du présent ouvrage.

C

D

H

I

J

L

M

N

O

P

R

S

TABLE DES MATIÈRES

Cet ouvrage a été achevé d'imprimer
en juin 2009
sur les presses de I.D.G.
à Langres (Haute-Marne)
pour les Éditions de *l'Échelle de Jacob*
à Dijon (Côte-d'Or)

Dépôt légal : juin 2009
ISBN : 9782913224872

Imprimé en France – N° d'imprimeur : 7984

Diffusion et distribution : SALVATOR
salvator.editions@wanadoo.fr